中国式财富管理

不可不知的未来财富管理知识

金李　袁慰◎著

中信出版集团 · 北京

图书在版编目（CIP）数据

中国式财富管理 / 金李，袁慰著 . -- 北京：中信
出版社，2018.1（2023.12重印）
　　ISBN 978-7-5086-8147-4

　　I.①中…　II.①金…②袁…　III.①投资管理－中
国－通俗读物　IV.① F832.48-49

中国版本图书馆 CIP 数据核字（2017）第 226957 号

中国式财富管理

著　　者：金李　袁慰
出版发行：中信出版集团股份有限公司
　　　　　（北京市朝阳区东三环北路27号嘉铭中心　邮编　100020）
承 印 者：北京通州皇家印刷厂

开　　本：787mm×1092mm　1/16　　印　　张：27.5　　字　　数：350 千字
版　　次：2018 年 1 月第 1 版　　　　印　　次：2023 年 12 月第 5 次印刷
书　　号：ISBN 978-7-5086-8147-4
定　　价：69.00 元

金李教授的书是一部既接地气又符合目前国际财富管理理念的佳作，其对中国财富管理的现状和未来进行的独到分析，对于财富管理行业、监管部门和财富人群都具有特殊价值。

全国社保基金理事会副理事长　王忠民

改革开放以来，越来越多的中国家庭开始积累起可观的财富。如何管理好这些财富？金李教授的新书不仅可以帮助财富所有者正确理解和合理进行资产配置，还可以帮助政策制定者思考如何对资产管理行业实施更加有效的监管，以及如何推动该行业更加健康地发展。

中国人民银行货币政策司司长　李波

本书很好地呈现了财富管理的全貌，结合财富和财富管理的历史演进与中外实践，对我国财富管理业态以及政策变迁做了全景式解读，深入浅出而不乏真知灼见，无论是金融从业者、研究者还是金融政策制定者，都可以从中获得启示和灵感。

中国证监会基金业协会会长兼党委书记　洪磊

金李教授用平易近人的笔调为中国现实和潜在的财富管理需求者做了一个全面的知识普及，以兼具古今中外的视角为中国财富管理机构提供了一本对标补短板的教材，对有关监管政策的改进也应有所帮助。

中国银监会信托业协会党委书记　漆艰明

金李教授是一位学贯中西的学者，在财富管理领域有独到深入的研究。《中国式财富管理》视野开阔，既有对历史的回顾，又有对未来趋势的展望。不论是从事资产管理研究还是进行财富实务投资，都会从书中获得众多有益的启迪。

中国银监会国际部主任　范文仲

改革开放 30 多年，中国经济创造了前所未有的增长神话。国强则民富，伴随着经济崛起，居民财富快速积累，进而造就了财富管理的业务蓝海。挖掘这片蓝海，既需要西方成熟经验，更需要中华传统智慧。金李教授的这本《中国式财富管理》，就是这样一本放眼世界、立足中国的著作，饱含真知灼见和实践价值。郑重推荐！

中国工商银行副行长　张红力

金李先生是我所钦佩的知名教授，他长期致力于中国的财富管理和家族企业的治理与传承的研究，成果累累。他的新书，《中国式财富管理》，为财富客户提出了财富管理的原则、意义和方法，无论是对于高净值客户、中产阶层，还是草根投资者都提供了非常有价值的建议；为中国大量从事财富管理的机构提出了系统梳理业务的指导原则和方法论；为财富管理行业的政策制定和监管机构提供了独特的角度。此乃一本不可多得之好书，读之收获良多。

中国建设银行副行长　章更生

随着中国经济的升级，大众创造和积累财富的能力不断提升。金李教授的新书深入浅出、浅显易懂，不仅在财富向资本转化从而激发财富的创造力方面进行了深入的研究，也在创新中国、引领智慧经济方面做了有益的探索；更为当前拥有财富的每个人如何顺应发展需求，实现财富的保值、增值，提供了有益的路径和方法。

顺丰控股股份有限公司董事长　王卫

　　财富可以改变人生，如何管理财富也会影响经济和社会的发展。结合前沿研究理论和中外市场实践，金李教授通过丰富的案例，用深入浅出的表述方式，将中国式财富管理从基础理论，到各方参与者的诉求和行为特征，再到不同商业模式的演化和发展做了系统而翔实的阐述和分析。时间跨度上，此书不但涵盖了中国式财富管理的历史和现状，而且展望了未来的 2.0 和 3.0 版商业模式，这也是嘉实正在努力实践的"买方代理"模式，一种最符合投资者利益的制度安排。作为一个过去 20 余年一直从事理论研究和领导实践的行业老兵，我在此强烈推荐这本难得的好书，相信投资者、从业者、管理者和研究者都能从中受益。

嘉实基金管理公司总裁　赵学军

　　金李教授从过去、现在到将来，从国际到国内，多视角解析财富管理，这本书对于我们从事财富管理服务的人来说有很重要的学习和借鉴价值！

华夏基金管理有限公司总经理　汤晓东

　　在过去那种物质匮乏的时代，中国社会的剩余财富不多，自然没有太多的财富管理需求。如今是财富型社会了，有哪些财富工具、如何管理财富就成了你我都关心的大话题。金李教授多年从事财富管理的教学和研究，这部著作既通俗实用，又能助人增长知识，不愧为财富管理的佳作。

耶鲁大学金融学终身教授　陈志武

　　金李教授先后任教于哈佛大学、牛津大学和北京大学。《中国式财富管理》是其匠心之作。本书借鉴国际财富管理的前沿理论和先进实践经验，深接中国实际的地气，集金李教授多年的研究和洞察，抽丝剥茧，对中国财富管理的现状和未来进行了深入的分析。全书文笔清新流畅，将专业性和可读性完美结合，是了解中国财富管理的必读著作。

香港大学经济与工商管理学院院长　蔡洪滨

　　毫无疑问，中国已经进入财富管理的大时代。然而，什么是财富？什么是财富管理？中国财富管理现状，高速发展背后的推动力量，以及未来发展趋势是什么？财富管理领域有什么商业模式，未来的获胜模式会是什么？中国人怎样利用财富管理所提供的各种机会，追求幸福感更强的生活……金李教授践行知行合一，在他的新书里第一次系统梳理并回答了这些重要问题。我相信这本对学界、业界和公众都极具价值的书一定会改变我们传统的财富管理观念，帮助推动中国财富管理事业的进一步发展。

北京大学光华管理学院院长　刘俏

第一章　财富概念知多少？

第二章　超高净值人群的财富管理

第三章　家族办公室和家族信托

第八章　商业模式探索和行业未来

附　录　行为金融学和财富管理

一

金李教授研究家族企业和财富管理这一课题已有好多年的历史了。他在研究中提出的不少见解，引起了社会各界的注意。特别是他坚持的"富二代"转型和适应当前市场形势的培训工作，取得了很大的成绩。北京大学光华管理学院与哈佛大学、牛津大学等名校合办的国际培训班，已经成为有影响的"富二代"深造项目，报名人数越来越多。这与金李教授的努力是分不开的。

民营企业的转型，特别是家族企业的转型，是我近年来关心的问题之一。我在研究过程中，不但多次前往江苏、浙江、安徽、福建、广东等省进行实地调查，而且还同这一领域的专家学者交换看法。金李教授就是我经常与之切磋、讨论的专家之一。所以他在写完《中国财富管理》的书稿并交付中信出版社时请我为此书撰写序言，我是欣然允诺的。

我准备在序言中写什么呢？经过思考，我想谈一谈中国现阶段家族大中企业面临的转型问题。

在对苏、浙、皖、闽、粤5个省份进行的调查中，我发现家族大中企业同家族小微企业是很不一样的。家族小微企业通常只有一个目标：家族盈利，让家族成员的收入增加。如果家里有几个孩子，到适当时候，原来的家族小微企业会分成几个，因为孩子们长大了，一个个单门独户，自己经营下去。一般的家族小微企业都是这样。也有一些家族小微企业会发展为中等企业，甚至成为大企业，但这可能同机遇有密切关系。

家族大中企业就不一样了。这些企业一开始就有两个目标，或称"两本账"。一是搞好家族企业的经营，使其发展、壮大，这可称为"经济账"。二是照顾本家族中的弱者，让他们也能过上安定、舒适的生活，这可称为"社会账"。这两个目标或者说"两本账"是并存的。

但这样一来，矛盾便产生了。原因在于：本家族中的弱者不一定是真正的弱者，而是懒惰之徒，或染上恶习之辈。逐渐地，家族成员中一些勤劳有为的人提出，家族企业不能白养那些吃喝嫖赌，甚至吸毒的家族成员，要求及早分家析产。于是，有关分家的争论不绝于耳。

结果，两个目标（即一方面搞好企业经营，另一方面要养活所谓的"弱者"）不可能长期并存。争吵的结果是只好分家析产。分家析产后，企业虽然比分家前小了，但仍有可能继续发展壮大。

又隔了一些年，企业虽然兴旺起来，但由于依然存在"两本账"，仍然保留两个目标，一部分家庭成员还是会产生不满。他们认为对于真正的弱者，如孤家寡人、残疾人、弱智等，需要照顾；对于家庭贫穷而成绩优秀的学生，应当给予补助。但企业不应该养懒汉，养败家子。于是，每隔若干年分一次家、析一次产，成为家族大中企业的常例。因此，如果不消除两个目标或"两本账"的做法，家族大中企业是无法做强做大的。这个问题成为家族大中企业进一步发展的桎梏。

二

我们在苏、浙、皖、闽、粤5个省份调查时，发现了社会资本对家族企业（包括大、中、小微家族企业）的重要意义。这里所说的社会资本是经济学中所使用的概念，它是指一种人际资本关系或是人际交往关系的一种体现。它是无形的资本。具体地说，在经济生活或市场竞争中，一个交易者，只要本人勤奋肯干，又讲诚信，他的社会资本就体现出来了。这样的人能够得到同乡、同事、同行、朋友的帮助，就能从无到有、从小到大，在众人的帮助下发展起来。

由此得到一个启示，任何人，只要他进入了市场，就必须讲诚信。对任何交易者来说，都有两条底线，一是法律底线，二是道德底线，人人都应自律，切不可突破这两条底线，否则他的社会资本就消失了。

要记住，在法律面前，人人平等，都应守法，没有特殊人物。同样的道理，在道德面前，也是人人平等，无一例外，也不存在特殊人物。西方有句谚语："他骗了许多人，最终他发现，原来自己被所有人骗了。"社会资本来自诚信，一旦失信于人，以前积累的社会资本也会从此丧失。

对家族大、中、小、微企业来说，品牌的持久化和更新化就是明显的例子。不少家族企业认为，品牌是祖先创造并流传下来的，是家族的宝贵财产，但也仅限于此，它们并不知道维护自己品牌的重要性，更不了解创新品牌的必要。

实际上，品牌的存在有赖于在原本的基础上不断创新。一些家族企业很少考虑依靠技术创新充实品牌，也不知道依靠产品升级和产业升级才能显示自己目前的优势。

家族企业中，大量存在的是中小企业。实际上，即使是中小企业也有自己的品牌优势。一是机制灵活——船小掉头快；二是自主经营，自负盈亏，看准了就做，做不好就改，改不了就换。它们应该认识到小有小的长处，关键是要小而精，小而强。不要以为越大越好，大有大的困难，不如小的灵活。

在珠江三角洲的一些城镇，我们看到有些家族中小企业办得很有起色，同样打造出了自己的品牌。家族中小企业在市场竞争中有以下6个方面的独到之处：第一，有新的产品设计；第二，选择了新的原材料，或者新的配件；第三，使自己的产品增添了新的功能；第四，使自己的产品更加人性化、人情化，以吸引消费者；第五，使自己的产品、工作场地，或者厂区更清洁、卫生；第六，在生产或服务的过程中采取了新技术、新设备、新工艺等，从而能够夺取市场份额。这样，家族中小企业就有可能做精做强，扩大生产，扩大销售规模。

三

我们在苏、浙、皖、闽、粤 5 个省份调研时，经常遇到一个带有普遍性的问题：家族大中企业中的"富二代"明确表示不愿意接家族的班，也就是不愿意担任未来的企业接班人。据我们了解，大体上有三种不同的情况。

第一种情况，"富二代"已经从大学毕业，学有专长，并且已经在科研机构工作，或在大学中任教。有些"富二代"毕业于欧美、日本等地的名校，他们认为丢掉自己的专业太可惜了，太不值得了。他们有时还反映："我们不是经商、办企业的料，我们也不熟悉企业管理和营销，实在不能接班。"

第二种情况，"富二代"虽然已在家族企业中工作了一段时间，还担任了部门主管等职务，但在家族成员讨论未来接班人时，这些"富二代"表现得并不积极，心里都在盘算，在市场竞争如此激烈的情况下想要胜任，太艰难了。"还是让贤为好"，自己只愿当副手，或只分管一个部门。

第三种情况，有些"富二代"虽然想接班，但家族成员中不少人都摇头，认为他们既无大志，又无远见，很难把家族留下来的企业经营下去，更不必说让它发展壮大了。于是这就涉及家族企业多年来争吵不休的大问题：企业接班人是"选亲"还是"选贤"，是"亲中择贤"还是"贤中择亲"？

正因为出现了上述三种情况，所以"富二代"接班一直都是难以解决的大事。

由此，让我们转入对家族大中企业中的职业经理人的考察。在家族大中企业自身难以选出令家族成员基本满意的接班人的情况下，职业经理人应运而生。在中国这块广阔的土地上，这类人最早不称"职业经理人"，而被称作"大管家"。"大管家"通常是在家族大中企业任职多年的高级职员，他们之所以被称为"大管家"（也有称作"管事的"），主要是因为他们得到了家族主要成员的信任，他们熟悉业务、精于管理，被认为不仅有能力，而且忠心耿耿，能够扶助"幼主"继承家族企业，使之继续发展，之后使"幼主"在他的扶植下成为掌握实权的老板。"大管家"年老时，由企业家给予他退职报酬，安享晚年。

这种接班模式，在中华人民共和国成立之前盛行。中华人民共和国成立后，由于实行了计划经济体制，民间的大中型企业先改为公私合营，后来又组成国有企业，家族企业实际上已不再存在。新的民营企业大体上是在改革开放之后，于20世纪八九十年代出现的。从21世纪的最初几年起，民营企业，包括家族企业，在"非公经济36条""非公经济新36条"的促进下，有了较快发展。民营企业，包括家族企业，也开始录用职业经理人了。这一变化是不容忽视的。"大管家"模式逐渐退出市场，职业经理人这种职务开始在民营经济（包括家族大中企业）中普遍起来。这与中国民营经济、家族大中企业的转型直接相关，而这也是本序言所要讨论的第四个问题。

四

20 世纪八九十年代，是中国民营企业、家族企业开始发展的年代。进入 21 世纪后，无论是民营企业还是家族大中企业，相继进入了转型阶段。

转型一词实际上负有两种使命。一是摆脱旧体制的影响，民营企业和家族大中企业都必须走现代企业的道路，最终成为适应市场经济的、自主经营、自负盈亏的市场主体。二是摆脱旧所有制的影响，产权清晰且受到法律的保护，在法律面前，所有制不同的企业是一律平等的。也就是说，无论是公有经济的企业、混合所有制企业，还是私人企业，产权一律受到保护，所以每一种类型的企业都是有积极性的、有充分活力的。所有类型的企业都坚持发挥企业家精神，拼搏、创新、关注公益，实现社会责任。

目前社会上有一种模糊的认识，即认为转型或体制改革是国有企业的任务，至于民营企业、家族大中企业，就不需要进行体制改革了，它们已经转型，还有什么必要再次转型呢？这种看法是不符合实际的。正确的观点应当是：除少数特殊行业的企业外，国有企业都需要公司化；产权界定清楚后一律受到法律的保护；公司内部拥有完善的法人治理结构，董事会、监事会、总经理都按照规定发挥应有的作用。这样，公司的效率必然提高，资源配置也必然提供更高的效率。

民营企业，包括家族大中企业，同样有转型的任务。具体的做法就是明确产权，也就是使企业产权落实到投资者个人，同时，企业公司化以后，一切按照法人治理结构的规则处理，董事会、监事会、总经理按规则各尽其职，也各负其责。

前面曾经提到的家族大中企业有关接班人的三个难题（"富二代"不愿接班；"富二代"只愿当个副手；"富二代"虽然想接班但能力不够，家族成员也不同意），看来只有通过家族大中企业的转型、公司化和法人治理结构的完善来解决。

先谈谈"富二代"有较高的学历，又具备专业知识，因不愿丢掉专业所长而不愿接班，这是可以理解的。他们愿意持有一定份额的股票但不担任公司的董事长或总经理的职务，就听从他们的意见。甚至他们愿意转让自己的部分股权，甚至全部股权，将所得用于自己的专业、事业，同样应该被允许，一切以符合法律法规为准。这样一来，"富二代"的愿望实现了，改为公司制后的家族企业也可以照常经营，逐步发展。

再谈谈"富二代"不愿当企业的第一把手而只想做个副手或部门经理。在这种情况下，既要听取董事会的意见，也要听取总经理的意见。某个"富二代"成员能否胜任企业的副手一职，或能否胜任部门经理一职，不是"富二代"本人说了就算数的。否则，不符合企业关于副手或部门经理的人事任免规则，即使任命了，以后仍然可能出现这样或那样的纠纷。

最后谈谈所谓把接班人一职先交给曾在家族大中企业工作多年的、有丰富经验而又忠心耿耿的"大管家"，由他帮助能力还不够的"幼主"作为过渡，然后再正式任命"幼主"为企业第一号人物。不管这种模式如今有多少家族企业还在采用，必须认识到这种模式早已过时了。家族企业的公司化以及法人治理结构的建立，使现代企业管理模式从根本上不同于传统的家族大中企业管理模式。现代企业管理模式和传统的家族大中企业管理模式是不能并存、不能兼容的。研究中国财富管理的专家们之所以呼吁必须以现代企业管理模式替代传统的家族大中企业管理模式，正因为后者是一种传统的、旧式的管理模式，跟不上时代的步伐了。

五

今天的中国，许多省份（包括自治区、直辖市）正在为民营经济和家族大中企业寻找有效的转型之路。它们当前感叹有三难，这就是：融资难成，人才难得，技术创新难赢。这些确实是民营企业、家族大中企业的难点，需要从政策角度找出有效的解决办法。

然而，从民营经济和家族大中企业方面来分析，这些企业自身并不是毫无解困办法。我们在珠江三角洲地区做了比较细致的调查，发现一些民营经济和家族大中企业找到了如下的解困之策：

第一，设法利用证券市场进行筹资，在适当的条件下，走上新三板上市之路。

第二，民营企业、家族大中企业"抱团"。"抱团"就是相互支持、合作分享、和解共赢。用珠江三角洲工商界人士的话来说，就是要"抱团取暖""抱团过冬""抱团闯国外""抱团搞创新"等。

第三，对民营企业、家族大中企业来说，不仅需要技术创新，同样需要管理创新、营销创新和机制创新，总之，要千方百计打通创新之路。经验是可以借鉴的，也是可以交流的。

第四，民营企业、家族大中企业最重要的转型就是前面一再提到的走向公司化。公司化是有一定规模的民营企业和家族企业的必由之路。迟改不如早改，反正最终必然改为公司制，改为股权清晰、股权边界明确、由法人治理结构作为规则的公司，那就不应该抱有"拖也无妨"的想法。"拖而不改""拖而不决"都是在自欺欺人。民营企业和家族大中企业需切记。

民营企业和家族大中企业即便已经转型，即已经公司化了，但在激烈的市场竞争中也一定要稳中求进。稳，指的是稳扎稳打、稳步前进，不要冒大的风险，因为民营企业和家族企业一般说来底子薄，禁不起折腾。前面提到的"要走小而精，小而强的专业化道路"，是国际上中小企业的发展道路，这个经验不能忘记。

"富不过三代"，这是一句老话，可能反映了一些情况，但未必具有普遍性。要知道，经济形势是时刻变化的，经济周期总是同技术的重大变革密切联系在一起。因此，任何一代的家族企业管理人都要有大智慧。创业不易，守成更难。这是因为，经济在变化，经济周期继续或隐或现，技术在不断进步。任何一代的企业管理人要不断根据新情况，做出新判断，提出新理念，而不能死抱着"以不变应万变"这一过时的策略。

厉以宁

北京大学光华管理学院名誉院长、资深教授

2017 年 8 月 12 日

我与金李相识已有二十余年：起初，他来到麻省理工学院攻读金融学博士，之后成为我的助教、论文指导学生、学生，再之后成为我在哈佛商学院的教学同事及研究著作合著者。他才华横溢、做事专注、令人信赖、为人友善，与他合作我觉得非常愉快。在我们多年的交谈中，我常问他，什么是他职业生涯中最重要的目标。从始至终，他的回答从未改变："我的梦想，是无论在教学方面还是科研方面，我都要成为金融学领域的佼佼者。之后，我要回到中国广泛地传授并且实践现代金融理论，为中国的金融体系能够以尽可能快的速度发展到世界一流水平尽一份绵薄之力。"金李总是表示，能有机会在世界上最好的学术型金融院系学习并且创造新知识，令他感到荣幸之至。这本著作无疑是一座见证了他在其卓越的人生目标引领下所取得的斐然成就的坚实而重要的里程碑。

在过去的 20 年间，我欣然地见证了金李踏实而系统的逐梦之旅，并且对他充满尊敬。积跬步而致千里，在美国的这些年，金李在实践中夯实了教学及课程研发技能，发表了大量优秀的科研成果著作。2012 年，他离开了哈佛，并且成为牛津大学赛德商学院的终身教职正教授——他可能是首个获此殊荣的中国人。同年，他受中国政府之邀,加入颇负盛名的"千人计划",并且受到牛津大学和北京大学的联合任命,每年有 6 个月在北京大学光华管理学院任教。不忘初心,金李最终回到北京大学全职任教,创立了北京大学国家金融研究中心,并且担任主任。同时,他也兼任北京大学光华管理学院副院长及金融学系主任。如今,金李已然成为一位蜚声国际的领军教育家以及中国金融领域的思想领袖。在麻省理工学院攻读博士,在哈佛任教,成为牛津大学和北京大学的联席教授,受到北美、欧洲及亚洲各大顶级学府的垂青及争相邀请,能做到这些的学界翘楚,寥寥无几。但是,金李的目标非常明确,而且一直在为之努力:回到中国,为祖国的成长、发展和长期繁荣做贡献!

这本书的主题是中国财富管理,堪称一部应时之作。随着中国家庭财富的大量积累以及中国国内资本市场的快速扩张,对于财富管理服务以及支持其发展的市场的需求开始剧增。但是,目前在中国践行财富管理的培训、工具及产品均不完备,并且亟待大幅改善。几十年来,有关金融的科学研究——理论和实证工作——直持续而实质地影响着财富管理的实践及创新支持,同时促进了财富管理效率的大幅提升及商业模型设计的长足进步。在西方经济体成熟的金融市场中,这些创新已经实现。

在这本书中,金李和他的研究团队竭尽全力,基于其在现代金融领域的经验,勇敢地迎接财富管理在中国所遇到的挑战。他们是有备而来的。这项工作其实是金李研究兴趣的一种自然延伸——他曾致力于成熟市场中诸如养老金固定收益和固定缴款计划等课题的研究。这本书也涵盖了他在信息效率、资本市场交易成本以及某些非理性金融决策方面的研究成果。他总是在与金融从业者的交流合作中推进自己的研究,这本书的写作过程也是如此。

但是,金李最初就已经指出,这本书不会将成熟发达市场的经验及财富管理模型生搬硬套，直接用于中国。我们不能忽视中国财富管理市场与西方财富管理市场之间的巨大差别，更不能简单地将所有西方现有的"最优方案"套用于中国。了解中国财富管理市场初期特征的细微差别，对于设计有效的、有利于中国产业健康发展的商业策略至关重要。金李和他的同事是将现代金融引入中国的先驱：在方法上，他们毫无偏见；对于美国及欧洲财富管理行业的发展轨迹，他们了然于胸。与此同时，他们没有犯简单套用美国或者欧洲现有的最优实践模型的错误，并且认为"即插即用"策略在中国并不会奏效。

就定义而言，最优方案归属于一个传统体系。亚洲的技术环境日新月异，运转良好的传统体系已经无法引领未来财富管理的"最优方案"。事实上，在任何现代投资组合理论方法中，针对不同偏好、财富禀赋及限制条件的客户的最优资产分配方案都是不同的，而这一点具有重要的借鉴意义。因为金融原理具有普适性，所以一般来说，在不同的地缘政治环境下，基于金融原理的解决方案比基于制度经济学的解决方案更有效。但是，仅有牢固的基础是不够的，差异的细节同样至关重要。同理，中国财富管理行业很有可能会因其独特的环境和局限，而经历一种与他国迥异的发展轨迹。但是，无论发展轨迹具体如何，金李对于中国财富管理行业的综合分析表明，这个行业越来越强调客户以及围绕客户利益而设计的解决方案，并且以此作为更为高级的未来商业模式。金李的研究表明，尽管短期内多种商业模式会共存，但是从长期来看，真正能够反映财富客户利益的商业模式很可能会盛行——我赞同这一结论，并且在实践中有过亲身经历。

我为金李及其团队的勇敢与无畏而喝彩！他们并没有单纯地调查和展现传统体系中的最优方案，而是通过对现代金融学的全面应用和对现代金融学实践的综合借鉴，应对了推进财富管理及金融服务行业发展这一挑战。显然，考虑到金融服务行业的规模化和关联性，在中国财富管理行业引入一个基于已被市场验证过的工具的崭新范式，会远远超越照搬世界其他地方的最优方案，而且这对于中国人民的福利来说至关重要。金李的这本书，为中国财富管理行业的创新型发展开启了一扇大门。

无论是对于初出茅庐的学生、技艺纯熟的研究员，还是从业多年的理财经理来说，这本书都将是一场盛宴——敬请享用！

罗伯特·C.默顿

剑桥，马萨诸塞州

给读者的一封"情书"

在本书即将付梓的时候，出版社希望我能写一篇自序。我把它当作给读者的一封"情书"。在我的记忆中，我一直以来求学和工作的那些学术殿堂（北京大学、哈佛大学、牛津大学、麻省理工学院）中的大师们，在每一本书即将面对读者的时候，都会写一封"情书"献给读者，向他们奉上自己最真诚的敬意。

首先，我们想将本书奉献给无数在课上和课下与我们交流过的，年龄在十八九岁到七八十岁之间的学生和朋友。他们的激励使得我们最终拿起笔写出本书。中国千千万万个家庭，得益于中国经济过去几十年突飞猛进的发展，积累了数量可观的财富。处在早期发展阶段的中国财富管理行业，尚且不能为快速崛起的财富人群提供完全满足其需求的财富管理服务。这使得无数的中国财富家庭，上至身家过亿的企业家和资深市场人士，下至正在为收支平衡发愁的职场新丁，都必须花费大量时间思考自己的财富管理问题。一方面，人们不再满足于把自己辛勤积攒的财富存放于银行存款特别是活期存款之上；另一方面，面对市场上汹涌而来的成百上千种良莠不齐的理财产品，人们又往往感到无从选择。"土豪死于信托,'中产'死于非标理财,草根死于 P2P(互联网金融点对点借贷)",这句话形象地刻画了不同人群对财富管理风险的担心。早期财富管理市场鲜明的特征之一,是快速变化的市场和监管环境。无论是整体收益率的快速下降、刚性兑付的逐渐打破,还是金融监管的日趋严格,都使得财富人群感到无所适从。财富的快速积累反而带来了巨大的压力,成为当今中等收入阶层焦虑感的重要来源之一。今天的财富人群,大多数是第一代的财富人群。我们创造财富的能力,远远超过管理财富的能力。如何管好用好手中的财富,让它更加稳健地增长,最终为自己和所爱的人带来切切实实的生活品质的改善,提升幸福感,成为无数家庭关注的重要问题。我的学生和朋友们也无数次把这一问题以不同的形式带到我的面前。我们一起聆听、分析、争论,甚至臆想。这些分析、争论乃至臆想逐渐地形成一个体系,在本书中得到了更为完整和系统的呈现。本书的目的之一,就是帮助无数的中国财富家庭形成合乎自己实际情况的财富观,并且以此梳理自己的未来需求(比如未来希望购置的车和房子、子女未来教育的资金准备、退休以后有尊严的生活,以及其他各种需求),理清自己所有可用于满足这些需求的资源,同时理解呈现在自己面前的各种不同的财富保值和增值的规划方案,理解每一种方案所带来的风险和收益。最终,很可能是在专业人士的帮助下,形成合乎自己实情的、高度定制化的财富管理解决方案。

好的财富管理方案因人而异。高净值和超高净值家庭,有不少已经从过去成功的投资或者企业的经营中获得了大量的财富。他们面临的首要问题可能是现有财富的保值增值和传承,还有后代的培养。其次,他们中的很多人开始思考个人财富与社会财富间的权衡取舍,开始考虑通过公益慈善的手段回馈社会,希望最终实现家庭、企业和社会的平衡。中等收入阶层的奋斗之家,是继续创造财富的主力军。他们中的很多人面临着子女的教育升学问题、老人的赡养问题，以及改善生活品质所需要的其他投资，同时他们也面临着工作压力大、职场稳定性有限、部分地区房价快速上涨、各种理财产品良莠不齐等各种问题。服务于这些中等收入阶层的财富管理机构和专业人员，往往自身在专业能力上有限，无法指导他们形成系统有效的财务管理体系。初入职场的年轻人以及其他由于各种原因尚未形成可观财富积累的人群，往往无力进行任何的财富规划，任由自己和家庭处在有一顿算一顿，甚至饥一顿饱一顿的状态，深受所谓的流动性陷阱之困，无法进行长期有效的财富管理。这些不同的财富人群，虽然面临的具体问题不同，但是最根本的问题都是如何充分利用自己有限的金融和非金融资源，最大限度地满足各自不同的人生需求。

对于不同人群的不同需要，我们试图在书中加以梳理。从高净值及超高净值人群对于企业传承和非金融增值服务的需求，到中等收入阶层面临各种眼花缭乱的金融产品无从选择、无所适从的困境，到对于年轻人的财富管理的启蒙教育（越早开始财富管理，终生收益就越多）。我们从人性的最基本需求开始，系统地刻画财富管理如何满足人的各种需求，探讨财富管理的原则、目的和意义。我们希望这些讨论能够使得千千万万的财富家庭管好财富，用好财富，实现最大化的幸福感。

其次，我们想将本书奉献给中国的财富管理从业人员和千千万万有志于从事财富管理工作的年轻人。过去几年中，在北京大学，我们有幸接触到一批非常优秀的中国财富管理行业的从业者，在与他们进行的长期不间断的交流中，我们不断地体会着他们的喜怒哀乐，也深深地被他们的执着奋斗打动。在交流中，大家经常会问中国未来的财富管理行业的从业人员会是什么样的状态，我也会不断地向他们讲述我所了解的欧美国家的成熟市场中数以十万计的财富管理工作者的工作状态。他们以各种形式的财富管理机构为载体，服务于成百上千万的财富家庭，帮助这些家庭系统地梳理规划自己的财富需求，并且把这些需求分解为对于各种不同的资产管理机构的不同产品的需求，帮助引导和协调金融资源从千千万万的财富家庭流向资金的需求者，比如厂商。他们可以被看作整个资本市场的守门人，他们的工作奠定了现代市场经济下的金融体系有效运作的基础。优秀的从业人员在收获经济价值的同时，也收获了社会的尊重。

目前国内主流的财富管理机构的从业人员的体验，与这样一种工作和生活状态还有一定的差距。中国拥有一个非常有潜力的财富管理市场，但是同时它也是一个非常年轻的市场。大部分从业人员的业内服务经历不超过 10 年。很多人都是半路出家，在系统完整的财富管理理念训练上还存在很大的改进空间。作为一个快速发展的市场，面对行业内日渐激烈的竞争、各机构越来越严格的考核指标、快速提升的客户需求以及不断变换的监管环境，很多从业人员会感到无力，感到资源不足、激励不足，他们中的很多人也会失落、灰心丧气，甚至不断地质疑自己：你的服务真正被需要吗？作为早期市场的一个重要特征，财富管理专业人士所服务的对象，那些财富家庭，特别是高净值家庭，往往并没有认识到专业理财师的真正价值。部分高端和超高端客户，往往认为自己懂得更多，或在业务开展中对专业理财师提出不尽合理的要求。在很多大型机构中工作的专业理财师也往往陷于自己所在机构设定的绩效指标与自己心目中客户的实际需求之间的矛盾，无法调和。对于很多大型机构来说，财富管理业务的非独立性，是导致专业理财师在"客户想要的"和"机构想要的"之间感到困惑的重要原因之一。至于那些脱离了大型机构，以独立财富管理工作室方式存在的专业理财师，虽然可以更加清晰地把自己的目标函数和客户的目标函数统一起来，但是在产品开发、后台支持和整体资源的调配上往往受到严重的制约。另外，在尚处于财富管理发展早期阶段的中国，财富家庭和理财师之间的信任感还没有完全建立起来。大量的财富管理家庭很难看到辛勤工作的专业理财师如何为自己创造价值。所有的一切都有可能使得部分理财师在提供现有服务的同时，感受不到足够的尊重。甚至有些人不断被质疑："你不就是个卖理财产品的吗？"市场竞争的惨烈，使得不少的财富管理人员和机构必须要靠产品的销售佣金维持生存。而这使得部分专业理财师在客户利益和机构佣金收入之间苦苦挣扎，加重了部分专业人士内心的苦闷。如何在整个行业仍然处在发展的早期阶段时，既兼顾机构的生存和发展，又尽量考虑财富客户的满意度和长期利益？如何把财富管理从一个简单的产品销售工作变成一个真正满足财富客户全面财富管理需求的系统？如何在仍然非常浮躁的中国资本市场中培养与客户之间的持久信任关系？这些都是我们接触到的优秀的财富管理从业人员不断思考的问题，也是我们在本书和以后持续的研究中试图与他们一起寻找答案的问题。我们非常坚信的一点是，随着中国财富管理行业的继续快速发展，行业会逐渐自我净化，那些从长期上来说真正为客户考虑的做法，会逐渐得到客户的认同，最终产生可持续的价值。那些只顾短期利益，从长期来说罔顾客户需求，甚至伤害客户的做法，最终只会是作茧自缚。

对于有志于进入财富管理行业的年轻人，我想对你们说，这是一个伟大的事业，不管目前存在多么大的问题，最终必将发展成为一个高尚的事业。这是为了无数财富家庭的金融健康，为了金融市场的活跃和稳健发展而提供基础性服务的行业。这一行业的从业者，将会发现他们的坚守最终将换来客户和市场的认可。为实现这个目标，我们已经开始在北京大学系统开设一系列财富管理的相关课程，包括为大量财富管理机构进行专业人员再培训，并且希望在时机成熟时推出相关的专业，为中国高速发展的财富管理行业培养新鲜血液和生力军。

我们还想将本书奉献给金融政策制定机构、监管部门，以及各种财富管理机构的领导者。中国的财富管理行业潜力巨大，方兴未艾。市场的巨大发展动力首先来自蓬勃发展的财富管理需求。得益于中国经济的快速发展，以及中国政府长期以来实行的藏富于民的国策，中国的民间财富正在以超过 GDP（国内生产总值）的速度快速增长。不管是从民间可投资财富的总体规模、财富人群的数量，还是已经进入各财富管理机构的总财富规模来看，中国都已经一跃成为位居世界前茅的财富管理大国。

中国的财富管理行业，伴随着过去十多年来中国房地产行业的发展以及地方政府融资需求的快速增多，实现了突飞猛进的发展。但是总体来说这是一个早期的市场，正在自发无序的状态下生长。虽然目前市场体量巨大，但仍然存在相当严重的问题。第一，投机盛行，大量资金用于投机活动，而不愿意进入实体经济，许多从事实体生产的企业长期得不到足够的资金支持，甚至被迫转入投机性行业。长此以往，可能会造成中国实体经济的空心化。第二，散户投资者易受情绪影响的投资行为，在杠杆的作用下，可能会加剧市场的波动，带来远超基本面波动的大幅度资产价格波动，影响中国金融市场的稳定性。第三，部分投资者盲目追求回报，不顾及风险。部分金融机构为了招揽迎合客户，对风险提示不足，使得相当多的投资者承受了不必要的过高风险。市场中存在的许多不实信息以及大大小小的各种骗局，可能导致中等收入阶层辛苦挣得的财富一夜之间大量损失甚至荡然无存。近年来几次突然爆发的恶性金融事件（中晋、泛亚、e租宝等平台跑路），严重伤害了弱势群体的利益，同时引发了人们对于社会稳定的担心。第四，虽然针对高净值及超高净值人群的私人银行和家族办公室等业务已经出现，但是针对中等收入阶层的财富管理服务严重不足，面向这一阶层投资者的金融产品的种类和数量不足以及配置能力低下，导致中国的中等收入阶层长期被迫忍受与其所承担风险不相匹配的低迷的投资回报率，加剧了中国社会的贫富差距。第五，中国财富管理市场上的种种乱象，已经使得部分中等收入阶层以上的人群开始将自己的财富管理业务外包给离岸的国际财富管理机构。这不仅会严重地打击国内方兴未艾的财富管理行业，削弱对于中国未来发展的资金支持，而且会造成"离开的人"和"留下的人"之间的社会对立。第六，随着房地产市场进入平稳发展阶段，未来房地产作为中国家庭主要财富储值手段的作用将进一步减弱，急需开发能够帮助中国家庭进行长期财富管理和配置的重要工具和市场。有恒产者有恒心。大量涌现的拥有财富的中等收入阶层，是整个社会稳定和持续发展的重要力量。第七，成熟的财富管理市场将促使投资人进行长期的资金运用和储存，更利于推动社会资金的长期运用而非短期炒作。

资本市场的进一步发展和老百姓手中财富规模的大幅增长，呼唤一个运行良好的财富管理行业。这一行业的发展，有望为老百姓提供更为丰富的资产配置品种，避免中国民间财富过度地向投资性房地产集中。同时老百姓可以使用的直接投资工具，特别是股权类的投资工具，将有助于推动中国的多层次资本市场的发展，为发展创新驱动型经济提供丰富廉价的资金支持，特别是股权类资金的支持。这也将有助于我国的金融体系更好地降低杠杆率，化解系统性风险。

在本书成书以前，我们观察到，虽然市面上关于财富管理的书籍林林总总，但是大多都是对国外某些时期某些做法的描述，并没有在对中国资本市场现状进行充分理解的前提下，为中国资本市场设计一个可行的财富管理市场的发展规划。而我们认为，站在中国资本市场发展的角度来看，系统地梳理财富管理行业的现状和问题，并据此对中国财富管理行业未来的发展提出规划和建议，已经成为当务之急。

市场自发的发展应该被纳入整个资本市场发展的总体规划，这样才能促使财富管理行业更加健康、有序和可持续的发展。基于这样的理念，我们对中国财富管理行业的现状进行了认真系统的梳理，对中国财富管理市场未来的顺畅发展提出了一系列的建议，希望能够在长期帮助中国的财富管理行业提升服务水平，全面改善中国千千万万家庭的财富管理现状，更好地实现中共"十九大"上提出的"不断创造美好生活、逐步实现全体人民共同富裕"的要求，同时更好地理顺金融市场秩序，为建立一个稳定有序、不断创新，并且能够可持续发展的全面支持实体经济的金融体系而不懈努力。

这是第一本站在中国人的立场上，对中国的财富管理市场进行全面梳理的财富管理书籍。为了本书的写作，我们系统地浏览了关于财富管理、家族信托等方面现状的资料，包括大量的国外资料。但是我们并没有简单地停留于此。我们清楚地认识到，西方成熟市场的财富管理体系虽然对我国财富管理行业的发展会有一定的借鉴作用，但是如果不顾及经济发展阶段、市场成熟程度，以及监管环境的区别，直接套用成熟市场的所谓最佳做法，只会是东施效颦、南橘北枳。只有在深刻理解中国市场的基础之上建立起来的财富管理体系，经过不断的试错磨合，才有可能为我国的财富管理事业带来真正的价值。本书中的每一个想法、每一条理论，都是在与财富家庭、资深业内人士，以及政策制定和监管部门的资深专家学者的无数次思维碰撞中形成的。我们希望通过本书的出版，激发对于财富管理行业的更加广泛而深入的讨论，从而共同推动这一伟大事业在中国的发展。

金李

2017 年 9 月 20 日于燕园

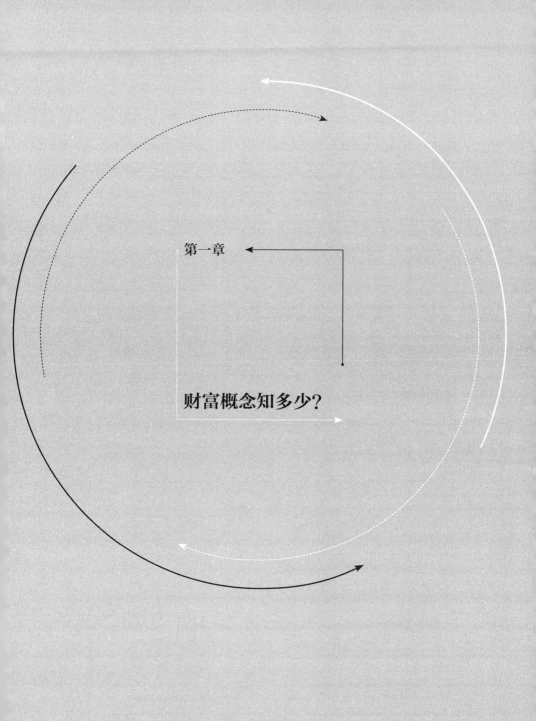

第一章

财富概念知多少?

辛勤耕耘总有回报，人们在努力工作的同时也在不断地积累着财富。在此过程中，人们对于理财的需求也在逐渐增长，财富管理体系应运而生。在探讨财富管理之前，让我们从一些最基本的问题谈起。这些问题包括：什么是财富？财富的主要储存手段有哪些？财富管理的目的是什么？财富管理的基本思路是什么？什么是财富管理机构？财富管理机构和其他几种金融中介机构的联系和区别在哪里？

什么是财富？

古希腊史学家、思想家色诺芬在其著作《经济论》一书中最早给财富下了定义："财富就是具有使用价值的东西。"他认为诸如土地和猪马牛羊等有实际用处的东西都是财富。[1]

其后，古希腊思想家亚里士多德进一步指出："真正的财富就是由其使用价值构成的。"

现代西方经济学的鼻祖亚当·斯密指出："一个人是富还

是穷，依他所能享受的生活必需品、便利品和娱乐品的程度而定"，人们"用来最初购得世界上的全部财富的，不是金或银，而是劳动"。

最新版《辞海》对财富的定义是：具有价值的东西。

经济学家戴维·皮尔斯主编的《现代经济词典》中对财富下的定义是："任何有市场价值并且可用来交换货币或商品的东西都可被看作是财富。"[2]

在本书中，我们把"未来有价值的东西"都定义为财富。如果用更为学术的说法，那么"财富就是当期不使用，留存到将来的购买力或者消费能力"。购买力分为真实和名义两种，在这里，我们所谈的财富指的是真实的购买力。

如果这样的定义还是难以理解，那么让我们打个比方。例如，松鼠会在食物充裕的秋日储存松子，并且依靠这些储备度过漫漫寒冬。而这些松子，依据我们的定义，就可以被称为松鼠的"财富"。这种"财富意识"，俨然已使小松鼠们跻身动物界的小资阶级。

早在远古时代，我们的祖先就已逐渐形成财富的概念，财富意识也随着人类文明的发展而逐渐深化。从餐餐狩猎到圈养家畜，从摘食野果到开荒种植，我们的祖先开始积累多余的食物及物品，后来又学会了用其进行物物交换。这些被储存起来用于未来交换和消费的食品及物品，便是人类历史上最早出现的真正意义上的财富。

那么，什么是好的存储财富的工具呢？

既然财富是对未来购买力或消费能力的储存，那么人们就希望在未来需要用到它们的时候，这些购买力或消费能力仍然存在，而不会过快损耗或消失。这意味着财富储值工具的一个重要特征是它本身需要有很好的物理储存能力。这就解释了为什么松鼠会在秋天贮存松子,而不是容易腐败的食物,聪明的松鼠们考虑的可并不只是口味。

关于货币幻觉的小思考

假设一国当局宣布,将所有发行的货币票面金额后都加三个零,这是不是意味着每一位国民的财富都增加了 1 000 倍呢?

答:想法很美好,但显然不可能。如果真是这样的话,我们就不用发展 GDP 了,直接往货币上印零就行了。从未来购买力来看,无论加多少个零,所有的货币还是对应着原先等值的实际商品。[1]

从北宋时期发行“交子”至今,纸币的使用历史已近千年。纸币本身往往不具有真正的使用价值,支撑其购买力的是发行纸币的政权的主权信用。历史上的纸币,其储存财富的能力往往受主权信用和通货膨胀的影响而大幅波动,因而并不适合作为超长期的财富储存工具。在对存在超过百年的古建筑进行考古,或者是对大大小小的古代宝藏进行发掘时,很少能发现纸币。一个原因当然是纸币可能早已朽坏,而另一个原因则是即便纸币能够长期保存,它对应的财富价值也会随着时间流逝和王朝更替而丧失。与之相反的是贵金属货币,比如金银铜币,经常被挖掘出土,可见古人大量使用贵金属作为财富长期储值的工具。至少从物理属性上看,贵金属坚固耐磨、不易腐蚀,较为稳定,可以长期保存。那么,它的购买力是否也可以长期保持呢?

---

[1] 从严格意义上讲,在过往历史中出现过的超高通货膨胀时代,货币泛滥发行造成货币价值快速下降,货币单位快速提升,实际上也不是一个零和游戏,而是有赢家和输家的。通常情况下,面临超高速的通货膨胀,债权人输,债务人赢,因为债务的数额通常都以法定货币计价单位计算,而并不考虑通货膨胀因素。张三欠李四 1 000 块钱,如果在所有的货币币值后面全都加三个零,那实际上等于让张三在李四那里的实际债务缩水 1 000 倍。

下面，我们以白银为例，来看一下实物货币的币值变化情况。

古有"银"两，今有"银"行，白银作为一种实物货币及重要的财富存储工具，沿用多个朝代，其价值在历史上也经历过较大变化。受自然地理条件所限，中国境内缺乏储量大、品位高的银矿，所以白银曾经相当稀缺。在1 000多年以前的唐朝，白银的购买力相当强。如果以大米价格为基准比较白银和现在通用的人民币的购买力的话，在盛唐时期的和平年代，一两（50克）白银大约相当于今天的人民币5 000元。随着中国对外经济贸易的不断开展及日本等周边国家银矿的开发，越来越多的白银通过国际贸易的方式进入中国的流通领域；15—17世纪，随着新大陆的发现，大量白银从美洲流进欧洲，又通过欧洲和远东的贸易输入中国。持续而大量的白银流入，导致中国国内白银日渐充沛，同等数量白银的购买力持续下降。到了晚清鸦片战争前夕的和平年代，一两白银的购买力大约只相当于250元人民币。换言之，白银这一似乎很坚挺的贵金属货币的实际购买力，在经过从唐朝到清朝长达千年的时代变革后，大约已缩减为唐朝时期的1/20。

由此可见，良好的物理储存能力只是优质财富储值工具的一个必要条件。好的财富储值工具，其所代表的未来真实购买力也应该很少随着时间缩水（最好随时间不断增值），并且不容易受到货币幻觉的过多影响。那么，在中国古代，有没有更加合适的（超）长期财富储值工具呢？

财富的主要表现形式

历史风云莫测，储值工具变迁；

虽说形态迥异，逻辑一脉相连。

前面我们看到，即便是白银，它的购买力也会随着时间的推移而逐渐下降，更不用说其他更易于腐败的介质，如粮食、果实之类的了。那么，在人类发展的历史长河中，财富的永续是如何保持的呢？

农耕文明与工商文明的财富表现形式

在中国，我们的祖先，更多的是采用土地以及附属于土地的相关工具，辅之以黄金白银等贵金属，对财富进行长期储存。

究其原因，中国传统的农耕文明，就是建立在对土地的拥有和支配之上的。在中国漫长的封建社会中，土地的劳动生产力提升缓慢，所以在一定时期内，除非战争和天灾人祸等原因，单位土地的产出基本恒定。只要勤劳耕作，就会有一定的收获。因此，土地作为财富的承载物，具有产出较为恒定的重要特点，也就被认为是一种能够使价值较为恒久地保持的重要储值工具。在农耕社会，那些土地上有多余产出的人，往往首先把多余的产出转换成金银等贵金属，暂时存储，比如挖一个地窖藏起来。等到这种暂时存储的财富（比如银元宝）积累到一定的数目，再用它来购买更多的土地，之后再在土地上加建住宅等。因为土地的产出相对恒定，其对应的实物资产的价值也相对恒定，所以我们的祖先可以通过这种方式实现财富的较为恒久的传承。

这种以土地及其附属物为基础，辅以贵金属的财富积累和传承方式，从个体层面上看不失为一种非常合乎逻辑的做法。但是，我们无法回避一个问题，那就是中国整体层面上的可耕种土地面积是有限的。因此，土地的转让兼并从社会整体的角度来看基本上是一个零和游戏：除了少量因为开荒增加的耕地以外，社会的土地总量并未发生大幅度改变。随着大量的土地向少数财富家庭积聚，大地主豪强连阡累陌，不断失去土地的农民则逐渐变得无立锥之地。随着大量原先的自耕农逐渐变为没有土地的佃农，再变成流民，最后变成吃不饱饭的暴民，尖锐的阶级矛盾形成。最终，这一矛盾彻底激化，暴民的起义推翻一个朝代，带来一个新的王朝。新王朝诞生之初，往往是土地在人口间的分配相对来说最为平均的阶段。随着时间的推移和财富向少数家庭的积聚，贫富差距会再次拉开。纵观历史，中国封建朝代更迭的周期，在本质上和中国社会土地兼并程度的脉动是相连的。

同时，中国百姓个体拥有的财富总和主要来自土地产出的结余，其总量受当时的科技水平、土地的肥沃程度、天气状况以及人口结构等因素影响。所以，在一定时期内，中国社会总财富的规模基本是以线性方式缓慢增长。

反观欧洲，自中世纪以后，财富的传承和储存就选取了一条和中国截然不同的路径——对工商企业的投资。

在黑暗的中世纪，欧洲大陆战乱横行，纷争不断。宗教之争、民族争端、王权和神权之间的斗争、大小封建公国王国之间的争斗使这片大陆动荡不安，也使得以土地兼并为主的财富积累方式不断受到战乱的冲击。试想一块土地，今天划归这个国家，明天可能又要划归另一个国家。无恒产，当然不靠谱。在这样的大背景下，若要积累财富，必须另辟蹊径。

于是，进入文艺复兴时代之后，欧洲选择了一条工商文明的道路。意大利城邦国家，汉萨同盟等开始在欧洲大陆上兴盛起来。各个小国之间虽然战乱频仍，但是商业往来却未被禁止。这促使欧洲的工商业得以长足发展，财富管理也找到了新的储值工具，那就是针对这些工商企业的投资。这带来的好处出乎意料。老百姓把当期多余的购买力存在银行或者直接拿去进行工商业投资。相较于对土地的投资，对于工商业的投资可能风险更高，但从长期来看，其平均的年化回报率更高。更加值得注意的是，与对土地的投资不同，对于工商业的投资不是简单的零和游戏，即工商业活动不受土地总供给数量的限制。换言之，对于工商业的投资不存在财富增长的天花板，而是会随着时间不断增加。

在这种情况下，社会总财富的积累和增长不会必然引发王朝的更替，而且不会因为王朝的交替而进行一次又一次的清零和再分配。在这样一种模式下，财富的长期积累不太容易被打断，实际上会呈现一种指数级的增长。财富的不断投入和回收，再投入和再回收，形成了一种利上加利的良性循环，使得财富本身可以获得滚动式的快速积累。而这种积累的速度在较长的历史周期里终将超过线性的财富积累（比如总量固定的土地上每年产出的结余），更远胜于把财富埋在地下不增长的静态储存方式。据传，爱因斯坦曾经说过："复利是宇宙间最强大的法则。"让我们来看一个极端的例子：假设在欧洲，有一枚金币被投资到工商企业，每年获取 10% 的投资回报（在资金相对紧张的中世纪欧洲，这样的投资机会比比皆是），并且把利息和本金不断地再投资到工商企业的经营活动中，那么 100 年后最终的本金和利息之和将超过 1 万枚金币（$1.1^{100} \approx 13\,780.61$）。而在中国，如果把这枚金币装入一个瓮中埋入地下，100 年以后再挖出来，它依然只是一枚金币。西方的工商文明自诞生以后渐渐形成气候，许多国家的国力得以持续地并且越来越快地提升，这与它们积累财富的模式（利上滚利的投入和产出方式）密切相关。这样看来，在封建时代后期的中国（明清），其经济总量的增长速度逐渐慢于同时代的西方社会，似乎就不仅仅是一种偶然了。

在财富储值工具上的不同选择，至今仍然深刻地影响着东西方财富管理的实践。

当代财富的主要表现形式 —— 投资性房地产

在过去的几十年里，中国涌现了一大批积累了可观财富的人群。其中大部分人要么通过经营自己的企业发家致富，要么通过投资，特别是对房地产的投资，实现财富的积累。自己的企业和投资性房地产也因此成为大多数中国富裕人群比较熟悉的财富储值方式。随着中国经济转型升级，进入新常态以后，传统的实体经济企业的增长速度放缓，赢利能力总体下降，经营风险逐渐上升。同时，房地产市场在全国范围内也出现分化：部分一线城市房价的持续上涨和不少三四线城市房价的下滑并存。投资性房地产（而非自住型房地产）在价格波动的压力面前首当其冲。我们观察到原先作为财富储值的主要手段和工具的企业和投资性房地产，已经逐渐受到外部环境的影响和制约。为了适应新的形势，新的财富管理工具不断被挖掘出来，新的商业模式正在试验之中。

投资性房地产已经成为中国家庭重要的财富储值手段

我们在前文中提到，在农耕社会中，我们的祖先使用的主要财富储值工具是土地和土地上的附属物，而这一点大大不同于当时西方的工商文明。时至今日，这种农耕社会留下的基因印记，仍然影响着东西方财富管理的实践。中华人民共和国成立以后，土地的所有权已经收归国有。但即使今天，土地上的附属建筑物，也就是房地产，仍然被大量中国家庭广泛持有，并且是很多家庭单项价值最大的储值工具。

从传统意义上说，大部分的金融机构以及金融监管部门，并不把房地产的管理，包括投资性房地产的管理，纳入自己的业务范围。其中一个重要的原因是房地产兼具投资和消费的双重属性。在实际操作中，人们对于中国的房地产是否应该归为一种财富储值方式，也仍然持有不同的意见。作者无意卷入这些争论之中。但是我们认为,不管如何定义自住性房地产,至少,保守地说,投资性房地产应该被认定为一种重要的财富储值工具,从而归到财富管理的实践中来,因此也应该成为本书的研究对象之一。

那么,投资性房地产是不是一种优质的财富储值工具呢?

根据经济日报社中国经济趋势研究院于 2016 年 4 月 29 日发布的《中国家庭财富调查报告》,目前中国家庭财富由金融资产、房产净值、动产与耐用消费品、生产经营性资产、非住房负债以及土地等六大部分组成。其中,房产净值是家庭财富最重要的组成部分。2015 年,在全国家庭的人均财富中,房产净值的占比为 65.61%;在城镇和农村家庭的人均财富中,房产净值所占的比重分别为 67.62% 和 57.60%。

从这个惊人而又有些在意料之中的数据,我们可以看到房地产在中国城市家庭财富中的占比已逼近 7 成这一不争的事实。中国人对于土地附属建筑的执念,由此可见一斑。当下很多中国财富家庭认为最优的财富储值工具就是投资性房地产,以致很多家庭在过往形成的习惯是,只要储存到足够数量的多余财富,就会去购买第二套、第三套乃至第 N 套房产。从中国经济的总体状况来看,这样的做法使得中国民间持有的房地产的价值,在过去的二十多年里快速增长。按照某些统计标准,这部分房地产的价值已经高达中国 GDP 的 3—4 倍,甚至更高。但是,这些房地产,除了能给中国居民提供居住的使用价值以外,其本身并不像工商企业一样能够增加中国经济的实际产能。

成熟市场对房地产投资的定位

在以北京、上海、广州、深圳为代表的中国一线城市,一套核心区的 100 平方米的房子目前的价格很可能超过 1 000 万人民币(略高于 150 万美元)。而 2016 年美国芝加哥市独栋别墅的房价中位数为每栋 22 万美元左右。看上去，如果卖了北京的房子，不但可以在美国买大房子，还能依靠剩下的钱跻身富人之列。那么问题来了，为什么美国的房价没有像中国这样涨势凶猛、价格奇高呢？

反观欧洲和北美社会，虽然同样提倡居者有其屋，而且在很多西方国家社会中，房地产净值也是大多数家庭最重要的一项财富项目，但事实上，对于中等收入阶层的大多数人而言，这些房地产大多是自住性房地产，而非投资性房地产。即便是位于财富金字塔最顶端的高净值家庭，它们在房地产中的投资也基本不超过自身总财富的 20%。另外，随着自身财富的增加，这一比例还会快速下降。

根据统计，美国家庭净资产超过 100 万美元的所谓高净值人群，他们所拥有的针对股票债券等的投资性资产在全部资产中的占比超过 6 成。而且，拥有越多家庭净资产的人，其在住宅〔包括自用住宅、商业地产以及 REITs（房地产信托投资基金）等在证券市场可以交易的房地产投资基金〕上面的投资比例越低，而在住宅以外的其他资产上投资的比例越高。

在家庭净资产 100 万—500 万美元的人群中，住宅以外的其他可投资性资产占全部资产的 62%。在家庭净资产 500 万—2 500 万美元的人群中，住宅以外的其他可投资性资产占全部资产的 68%。在家庭净资产 2 500 万美元以上的人群中，住宅以外的其他可投资性资产占全部资产的 69%。

将美国高净值家庭持有的自住和投资性房地产（包括商业地产、自用住宅以及 REITs 等）占比相加，其总和不超过净资产的 21%，而且随着家庭总资产的增加，这一比例快速下降。这与中国财富家庭将近 70% 的净资产投资于房地产之上的理念相差甚远。同时，我们可以明显看出美国的财富家庭更青睐股票、基金等金融产品，因为他们认为这些投资是长久的财富积累方式。

　　同时，欧美国家的投资性房地产大多持有在机构投资者手中，被视作机构的一个重要的资产组合类型，而且投资性房地产在专业投资者手里能够得到更好的风险和流动性管理。单个的财富家庭更多是将房地产看作耐用消费品（自住性房地产），而不是投资。对于欧美财富家庭来说，他们管理和储存财富时更多地使用的是投资性房地产以外的其他金融工具。这其中的原因很多，而重要的原因之一，是房地产作为一种财富储值工具有一些不好的属性，譬如说，由于物理的磨损以及式样的过时，房地产的使用价值通常只会随着时间减少，而不会增加。

　　再回到中国，之所以还有那么多的财富家庭仍然把投资性房地产作为自己财富储值的最重要工具之一，归根结底，是因为中国的老百姓在过去的十几年中，观察到投资性房地产的历史回报几乎高于中国老百姓可以接触到的任何其他储值工具，包括银行存款，也包括股票、债券等有价证券。这是一个可悲的现象：由于过去中国的资产种类不够丰富，中国的资本市场发展缓慢，很多老百姓只能选择把绝大多数未来的购买力存储在自己比较熟悉的房地产上。至少这是祖祖辈辈都使用的，也是看得见摸得着的储值方式。但从宏观层面来分析，中国经济和中国民间对投资性房地产行业的过度依赖，减少了社会资金对于实体工商业的支持，导致了社会总生产力的极大浪费，也使得中国生产力的提升速度可能远低于其潜在可能。根据贝恩资本和招商银行的调查统计，到 2015 年，中国的民间财富大约为 120 万亿元人民币，相当于 GDP 的 2 倍左右，其中 50% 以上仍然投放在现金和投资性房地产上。现金的平均收益率很低，而投资性房地产未来价格波动的风险很大。这种低效的选择是中国资本市场相对不发达的一种表现。

中国的房地产热

在中国，房地产市场的热度常年不减，"房地产"三个字也一直牵动着中国百姓的心弦。当初思考"买还是不买，这是一个问题"；如今只能扼腕哀叹，哀于北上广深令人咋舌的房价，叹于自己囊中羞涩、望尘莫及。2016年网友评出的"十大败家行为"之首赫然是"卖房创业"，对于鼓励创新创业和希望抑制房价的政府来说，这又何尝不是一种无奈的回应。对于很多刚刚毕业、月收入几千元的大学毕业生来说，若想在一线城市买套房，首先需要辛苦工作一辈子，然后还要"向天再借500年"。更有人调侃道，人生最大的三个错觉就是"他（她）还爱我，股市会涨，房价会跌"。然而，大众对房地产如此趋之若鹜，这样真的好吗？

大量家庭直接持有投资性房地产，会使中国在财富管理市场上存在巨大的风险敞口。在中国的城市人口中，大量的有房人群，包括不少的工薪阶层，拥有两套或者更多的房产，其中相当一部分是作为投资房存在。与此同时，又有相当一批人租房度日。受金融经济政策、宏观经济形势、货币市场环境以及微观环境的影响，未来这两批人都存在巨大的风险敞口，而这种敞口本来是可以对冲掉的。可是，长期以来，财富管理市场欠发达、金融工具尚不完备、对于财富家庭的教育不足，这一切都阻碍了此种风险对冲机制的形成。反观西方成熟国家，自住房实则并无过大的风险敞口，因为其自身产生的需求和供给基本吻合，相当于一种自然状态的对冲。

房地产具有耐用消费品的属性，一旦建成并投入使用，其使用价值便会随时间的推移而衰减。这既包括物理性的磨损，也包括样式陈旧、功能过时带来的宜居程度的下降。就算在繁华喧闹的上海弄堂，人们也会抱怨老房子的逼仄设计；即使是在寸土寸金的北京胡同，人们也会不满平房的老旧失修。这使得房地产作为储值工具的长期保值增值能力变得可疑，除非单位使用价值对应的房价不断增高。而后面我们会讲到，那可能是泡沫的表征。从另一个角度来看，即便房地产在单个家庭层面是一种很好的长期储值工具，其在整体上的储值作用仍然会受到质疑。

假定今天所有人持有的房地产的面积都增加一倍，或者所有人所持房地产的价格都增加了一倍，这是否会使他们储存的未来购买力得到提升呢？并没有，因为除非未来的社会经济产能总量发生改变，否则未来社会能够提供的消费总量以实物为单位的计算结果并不会发生变化。所以在这一假设条件下，每个价格单位的房地产未来能够换取的实际消费能力会打一个对折。这就好像中国古代社会储存的白银数量大大增加，但是对应的其他可以用来消费的实物资产并没有改变，最终结果就只是白银价格相对于其他实物资产的下跌。所以站在全社会的角度，投资性房地产的大量积累，及其价格的快速上升，并没有真正带来社会总财富的增多。至少从一个国家的整体层面来看，房地产并不是良好的财富储值工具。相比之下，工商文明下开店设厂的财富储值方式，会在国家整体层面上增加未来产能，带来社会总财富的增多。

但是，为什么尽管有诸多弊端，中国的财富家庭仍然会选择房地产作为主要的投资工具呢？因为在过去若干年，从财富家庭个体角度来看，房地产价格总体上升较快，从而能够较好地实现财富的保值增值。下面，让我们仔细分析这一现象。

房地产价格的升高有两种可能的原因：一种是像企业技术革新一样，通过自身改造使未来的潜在产能不断提升。比如原先一年能生产 1 000 台冰箱的工厂，在技术革新后，一年可以生产 1 万台冰箱。这是一种由基本面价值的提升带来的价格增加。

另外一种是，尽管基本面的价值没有变，或者说提供给消费者的基本效用没有变，但是其货币化的价格却在增长，而且增长的唯一原因（既然使用价值没有增加）就是大家都预期未来的货币化的价格会继续增长。中国不少大城市的房屋租金严重低于专业人士所计算的长期均衡租金，但是仍然有不少家庭持有出租物业，甚至空置房屋。究其原因，是很多人认为房价还会大涨，给定投资的房地产的总回报是租金和资本利得之和，所以只要房价上涨得足够快，即便租金低或者没有租金，仍然合算。

第一种情况我们认为是好事，因为这时候价格的增加反映了真实价值的增加。第二种情况我们需要担心，因为它是一种泡沫。到了泡沫的后期，价格继续增长的唯一原因就是人们认为未来价格还会继续上涨。泡沫的可怕，不在于它早期带来的价格持续上涨，而在于当价格持续上涨的预期维持不住时，价格可能发生的可怕的崩盘。泡沫带来的另一个问题是公平性问题。在泡沫膨胀的过程中，往往只有一部分人获益，但是泡沫的破灭以及随后需要的救市，则往往要由全社会埋单。

在过去的十几年里，中国的房地产价格增长速度大概超过了市面上任何一种理财产品。甚至有相当多的人士至今认为，这种情况在未来5—10年也不太可能发生变化。但是时至今日，在部分地区房地产市场一路高歌猛进的同时，也有不少业内人士忧心忡忡，认为市场已经走到了危险的边缘。

"中国真的不同吗？" —— 关于房地产泡沫化危机的担心

"泡沫" ——当一类产品的使用价值不变甚至减少，但是其价格快速上升时，往往会引发一个很多人都担心的问题：这会不会就是泡沫？对于未来的价格上涨，而非使用价值本身的提升的预期，成为今天进行投资的重要甚至唯一依据。这就是泡沫的典型定义。

那么，中国的房地产是不是存在着一种长期泡沫化的可能性？如果有，它会很快破裂吗？经济学家们对此颇有争议。有人认为是泡沫而且终将会破灭。有人则认为，我国政府对经济生活进行强力干预，而且掌控着大量的资源，只要政府愿意，完全有能力干预，从而不会让房地产价格出现断崖式下跌，因此，虽然近年来部分地区房地产价格上涨较快，但是泡沫破灭的担心是多余的。

历数世界经济史上的房地产泡沫，美国经历过泡沫破灭，欧洲经历过泡沫破灭，东南亚也经历过泡沫破灭，1997 年亚洲金融危机过后，香港的房地产价格下跌 85% 左右。但是市场上有一批人认为中国国情不同。中国真的有那么不同吗？

我们不做结论，只提供观察。2008 年，随着美国次贷危机引发全球金融危机，中国股市跌幅超过 80%。掌控着大量资源，并且对干预经济有巨大决心的中国政府没能制止股票市场的狂跌。2015 年年中，中国股市下跌的时候，中国政府出手救市，引起了市场观察人士的很多议论，但是依旧没能迅速挽回股市下跌的局面。到 2015 年年底时，许多参与救市的"国家队"仍然处于浮亏。那么，在今天，当习总书记已经明确表态"房子是用来住的，不是用来炒的"，政府未来干预投资性房地产价格的意愿和能力又有多大呢？

抛开经济学家们的争论不谈，在现实的经济生活中，有大量的中国高净值家庭，事实上在过去的10—15年中对投资性房地产进行了大量的投资。甚至不少的高净值家庭致富的最根本原因，正是这种投资。但是风向似乎正在悄然转变：在大量无房少房的"刚需购房者"继续冲进房地产市场的同时，不少持有多套房产的房主也在悄然退出房地产市场。商业机构的统计数据显示，作为一个整体的中国高净值人群，正在逐渐将其财富从投资性房地产转向其他资产。其中一个重要原因当然可能是过往快速上涨的房地产价格使得这部分人的投资组合中投资性房地产的比例过高，所以他们需要减少部分投资性房地产从而对投资组合进行再平衡。但是另外一个可能的原因是，高净值人群作为一个整体，对于未来的投资性房地产市场集体不看好，特别是不看好它作为财富储值工具。热衷于"吹泡泡"的富人相继撤离，那么谁会成为最后的"接盘侠"呢？结果不得而知。

总体说来，中国资本市场的发展时间有限，即便大家耳熟能详的公开上市股权市场，也只不过有二十多年的历史。相当多的金融工具还没有被开发出来和广泛使用。未来，随着各种工具的推广使用，大量中国民间财富集中于投资性房地产这一问题，相信可以得到有效的解决。归根结底，正如习近平总书记所说，房子是用来住的，不是用来炒的！

除了投资性房地产以外，目前在中国的社会中，可以被用来存储财富的工具，或者说资产，从大类上看，还包括银行存款、银行理财产品、股票、债券、信托、P2P、公募基金、阳光私募、PE（私募股权投资）、VC（风险投资）、保险、外汇及海外资产、商品（黄金白银等，也包括古玩字画）、供应链金融等。在接下来的章节中，我们会择其重点分别加以介绍。

什么是财富管理？

"你不理财，财不理你！"

那么，什么是财富管理？个人或者家庭为什么需要进行财富管理？简单地说，财富管理就是对财富的管理，其目的是实现财富的保值增值。我们回到松鼠的例子，秋日里贮存的松子到了冬天还可以食用，这就使松鼠实现了财富的保值。古人把银两存入银行（那时候叫钱庄）吃利息，这就实现了财富的增值。

为什么要进行财富管理？一句略带调侃的箴言道破真谛："你不理财，财不理你！"但事实上，在历史上绝大多数时期，对绝大多数人来说，财富管理并没有得到应有的重视。因为那时大多数人其实并没有足够多的财富需要进行精确管理，所以即便用一种粗犷原始的方式进行管理，其结果也不至于有太大的区别。也就是说，对于大多数人来说，"财不理你，所以你不理财"！而对于财富管理真正意义上普遍广泛的需求，是最近20年才开始出现的。

随着中国经济持续快速发展、中国政府开始实施藏富于民的经济政策，以及经济升级转型进入新常态，中国民间开始积累大量财富，人均财富占有规模快速上升，从而导致对财富管理的井喷式需求。根据瑞信研究院的测算，在"十三五"期间，中国城市成年人口的一半以上，将进入人均拥有资产1万—10万美元之间的中等收入阶层，这标志着中国进入全民理财的时代，财富的妥善管理已经不再是一小撮人关心的问题。根据波士顿咨询公司（于2017年做出）的测算，2016年中国个人可投资金融资产规模已经稳居世界第二，达到126万亿元人民币，约为当年GNP（国民生产总值）的1.7倍，为财富管理市场形成了百万亿级的财富蓄水池。预计到2021年，中国个人可投资金融资产将稳步增长，规模将达到 220 万亿元人民币。

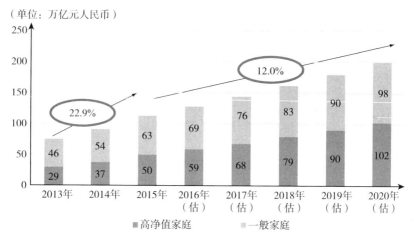

图1-1　中国个人可投资资产总额

数据来源：波士顿咨询公司全球财富数据库；波士顿咨询公司分析

注：个人可投资金融资产包括离岸资产，但不含房地产、奢侈品等非金融投资资产

同时，根据瑞信研究院的《2016 年全球财富报告》，2000—2016 年中国的人均财富从 5 670 美元增长至 2 2864 美元。尽管在此过程中受到全球金融危机的影响，人均财富一度比此前下降了 20%，但是很快就恢复到了金融危机前的水平。虽然近些年的增长态势不如金融危机之前，但是目前中国的人均财富水平仍比 2007 年高出 37%。与此同时，我们可以看出中国的人均财富水平在金融危机后与世界的人均财富水平逐渐拉开差距，并与欧洲的人均财富水平逐渐减小了差距。

根据瑞信研究院的计算，截至 2016 年，全球约有 14.09 万人可以被归类为超高净值个人，其净资产在 5 000 万美元以上。其中，5.08 万人至少拥有 1 亿美元的资产，5 200 人拥有 5 亿美元以上的资产。2016 年全球的超高净值人群的人数比 2015 年高约 3%，增加了 4 100 人，除亚太地区国家以 10% 的增速高于平均，其他地区的增速相对统一。从超高净值人群的居住地区来看，北美地区以 7.34 万的超高净值人士占据排名的榜首（52%），而欧洲以 2.98 万人次之（21%）。除中国和印度外，在亚太地区生活着 1.88 万的超高净值人士（13%）。

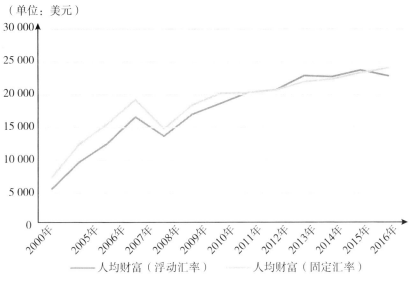

图 1-2　中国人均财富变化情况

资料来源：瑞信研究院发布的《2016 年全球财富报告》

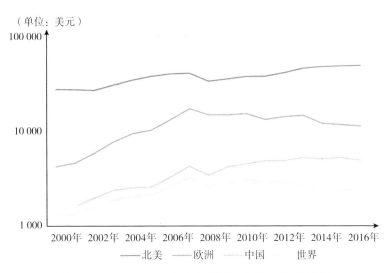

图 1-3　2000—2016 年人均财富中位数（部分地区）

资料来源：瑞信研究院发布的《2016 年全球财富报告》

从国家的角度划分，美国以 7.04 万的超高净值人士傲视群雄，中国以 1.1 万的超高净值人士位居亚军（较上一年增加 640 人），其次是德国（6 100 人，较上一年增加 500 人）。具体可以参考图 1–4。

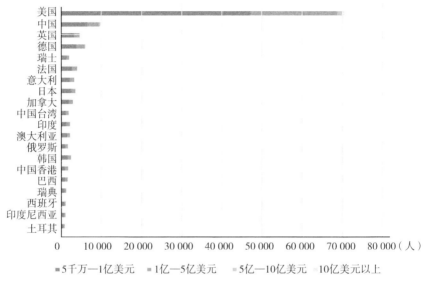

图 1–4　2016 年超高净值个人分布人数最多的 20 个国家和地区

数据来源：瑞信研究院发布的《2016 年全球财富报告》

所以，无论是从中等收入阶层的人口数量、成年人平均占有的财富规模、民间财富的总规模，还是从高净值和超高净值人群的数量来看，中国都已经跃居世界前列，财富管理的需求空前高涨，全民财富管理的时代已经来临。纵观浩渺的几千年历史长河，中国首次把规模如此之大的人们送进了需要进行财富管理的财富人群。

那么，现在"财终于理你了"，你该如何理财呢？

如何进行财富管理 ——几个基本需求

伴随一生的旅行，几代人命运的交织：生命周期理论

> 人生寄一世，奄忽若飙尘；
>
> 何不策高足，先据要路津。

　　对于一个理性人来说，财富管理的最终目的就是提升个体或者家庭在其整个存续期（生命周期）当中总的满足程度。

　　经济学和心理学的研究发现，随着时间平滑变化而又略有上升的消费模式，会给人带来最大的满足程度。所以，对于个人或者家庭来说，就是要通过一系列的运作，使其在整个生命周期中维持一个相对平缓变化、略有上升的消费结构。这里所说的消费指的是广义的消费，它既包括物质的消费，也包括文化、娱乐、精神各方面的消费。最后在个人生命终结的时候，可能还要考虑遗产，就是把一部分的财富交给自己的后代，或者以慈善的方式回馈给社会。如此进行整个生命周期中的消费水平管理，从而带来最大化的满足程度，是整个财富管理的终极目标。这种关系可以通过图 1-5 看出来。

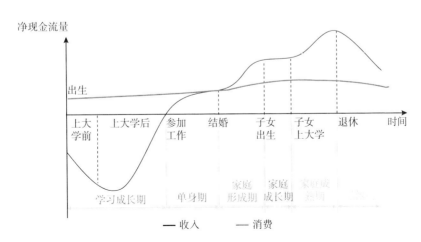

图 1-5　个体或家庭生命周期中的净现金流量

　　财富管理的一部分需求，是通过储蓄和反储蓄等手段，实现实际消费水平在生命周期中的挪移。对于大多数人来说，要想实现在整个生命周期中相对平缓而又略有上升的消费模式，在理想社会中，往往需要在生命周期的前期大量借债（反储蓄），然后在生命周期的后半段偿还这些债务（储蓄）。在现实社会中，往往存在各种各样的不尽如人意的限制条件，比如储蓄往往必须先于反储蓄（流动性限制），从而使得很多人在其整个生命周期中的实际消费水平还是要部分地受到自己的当期实际收入水平的限制，如图 1–6 所示。

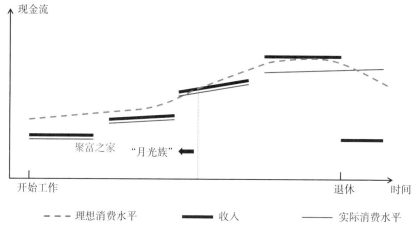

图 1–6　个人理想消费水平与实现消费水平的对比

注：1. 收入上涨往往存在跳跃
　　2. 因为无法借贷，所以实际消费能力受收入的限制

　　金融市场越是不发达，这种在时间维度上挪移消费水平的能力就越差，人们就越会发现自己陷入年轻时消费不足、年老时消费过度的困境中。在大多数时代，大多数人或多或少都会受到"量入为出"这样一个基本原则的限制。所以尽管我们不愿意看到个人和家庭在整个生命周期中大起大落的消费行为，但事实上，我们经常观察到的是收入的大幅提高或者减少往往带来消费的同样大幅增加或减少。

个体高储蓄率和集体低消费力的悖论

　　中华民族和很多东方民族一样，克勤克俭，家庭和家族观念较重，往往希望通过一代人的艰苦奋斗和勤俭节约，使得后辈过上更好的生活。所以，很多老年人会非常的节约，大量储蓄，希望自己的儿孙辈可以从自己所积累的财富中获得一个更高的人生起点。中国社会也正在经历急剧的变化，从农耕时代的"养儿防老"过渡到越来越依靠自己所积累的金融资产解决老年时收入不足带来的消费问题。社会对于子女就学、大病医疗和养老等大宗支出需求虽然已经建立起一定的保障网络，但尚不足以完全支撑所有的需求，仍然需要民间的谨慎性储蓄。这些都使得中国作为一个经济体的储蓄率相对较高。从个体角度来看，高的储蓄率带来了财富的积累，带来了未来的消费能力的提升。但是从整个社会的角度来看，它未必是一件好事。大家都不消费了，都存钱了，这会使得中国的消费不足、内需不足，导致打造消费驱动型经济变得很困难。大量的当期消费能力被存储起来，如果储存方式不当，实际上也未必能跑赢通货膨胀。那就意味着个体辛辛苦苦积累下来的购买力实际上是在缩水，真实的购买力可能在下降。另外，从当期来看，社会总体消费不足，不能有效地刺激产能的提升，可能使得经济总量的成长速度较为低下。而这反过来又会使得未来生产出的消费品总量下降，使得未来积聚起来的财富能够购买到的未来总消费品的数量较少。尽管单独来看，个人储蓄是件好事，但是如果整个社会的储蓄量过大，我们今天的储蓄，未必能够带来明天更多的真实财富。财富的储存和管理本身并不是目的。用好这些财富，让它产生最大的满足程度，才是最终目的。

财富金字塔

> 人生常苦短，欲望却无限；
>
> 遵照马斯洛，标普去衡权。

在整个生命周期中，人们会尽可能通过各种金融工具和手段，使得自己的消费曲线尽可能平滑。但是，由于现实生活中的各种限制条件，实际上人们每一期的消费都和当期的收入以及其他限制相关。鉴于有限的当期收入和其他限制条件，我们在每一个时间点上都面临着一个有限的总预算，以及无穷无尽的想要做的事。那么，如何在不同的当期消费和各种对未来的投资之间进行权衡取舍？哪些项目应该有更高的优先级？哪些是如果预算实在不够可以缓一缓再说的，而哪些是刻不容缓的？要想解决这些问题，需要更深层次地理解人类需求的不同层次，并且把它们和不同的财富管理层次对应起来。

美国心理学家亚伯拉罕·马斯洛于 1943 年在《人类激励理论》中将人类的需求像阶梯一样从低到高分为 5 个层次，分别是生理需求、安全需求、爱和归属感（社交需求）、尊重和自我实现。我们将个人生命周期中的不同阶段与不同层次的需求进行了对应。这种对应关系，以及它们的优先级，如图 1–7 所示。

这就相当于人们对于营养的不同需求。美国食品药品管理局构建了一个食物金字塔，对于每个成年人每天需要摄取的营养成分比如碳水化合物、蛋白质、非饱和脂肪酸、饱和脂肪酸、矿物质等以及对应的食物，提出了比较详细的指导意见。财富管理也需要一个类似的金字塔，它对应着人们不同层次的财富需求：哪些钱配置在流动性高的资产上，哪些钱配置在保障性的资产上，哪些钱专门用来做投机性比较强的投资等。

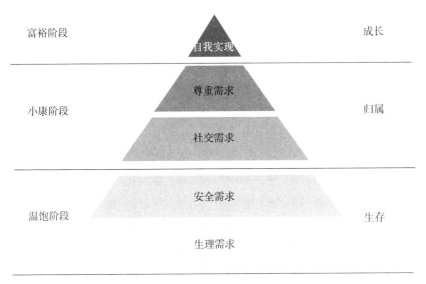

图 1-7 需求层次金字塔

　　具体来说,生理需求和安全需求对应的是人最基本的生存需求,是人们处在温饱阶段所努力想要满足的需求。这些需求得到满足之后,人进入到社交需求和尊重需求层面,而这些对应的是人的归属感的需求,是人们处在小康阶段所努力想要满足的需求,也是人中间层次的需求。这些需求也得到满足以后,人开始追求自我实现和自我超越,而这些对应的是人的成长性的需求,是人们处在富裕阶段所努力获取的需求,也是人较高层次的需求。这些需求之间的关系,可以用需求层次金字塔解释。按照心理学家的说法,在这样一个需求金字塔上,越是低层次的需求,就越是必须要满足的。只有当这些基本需求被满足以后,人才会进入到较高等级的需求阶段。随着这些需求陆续被满足,人的总体满足程度才会提高。换句话说,人不可能在基本的生存需求还没有得到满足的时候,就去追求自我实现和自我超越。与人类需求金字塔相对应的家庭财富管理资产配置金字塔,如图 1-8 所示。在这个金字塔上,不同层级的财富储值工具,或者理财资产,提供不同的风险收益和流动性,实际上服务于人的不同层次的需求。与之前对人类基本需求的分解一致，在财富管理的金字塔上，越是低层级的资产，就越是必须要首先配置的。只有当这些较低层级的资产被充分配置，并且保证人的基本需求得到满足以后，人才会考虑配置更高层级的资产，从而满足较高等级的需求。随着这些需求陆续被满足，人的总体满足程度才会提高。换句话说，人不应该在最基本的流动性资产尚未配足的情况下，盲目追求收益性资产，这是很不理性的行为。

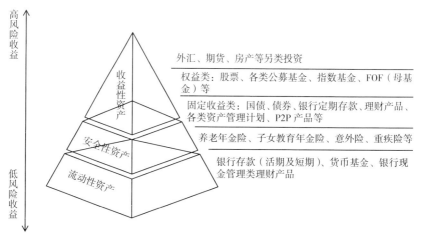

图 1-8　家庭财富管理资产配置金字塔

不同类型的财富管理需求对应的资产配置金字塔，实际上也指出了一个非常有意义的现象：越往下的层级，需要的安全性越高，因为在满足人的最基本需要时它是不可或缺的，是塔基。在一个竞争性的资本市场上，我们会发现，高风险的资产对应高的平均回报率，低风险的资产对应低的平均回报率，否则就会出现套利的机会。我们为了满足那些最基本的、但是又不可或缺的需求，只能将一部分财富配置在那些相对安全、但是收益率也很低的资产上，比如银行存款、货币基金、银行的现金管理类理财产品等。相对应的，越往上的层级，需要的安全性越低，因为它可能只是满足人的一些或有的需求。这些需求更像是锦上添花,如果实在满足不了也无伤大雅。因为这样的原因,针对这部分需求配置的财富可以承受较高的未来收益的不确定性。那么,根据前面所说的"高风险高收益,低风险低收益"的资本市场基本原则,风险承受能力越大,对应的平均回报率也就越高。针对更高层次的需求配置的财富,往往是收益比较好、但波动性也会很大的资产,比如外汇、期货、另类投资等。

财富管理的基本原则

开源和节流:创造财富是起点

财富的创造是财富管理的源头。离开了财富的创造,财富管理就是无本之木、无源之水。那么,财富是如何创造出来的呢?财富来源于结余下来的消费能力,也就是收入和支出之差。所以要想有更多的财富用于管理,就必须从开源和节流着手。对财富的管理,首先应该是对支出和收入的管理。

所谓开源,就是增加收入。这可以通过对自身投资从而提升自己未来创造收入的能力实现。比如,通过培训教育等提升专业素养,通过实习提升阅历资历,这些都是为获得更高的未来劳动力回报所做的前期投资。另外,还可以通过兼职工作等方式提升投入水平,获得在现有人力资本水平下更多的收入。也就是说,通过"提高工作的技术含量",或者通过"延展工作的长度"都可以挣到钱。所以如果开不了源的话,很可能说明你需要更加勤奋。

所谓节流,就是减少支出。这可以通过对支出项目进行系统性的梳理,减少可花可不花的钱来实现,或者通过推迟某些消费,从而在当期减少那些可以现在花、也可以以后花的钱实现。比如,在很多人看来，除了大城市的卫星城，三四线城市房地产的投资价值已经不高，可以减少投资。再比如，很多高科技产品，迭代速度很快，可以考虑适当推迟购买，以免出现过多的落地即贬值的情况。所以，别一攒够首付，就去老家买房子；别苹果手机一出新的款式，就张罗着要"卖肾"！

财富的积累，最早往往源自一点一滴。现在的很多年轻人，虽然没有多少钱，但是花起钱来毫不吝啬，往往拿五块钱十块钱不当回事儿。而真正聪明的人正是从这些点点滴滴的小钱开始积攒自己的财富。著名的石油大亨，19世纪第一位亿万富翁洛克菲勒有一次给一个乞丐一张纸币，不留意带出了衣袋里的一枚硬币，硬币在地上跳了几下以后掉进了沟里。洛克菲勒费了很大的力气才把它捡起来。乞丐说："没想到您这么吝啬，如果我也像您一样有钱的话，我就不会捡这枚硬币了。"洛克菲勒回答："这也许就是你至今仍是乞丐的原因吧。"故事的真假不得而知，但是其背后的道理却很深刻——富翁其实都很"抠门"！

量入为出：流动性的管理

在成熟社会，金融市场发达的状态下，流动性比较容易获得，个人和家庭可以相对容易地从银行或者其他机构借到钱。然而，在中国当前的市场条件下，个人信用体系相对不完善，加上中国民间自古以来以欠债为耻的文化，借贷消费的习惯并没有养成。因此，在没有大量外部借贷的情况下，中国老百姓会因为受到流动性的约束而在生命周期的早期出现消费不足的情况。比如说，一些年轻人刚刚开始工作时，收入可能只能满足最低限度的消费水平。这些年轻人还有一个很诗意的名字——"月光族"。名字是挺诗意的，现实却是很苦楚的。他们既不能进行很多其他的消费活动，也无法针对个人人力资本进行许多投资。在中国目前个人信用贷款能力相对缺失的情况下，这是很现实的问题。如果是在金融市场发达、各项条件具备的情况下，这些年轻人本来可以通过借款，也就是反储蓄的方式，把这个生命周期中的消费低谷尽可能抹平，从而提升整个生命周期的满意程度。

在现实社会中，流动性障碍的存在，使得很多家庭和个人往往会存在消费受到当期收入限制的时候。同时，也正是因为对这种消费受限可能性的担心，很多中国人都愿意在生命周期的早期，能够在收支相抵之上略有结余，以便应对各种不时之需带来的短期流动性困境，比如因为就业状况的改变或者生病等带来的突发的严重经济困难。中国老百姓在缺少其他社会安全网络保障的情况下形成的谨慎心理，固然有其不得已之处，但是也可能使他们在生命周期的早期被迫地结余过多，从而造成消费不足，或者造成早期对个人人力资本的投资不足，导致未来生命周期中的整体收入水平偏低。不管是哪种结果，都不是满足程度最高的安排。

当然，从另一个方面来说，如果这种谨慎性的储蓄过少，也可能会给生活带来极大的脆弱性，甚至出现朝不保夕的情况。在这种状态下，日常生活可能很容易受到微小事件的影响而进入一种危机状态。长期处在这种状态下的人，将充满焦虑，无法得到安全感，更不要说满足感了。

所以，在当前中国消费性借贷不足的情况下，最好的一种做法是寻求平衡，适当地配置一些谨慎性的储蓄，购买一些安全保障（比如大病保险、失业保险等），并且在日常的流动性安排中实现收支相抵后略有结余，从而达到一种健康的财富管理状态。

流动性最高的储值工具是现金、货币市场基金和各种"宝宝"类产品。这一类的产品几乎都可以做到随存随取，交易成本几乎为零。它们是对零散购买力的暂时储存。因为资本市场具有的"高风险高收益，低风险低收益"的特点，这类产品的收益率一般非常低。在另一个极端上，有些财富储值工具不容易交易，很难做到随存随取。特殊情况下如果需要紧急的提现，还要支付较高的交易成本，甚至还要支付一定的罚金。但是它们可能对应着较高的平均年化收益率。一个典型的例子是对于私人股权基金的投资。因为这些基金投资的标的是未上市公司的股权，交易不是很频繁，所以买入和卖出这些公司的股权都很不容易，而且可能需要支付高额的交易成本。相对应的是，私人股权基金的管理公司通常会要求他们的投资人承诺一个相对较长的投资期限且在投资期限内不得撤资，在美国这个期限通常是 10 年。目前，中国大部分私人股权投资基金的投资期限相对较短，但是一般至少也要 3—5 年。特殊情况下可以在二级市场上出售投资于这些基金的份额，但是因为交易稀少，交易成本较高。

不要把鸡蛋放在一个篮子里：对风险的管理

根据财富家庭的需求设计的家庭财富管理资产配置金字塔，其实已经很接近实践中的家庭资产配置计划了。在实际操作中，为了使得这种计划更加具体，不同的机构会有不同的具体建议。业界很知名的一种方案，是标准普尔家庭资产象限图，如图 1-9 所示。

标准普尔是全球最具影响力的信用评级机构之一，主要提供有关信用评级、风险评估管理、指数编制、投资分析研究、资料处理和价值评估等的重要资讯。[3] 标准普尔为了找到成熟市场上资产稳健增长的家庭的一般性投资规律，曾在全球范围内调研超过 10 万个家庭，并且总结整理出具有代表性的家庭资产象限图。此图被认为是成熟市场上一种可以实际操作的、合理稳健的家庭资产分配方式。

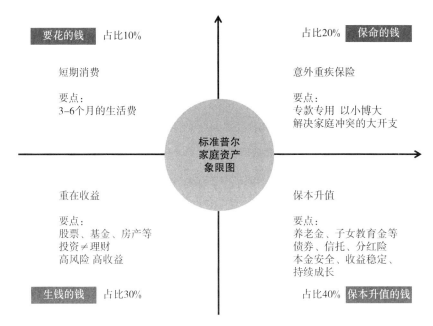

要花的钱　占比10%

短期消费

要点：
3-6个月的生活费

占比20%　保命的钱

意外重疾保险

要点：
专款专用　以小博大
解决家庭冲突的大开支

标准普尔
家庭资产
象限图

重在收益

要点：
股票、基金、房产等
投资≠理财
高风险 高收益

保本升值

要点：
养老金、子女教育金等
债券、信托、分红险
本金安全、收益稳定、
持续成长

生钱的钱　占比30%

占比40%　保本升值的钱

图 1-9　标准普尔家庭资产象限图

标准普尔家庭资产象限图把家庭资产分成 4 个账户，这 4 个账户分别对应家庭财务预算的不同功能，所以其使用的投资手段和工具也不同。通过在这 4 个账户中合理配置资产，在一定条件下，可以保证家庭资产长期、持续、稳健的增长。

第一个账户是日常开销账户，也就是要花的钱，一般占家庭资产的 10%，为家庭 3—6 个月的生活费，一般放在活期储蓄的银行账户中。设立这个账户的目的是保障家庭的短期开销。但是最容易出现的问题是这个账户的资产占比过高，很多时候也正是因为这个账户开支太大，从而导致其他账户的投入资金不足。[4]

第二个账户是保险账户，也就是保命的钱，对于一般的家庭来说应占到总资产的 20%。这笔钱的目的是为家庭设置一个比较可靠的安全网，通过购买各种保险产品或者通过自我保险，应对突发大额开支可能对家庭财务造成的冲击。这个账户里的钱一定要专款专用，以保证在家庭成员出现意外事故、患上重大疾病时，有足够的钱来保命。这个账户中的钱主要用于购买意外伤害和重疾保险，甚至包括针对一些家庭预计可能发生、但市面上并无合适保险产品的情况进行的自我保险。这个账户就好像是家庭的一个备胎，平时不会起什么作用，但是到了关键时刻，只有它才能保障人们不会为了着急用钱而卖车卖房"卖肾"、股票低价套现、到处借钱，甚至出现因病致贫、因伤致贫的严重后果。

第三个账户是投资收益账户，也就是生钱的钱，对于一般的家庭来说应占到总资产的 30% 左右。通过承担一定的风险，为家庭换取较高的回报。这个账户中存的是拿来搏一把的钱，首先必须要赚得起也亏得起，也就是说，无论盈亏对家庭不能有致命性的打击，这样才能做出从容的抉择。其次，这部分钱应该在整个家庭财务组合中占据一个合适的比例，过大或者过小，都有可能对家庭财务预算造成严重的影响。

第四个账户是长期收益账户，也就是可以长期储蓄、留在遥远未来使用的钱。对于进入生命周期相对稳定阶段的家境小康的家庭来说，这个账户在总资产中的占比可能高达 40% 左右，由保障家庭成员未来的养老金、子女教育金、留给子女的钱等组成。[5] 这些钱是一定要用，并且需要提前准备的钱。作为保本升值的钱，需要有一定的安全可靠性，因此大多数人希望配置在这里的财富一定要保证本金不能有任何损失，并要抵御通货膨胀的侵蚀，所以收益未必很高，但长期的稳定性必须很好，抗通胀能力必须很强。

对于一般的财富家庭，标准普尔家庭资产象限图和其他类似的资产配置理论，可以帮助家庭设计一个整体的解决方案，把财富分别配置在各种不同的开支门类中，从而实现基本的财富管理。

在系统地考虑了人在整个生命周期中对于总体财富管理的需求，

以及在任何一个横截面上不同层次需求之间的关系之后，我们还需要考虑各种不同的财富储值工具的一些重要的特性，包括流动性、成长性、风险性（波动性）以及各种资产之间的相关性，从而更好地使用各种财富工具，最大化地满足我们的需求。

什么时候可能需要把鸡蛋放在一个篮子里？

精明的投资人

　　著名投资人沃伦·巴菲特于 1965 年接管伯克希尔公司，到 2009 年时，该公司的每股股票净值增长了 4 341 倍，年均复利 20.3%。而同期反映美国大盘的标准普尔 500 指数增长了 54.3 倍，年均复利 9.3%。巴菲特的投资原则是："第一条，永远不要亏钱；第二条，永远不要忘了第一条。"时至今日，巴菲特的投资原则依然是保守而谨慎的。他曾说："我们寻找那些我们相信从现在到接下来的 10 年或 20 年的时间里实际上肯定拥有巨大竞争力的企业。至于那些形势发展变化很快的产业，尽管可能会提供巨大的成功机会，但是它不具备我们寻找的确定性。"巴菲特因此错失了很多明星投资项目，例如苹果公司和脸谱网。巴菲特对此的回应是："世界上有很多的投资机会，但是它们属于不同的人，而这些未来蕴含巨大变数的项目，不是我的投资机会。"由此我们可以看出他的投资理念："弱水三千只取一瓢"，或者说"有所为有所不为"。简而言之，"我们不赌"。作为一个希望成为未来巴菲特的投资人，什么时候应该赌，什么时候不应该赌呢？

　　值得读者注意是，巴菲特表达"我们不赌"这个理念是在 2009 年，那时他已经成为世最顶级的投资人了。我们分析一下，早期的巴菲特是不是真的像他 2009 年时所说的"不赌"？事实上，如果早期的巴菲特不能迅速地奠定自己远超市场平均收益的声望，那他就不可能一鸣惊人。如果一个小心谨慎的投资人，只是模仿着市场的投资组合，挣到市场的平均回报率，那么在接下来的 40 年，他的总回报也只能增长 50 多倍，远远达不到巴菲特"股神"级别的投资回报。显然，巴菲特今天所说的"我们不赌"，并不是对他在过去 40 多年内所践行的投资原则的全部总结。事实上，在他早年的投资生涯中，巴菲特很可能为了在投资上"独树一帜"而不惜大胆冒险。只是当他已经功成名就、家大业大时，他才说"我们不赌"。这是因为他深谙"常在河边走，哪能不湿鞋"的道理。如今，赌的成本收益和风险不匹配了，所以他决定不赌了。

那么，既然高收益高风险，不赌的话，巴菲特还能挣到超过市场平均的回报吗？对于今天的巴菲特来说，这是有可能的。本书的最后附有一个小例子，很能说明他成功以后的投资风格。

今天问一位期待 40 年后也能够成就巴菲特丰功伟业的投资经理，他该如何学习巴菲特的精髓，如果对方的回答是学到了"我们不赌"，那他大概永远没有出头之日。所以我想如果巴菲特在此，他可能会用一句老话来评价："学我者生，像我者死。"时移事易，同一个人，在历史长河的不同时间节点上，也应该会有不同的反应。

在财富管理的过程中，什么时候应该赌，什么时候不应该赌呢？这取决于我们对于不同资产种类的风险和收益的判断，以及我们的风险承受能力。

　　根据生命周期理论，人应该尽量通过储蓄、反储蓄等手段，使其在整个生命周期中积累的消费能力能够尽可能平滑地分配在各个时段，从而避免消费上的大起大落。但事实上，总是有各种各样的限制条件，使得人的消费能力在时间上的挪移不可能做得很完美，或者需要付出较高的成本。在这种情况下，为了尽可能地使得总体消费水平在整个生命周期中较为平滑，财富人群就会希望不同时间点上的收入不至于过度大起大落。这就牵涉到对风险的管理。因此根据投资人对风险的不同喜好，在各自的资产组合中，由于未来的波动性不同，各种资产的配比可能也会有所不同。

投资者的风险偏好

　　根据不同的人对波动性的厌恶程度，我们可以把人分为风险厌恶型、风险中立型和风险喜好型。市场上的投资者形形色色，各有不同。很多人希望在绝对的金融安全前提下进行投资，他们不太会考虑所谓的风险和收益之间的权衡取舍，而是对于风险零容忍。这些人就是风险的绝对厌恶者。当然在另一个极端，还有另外一类人，赌性非常重，明知赢钱的总概率很小，平均下来会亏钱，而且需要缴纳高额的个人所得税，他们还是坚持购买彩票。在资本市场上，很多人愿意炒股，而且愿意持有单个股票而不是投资组合，尽管他们明明知道单个股票的收益率波动性较大，也更容易受到信息不对称、内部交易等各种问题的负面影响。这些人就是风险的喜好者。

　　正常情况下，大多数人都是程度不同的风险厌恶型投资者。如果有可能，他们会尽量回避不确定的结果，甚至可能会愿意为此付出一定的代价，比如降低对未来平均预期收益率的要求。在特定条件下，有些人会表现出风险喜好的特点，比如赌徒。很多职业的资本市场参与者，例如对冲基金的交易员，则往往会表现出接近风险中立的偏好。关于风险厌恶和风险喜好等的更多讨论，可以参见一般的经济学和金融学教科书。

风险承受能力和财富的拥有量以及需求的层次有关。以作者对中国市场多年的观察来看，大多数情况下，资产较少的草根投资者可能比拥有一定资产的中等收入投资者更愿意赌一把。前者往往在应付当期消费之后并没有太多的结余，但是他们中的很多人并不介意把这些微不足道的结余再拿来赌一把，或者通过赌博，或者通过买彩票等。这些人中的一部分人幻想一夜暴富。一个有意思的现象是，这些人往往愿意承受那些从概率上来说很不公平的赌博，比如各种彩票。

同时，中国目前有大量的正在快速积累财富的中等收入人群。他们的财富积累还没完成，所以很多时候他们也愿意在条件合适的时候赌一把，或者说承担一定的风险，从而加快财富积累速度。这些人愿意承担一定风险的前提是风险可控，并且风险对应着更大的收益。但是，这些人会在风险和收益之间进行更加仔细的权衡取舍，并且主要在局面对自己有利时下注。

对于那些已经基本完成财富积累的高净值和超高净值人群来说，随着他们的家业逐渐扩大，他们可能会越来越清晰地认识到，他们不能总是赌。常在河边走，哪能不湿鞋！这些人很多时候甚至不愿意参加哪怕是有较大赢面的赌博。在不同研究机构对中国目前的高净值和超高净值人群的调查中，一个比较一致的发现是，对于这个人群来说，财富的快速积累固然重要，但随着财富的积累，他们开始越来越在乎风险管理，因为他们无法想象被打回原形，从头开始。因此，对于这一类人来说，财富的保有和传承的重要性越来越高，甚至高于新财富的创造。换句话说，"江湖越老，胆子越小"！

另外，一般说来，越是低层次的需求，就越是刚需。因此，用于满足这些需求的财富，就越不应该拿来进行风险过大的投资。一个理性的人不会用准备买馒头的最后一块钱去买一张彩票赌一把。但是对于满足了充分的流动性需求和安全性需求之后的剩余资产，也就是所谓的"闲钱"，很多人都不介意拿它来追求更高的收益，甚至不惜承担一定的可能损失。

在特定的条件下，人的风险偏好有可能会发生变化。比如包括作者在内的许多行为金融学家发现，在很多市场上，大多数未受过特别训练的投资者，甚至包括职业的投资经理，都会表现出或多或少的"处置效应"——投资人在处置股票时，倾向卖出赚钱的股票，继续持有赔钱的股票，也就是所谓的"出赢保亏"。这意味着投资者处于盈利状态时是风险回避者，而处于亏损状态时是风险偏好者。关于处置效应和其他的投资者行为偏差，我们会在附录中详细介绍。

单个资产风险和资产组合风险：波动性和相关性

不同的资产，风险波动性区别很大。风险最低的资产是现金以及类似现金的其他资产，比如货币市场基金。这类资产通常拥有较好的流动性，以及较低的收益率。风险较高的资产包括很多针对对冲基金、海外资产、期权等金融衍生产品的投资，以及其他的所谓另类投资。根据投资者对风险的不同偏好程度，财富管理的目的是为他们量身定做最适合自己的资产配置方案。这种方案将是因人而异的，具有高度差异化特征。

我们在考虑风险的时候，除了要考虑单一资产的风险波动性，还需要考虑当这些资产被结合在一起成为一个投资组合的时候，可能产生的系统性风险。这里将会提到的概念是各种资产之间的相关性。

举一个简单的例子，假设一个人掷色子掷出六点的话，会得到1万元钱的奖励，而其他的结果没有奖励。如果色子是公平的，那么掷出任一结果的概率是一样的，都是1/6。但是假设一个赌局是在市场本身非常欣欣向荣的时候更容易掷出六点，而另外一个赌局是在市场很萧条的时候更容易掷出六点。一个简单的问题是，作为一个理性的投资人，该如何在两者之间做出选择？

正确的答案是，理性的人应该选择在萧条市场中更容易掷出六点的赌局。原因是，通常情况下，我们大多数人的主要财富都会直接或者间接地和市场有一定的正向关联。比如我们可能持有股票、不动产等。至少大多数人开始工作以后，其收入在大多数情况下是和整个经济大势相关的。总的说来，市场好，整体收入也罢，财富也罢，都会更高；而如果市场不好，收入和财富都会降低。所以在萧条市场中更容易掷出六点的这个赌局中，当整个资本市场不好时，有更大的概率掷出六点，从而可以用得来的1万元钱的奖励部分地弥补其他部分的财富的损失。所以这样一个赌局会适当降低总财富的波动性。而反过来，在繁荣市场中更容易掷出六点的赌局，则会加剧财富的整体波动性。

讲这个小故事的目的是揭示它背后的原理——风险的分散化原则。如果资产组合中的资产具有这样的特点：一种资产升值时，另一种资产有更大可能贬值，那么升值和贬值的部分有一定的概率互相抵消，从而使整个资产组合的风险波动性下降。在金融学中，我们把这些可以通过相互抵消被消除的风险叫作非系统性风险，而把那些无法消除的风险称为系统性风险。通过把不同风险和相关性的资产组合在一起，在不改变平均收益的情况下使风险互相抵消，从而使得消费者可以在整个生命周期中获得更高的消费水平以及满足程度，是财富管理的一个重要职能。秉承着这样的原则，一个人或者一个家庭所拥有的财富永远不应该集中在一种单一的资产上，不管这种资产看上去多么完美，因为这样做会丧失把多种资产放在一起互相抵消风险的可能。在诺贝尔经济学奖得主、美国经济学家比尔·夏普的眼中，风险互相抵消所带来的波动性的降低是资本市场不多见的真正的"免费的午餐"之一。他的意思是，这件事能使人们可以在不付出任何成本的情况下有所受益。人们只是简单地把不同的资产组合在一起，就可以使得整个资产组合的波动性在预期收益不变的情况下降低，从而使人们可以支撑带来更大满足感的消费水平。

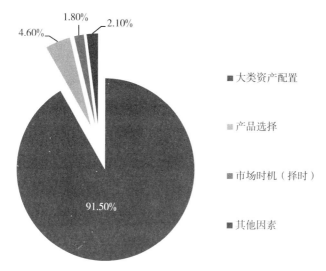

图 1-10　合理的配置是收益的关键

数据来源: Determinates of Portfolio performance Ⅱ : An update by Gary P. Brinson, Brain D. Singer and Gilbert L Beebower, Financial Analysts Journal,May June 1991

　　还有一个问题，财富家庭是不是一点风险都不能承受呢? 答案显然因人而异。在现实生活中，高风险资产往往对应高平均收益，或者数学上叫作高期望收益。大多数财富家庭愿意承担一定的风险，从而获得更高的平均收益，在总体上提升其在整个生命周期中的幸福感。因此最优的做法是考虑在家庭资产组合中配置一部分的风险资产，以承受更高的风险作为代价，换取更高的平均收益。前面所说的标准普尔家庭资产象限图就是一个实践中经常用到的例子。完全不能承担任何风险的家庭是很少见的。但是需要注意的是，承担的风险要有足够多的回报，例如更高的平均收益率。如果承担大量的风险却不能带来任何的好处，那这种风险还是不要承担。

几种可能对长期收益产生较大影响的因素包括大类资产配置、具体的证券交易的择股和择时（如何在正确的时点进入或退出整个市场），以及其他因素。针对成熟市场的研究表明，这些因素中，大类资产配置对长期收益的重要性远远超过其他所有因素之和。

美林投资时钟

在资产配置领域，最著名的理论之一是"美林投资时钟"。美国著名投资银行美林证券（2008 年全球金融危机后成为美银美林）在研究了美国 1973—2004 年 30 年的历史数据之后，于 2004 年发表了"投资时钟"这一著名的大类资产配置理论。

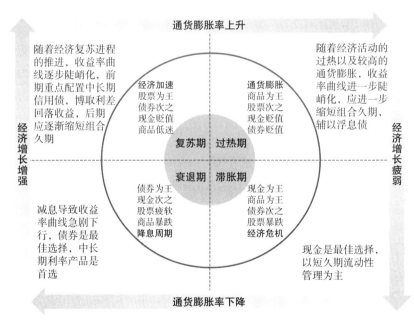

图 1-11　美林投资时钟

其核心是通过对经济增长和通货膨胀两个指标的分析，将经济周期分为衰退、复苏、过热、滞胀 4 个阶段，每个阶段对应不同的优质资产：债券、股票、大宗商品或现金。

第一阶段：衰退期，GDP 增长缓慢。产能过剩和大宗商品价格下跌使得通货膨胀率也较低。利润稀少，实际收益率下降。收益率曲线向下移动并变得陡峭，因为央行会降低短期利率，试图使经济回到可持续增长道路。此时，债券是最好的投资配置。

第二阶段：复苏期，宽松的政策逐步奏效，经济增长开始加速。然而，通货膨胀率继续下降，因为多余的产能还没有完全被利用起来，周期性生产力的增长强劲，利润也开始边际修复。中央银行仍然保持宽松政策，债券收益率曲线仍在较低位置。此时，最宜投资股票。

第三阶段：过热期，生产率增长放缓，产能受限，通货膨胀率上升。中央银行的加息使过热的经济回到可持续增长道路。GDP 增长仍保持在较高水平。债券表现较差，因为收益率曲线向上移动并且平坦化。股票回报如何取决于利润增长导致的估值上升和利率上升导致的估值下降两方面。此时，大宗商品表现最好。

第四阶段：滞胀期，GDP 增长率低于潜在经济增长，但是通货膨胀率持续上升（通常部分因为石油价格带来的冲击）。生产力下降，工资、价格螺旋式上升，公司提高价格以保护其利润边际。只有急速上升的失业率可以打破这种恶性循环。通货膨胀率太高，央行也不愿意放松货币政策，债券表现较差。由于企业利润糟糕，股票的表现也很差。此时，现金是最好的投资资产。

国内先进的财富管理机构也开始使用美林投资时钟帮助财富客户进行大类资产配置。但是在具体运用上，仍然需要结合中国资本市场的特点，才能做到因地制宜。

财富管理中的常见误区

误区一：只见树木，不见森林

财富家庭的需求是多层次的，复杂多样的。同样，财富管理针对的也不是某一个具体的资产，而是整个资产组合，它注重的是大大小小若干的投资组合在一起所形成的整体效果。单个产品做得再好，如果产品组合的总体效果不好，实际上也不会达到最好的效果。在现实中，不少财富管理机构重视的是推销各种产品，它们会提到这个产品的收益是多少，但很少会说明这个产品和财富家庭资产组合中的其他产品之间存在什么样的关系，在整个组合中会处于一个什么样的地位。这显然是有问题的。财富的配置，就像踢足球，既需要前锋，也需要后卫，还需要守门员，这样才能做到攻守兼顾，才能获得最大的全面的战斗力。所以财富管理首先是一个组合的概念，而不是单个产品的单打独斗。财富管理不是投机，不争一城一地之得失。财富管理不是把全部身家押上赌一把，投资者也不应该幻想通过对财富进行管理而一夜暴富。

误区二：只顾眼前，忽略长远

一次的成功或者说一个投资周期的成功，不是最重要的，重要的是长期持续，不断地积累。所以在长周期里面，只有充分考虑对未来的购买力进行长期存储，才能形成最优的配置。可能有人会说，把所有的短跑加在一起不就是长跑了吗？我每次短跑都跑赢了，那么加起来，是不是意味着长跑也能跑赢？实际上不是这么回事。在体育运动中，短跑运动员的跑法和长跑运动员的跑法是不一样的，如果是跑50米、100米甚至200米，强调的是爆发力。如果是跑1万米，就不能用那种方法跑了。与此类似，短期的投资行为和长期的投资行为是很不一样的。有些资产只适合做短期的投资，另外一些资产可能更适合做长期的投资。如果一个投资者被限制，只能在一年或者更短的期限内进行投资，他就有可能会错过一些资产期限更长、但是平均年化回报率更高的投资项目。譬如私募股权投资，公司从接受投资到最终上市、允许早期投资人获利退出，可能需要 5 年甚至 10 年。如果只能在短期的资产中挑选，就会错过这样的机会。而从另一方面来说，投资人和他们的家庭往往是在更长的生命周期中进行整体的规划，很多投资原本可以用于追求更长期的高回报率项目。比如家庭财富的代际传承，可能需要将一些财富传承到三五十年以后使用。这时候如果人为地把这些三五十年以后才能动用的资产，分成 30—50 份，每份只能投资短期项目，就可能会大大损失这些资产未来升值的潜力。财富管理不仅是陪伴我们一生的旅行，而且往往会影响几代人的生活。

误区三：频繁交易，不计成本

　　交易的频次对财富的长期积累有重大影响。这里存在一个权衡取舍的过程。一方面，随着时间的推移，市场不断演进，很多新的信息被披露出来。综合这些信息的考虑可能会给投资组合带来改进优化。另一方面，频繁和剧烈的交易会增加投资成本，也会消耗投资团队大量的精力。

　　在极端的情况下，交易成本可能成为长期影响投资组合总体收益的最大因素之一。这时，降低交易成本的能力将成为金融机构重要的核心竞争优势。能够取得这些优势的机构，往往通过建立广泛的联盟，并在联盟内减少甚至免除交易费用，为投资者节约交易成本。作为一个著名的投资经理，巴菲特在交易成本方面的制胜之道是，他力争成为一个真正的长期投资者。相对于大多数的基金经理来说，巴菲特的态度是长期持有，投资以后基本不再卖出。

　　交易成本在长期上对产品总收益的影响，可以通过以下的举例计算说明：10 种同样的产品，收益率为 8%，投资期均为 10 年，每种产品买进和卖出的总交易成本（申购赎回和其他成本的总和）为 1%。对比两种不同的策略：第一种，每年换一种产品，不断地买入和卖出尚未到期的投资品，支付申购和赎回成本；第二种，连续 10 年投资其中一个产品。同样是投资 10 年，最初的本金都是 1 元钱。

在第一种情况中，10 年以后的总收益是 $1 \times (1+7\%)^{10} \approx 1.97$。在第二种情况中，10 年以后的总收益是 $1 \times (1+8\%)^{10} \approx 2.16$。两者相比，投资回报相差 0.19 元，或者说 9.7%。由此可见，频繁的交易对财富的长期积累会造成不小的伤害

有句老话说得好：人挪活，树挪死。不同的资产需要的交易频率是不一样的。虽然人们经常说生命在于运动，但实际上，财富的积累并不希望经常被交易打断，原因在于交易成本。每一次财富被从一个资产转移到另一个资产，投资人都需要支付一笔申购赎回的费用。虽然每一次看上去很少，但是常年累积下去，它就会吃掉相当一部分的收益。这有点像种树，最好的办法就是直接把树苗栽在土里。如果今天给它种在一个小花盆里，明天换一个大一点的花盆，后天再换一个更大的花盆，看上去好像在不断为它创造一个更适合的生存空间，但移来移去、拔来拔去，这棵树很难适应，反而长不大。

误区四：等财理我，我再理财

越早开始进行财富管理，越能凸显财富管理的长期价值。作者每年都在北京大学给学生们讲财富管理的课程。很多本科学生会略带调侃地说："我们哪里有什么财富？您跟我们讲这些真是对牛弹琴。"我也会略带调侃地问他们："你们的账户里有没有 1 000 元钱？"大多数人都回答说有。

我给他们做了一个思想实验。假设他们在 20 岁时存了 1 000 元钱，存到 65 岁。如果不做财富管理会怎样？扔在账户里不管，银行仍然会支付活期存款的利息，目前的利率是年化 0.35% 左右。这样 1 000 元钱如果存 45 年，到取出的时候会变成 $1000 \times 1.0035^{45} \approx 1170$。利息收

入 170 元钱，不考虑未来通货膨胀因素的话，大约可以够他们在北京大学的食堂吃一顿大餐。

如果他们稍微做一点财富管理，例如，把钱存成三年期定期存款，并且自动转存。目前的三年期定期存款年化利率大约为 3%。这样 1 000 元钱如果存 45 年，到取出的时候会变成 $1000 \times 1.03^{45} \approx 3782$。利息收入 2782 元，可以和三五知己在学校外面的饭馆里吃一顿不错的大餐。

如果他们不仅想做财富管理，而且足够幸运，请到了投资大师巴菲特来管理他们的钱，那又会如何呢？巴菲特在过去曾创造过 45 年平均年化收益率 20.46% 的好成绩。经他管理的钱，会从最初的 1 000 元钱变成 $1000 \times 1.2046^{45} \approx 4\ 344\ 388$！那么，接下来应该可以每天都吃大餐了！

这个例子体现出的财富增长的神奇力量，实际上来自时间的累积效果。看上去也许很微小的投资收益，经过漫长时间的不断叠加，会形成惊人的效果。所以，我们呼吁，财富管理越早开始越好。

从供给端看财富管理

财富管理——买房和卖房之外的第三种中介业态

随着财富人群的各种需求的不断增长，财富管理行业应运而生。下面，我们尝试从供给端的角度去理解财富管理行业。

财富管理行业是随着社会的发展和金融中介体系的成熟完善而产生的一种新型的中介形态。它建立在资产管理机构和发行方充分发展的基础之上，专门为财富人群和他们的需求提供服务。成熟经济体中的财富管理机构，其实质是一种买方经纪人，向买方（财富家庭）收费，并且为他们提供服务。中国作为早期市场，仍然存在大量机构，虽然名义上称自己做的是财富管理工作，但实际上更接近于替产品发行机构干活的推销员。我们把这两种模式分别叫作客户导向型和产品导向型。

为了更好地进行解释，我们首先需要了解财富管理行业本身，了解财富管理机构的职能。回顾资本市场的发展，伴随着人们对金融需求的不断增加，三类不同的金融中介相继产生。

最早产生的金融中介是金融产品的发行机构，我们称之为"承销商"，国外称"卖方"。代表性机构是投资银行，主要替资金的使用者，比如厂商、政府发行一些金融产品，包括证券、股票、债券，以及资产证券化的产品如 REITs 等，并且（很多时候）随后在二级市场上代客户进行金融产品的买卖。这些发行机构的服务对象是资金的使用者，同时向他们收取承销费用。

随后产生的第二类金融中介是资产管理机构，我们也称之为"机构投资者"，国外称"买方"。它们帮助投资者把钱投放到不同的金融产品中，在风险可控的条件下实现收益最大化。代表性机构包括公募基金公司、私募证券投资基金公司、PE 公司和 VC 公司等。资产管理机构一般会为客户提供尽量标准化的产品组合，比如债券组合、私募股权组合，甚至包括 FOF。这类中介机构的服务对象是资金的提供方即投资者，并向投资方收取管理费用。国外私募股权投资基金管理费的收取一般采取"2+20"模式，也就是在投资期限内每年收取所管理财富总额的 2% 作为管理费，投资结束以后另外获得净利润的 20% 作为分成。国内各资产管理机构收费标准参差不齐，有的机构比照国外标准甚至更高，有的则稍微低一些。

通常而言，专业的、狭义的资产管理机构提供的增值服务主要包括两方面。一是依靠投资经理的专业眼光，就某一细分金融市场进行深入分析,进而在市场上千差万别、良莠不齐的各种金融产品中选取出最优秀的;二是通过汇聚多个投资者的投资,提供合适的资产组合方案以分散风险,最终获取风险可控下的最大预期收益(通常称为超额收益,用希腊字母 Alpha 表示)。竞争带来的高度专业化分工,使得资产管理机构和资产管理人往往集中在某个特定的资产大类,如权益类投资、房地产投资,甚至是某个大类里的一个细分市场,比如对于上市公司的股权投资的关注,甚至可能具体细分到 TMT(科技、媒体、通信)行业、健康产业,或蓝筹股。这样长期积累的专注性,才能保证一个专业的投资经理可以胜过市场上其他的专业投资人士,带来超越市场平均水平的回报。

然而,高度专注的资产管理机构很难兼顾高度定制化的服务。随着经济的发展,金融市场日益丰富,投资者提出了更高的需求:我很喜欢你给我带来的超额回报,但我希望我的投资组合是根据个人特点设计的,而不是为所有的人都配置同一个资产组合。而很多资产管理机构难以做到因人而异。另外,投资者要求在更广泛的资产种类中进行更有效的风险分散:不仅要股权和债权投资,还要房地产、非上市公司的投资、大宗商品、供应链融资、外汇、海外市场配置等。然而单一的资产管理机构很难同时覆盖这么多不同的资产种类,或者即便能够覆盖所有资产种类,也很难保证会在每一个品类中都做到最好。这就好比任何一所大学很难同时报名参加大学生运动会中所有的比赛项目,即便参加,也很难保证每一个单项的比赛,从短跑到长跑,从水上项目到器械,获得冠军的都是自己学校的学生。

这时,矛盾出现了。在今天金融市场高度发达、金融产品数以十万计、金融机构数以万计的情况下,任何一家单一的资产管理机构,不管规模大小,通常都无法覆盖所有人需要的所有金融产品,也无法保证自己提供的产品是市场上所有同类产品中最优秀的。更何况投资者还提出了更苛刻的要求：必须根据我的特点，因人而异、高度差异化地设计产品。这就像是在生产食品的过程中，任何一家食品生产机构的生产线的柔韧性都是有限的，不可能为所有人提供因人而异的产品。再先进的柔性制造系统，也没有办法为某一个人量身定制只符合他个人口味和营养需求的方便面。

如何才能兼顾专业的资产管理机构的高度专业化分工和财富家庭的差异化需求？财富管理机构作为一个新的中介形态由此出现。它在成熟市场的终极业态下，是专门服务于投资人或财富家庭的第三环节中介机构。通过对于不同的资产管理机构和产品发行方提供的各种原料级别的金融产品（又称为"底层资产"）以及它们的组合（各种公募和私募基金产品）进行筛选配置，并根据投资者的个性化需求变换组合中资产配置的比例，财富管理机构可以为不同的财富拥有者设计因人而异、量身订制的一揽子财富解决方案。从理论上讲，一个财富家庭只需要一个财富管理机构。这家财富管理机构是家庭财富需求的全面解决方案提供者，可称之为财富管理的总包商，与之对应的，各个资产管理机构和产品发行方是它的分包商。总的财富管理需求设计出来之后，财富管理机构再把它分解为不同的需求，分包给不同的机构。因为财富管理机构最终服务于财富家庭，所以经常被称作财富家庭的买方经济人。理想状态下的财富管理机构会向财富家庭收取一定的管理费用，在国外成熟市场，这一费率一般在 0.5%—2% 之间。

表 1-2　三类金融中介的对比

	金融中介	服务对象	代表机构
第一环节	金融产品发行机构	资金的使用者（厂商、银行等）	投资银行
第二环节	资产管理机构	资金的提供方（投资者）	公募和私募基金
第三环节	财富管理机构	资金的提供方（财富客户）	独立财富管理机构

财富管理机构作为新生的第三环节的金融中介，它和资金使用者（厂商、企业和政府），以及资金提供者（一般是个人投资者和家庭）之间存在着怎样的关系呢？

在资本市场最不发达的时候，资金的使用者（厂商）直接通过投资银行（承销商）推出各种各样的产品，直接配置给个人投资者或者家庭。中国股份制改革后最早出现的原始股就直接配置在很多家庭的投资组合中。随着资产管理机构的出现，很多投资者开始购买基金组合，而不是直接持有其底层产品，因为专业投资经理的眼光可能更好，能够搜寻到更好的底层产品。但是仍然有一部分投资者因为种种原因选择继续持有个股，也有人同时持有基金和单个底层产品。随着市场逐渐成熟，投资者将大部分资金交给专业投资经理打理，越来越少的投资者持有单个底层产品如股票。再往前推进一步，随着投资者越发成熟，有相当一批投资者，特别是高净值和超高净值人士，不再自己去寻找各种不同的专业投资经理和合适的产品，而是把财富交给专业化的财富管理机构打理，由财富管理机构根据财富家庭的全方位需求，帮其设计一揽子的解决方案，并把这些方案分包给不同的资产管理机构和发行机构具体实现，同时动态地管理这一揽子方案。

我们以食品行业为例。最初，人们购买各种食品原料，如米、面、油、盐，然后自己加工成各种食品，比如包子和馒头。随着经济的发展，老百姓有了更多的钱，同时时间变得更加宝贵，自己做馒头的性价比越来越低，于是有人帮你生产单个的食品如馒头、面条、烧饼、饺子。这些生产商就相当于资产管理机构，它们把各种原料按照一定的食谱以一定比例组合加工后提供给消费者。而财富管理机构则是在市场业态进化到更高的层级时出现的，我们可将其理解为"营养师＋导购"模式。这种模式会首先判断不同人的营养和口味需求，然后据此度身定做合适的菜单，再选取合适的生产商，按照菜单上的要求提供各种菜肴。不同人的营养需求是不一样的：有人需要减脂，有人需要增肌，小孩子需要长身体，老年人需要延缓衰老和各种保健，术后病人或产妇需要尽快恢复，慢性病的病人需要调理等。人的口味也不同：有人吃素，有人无肉不欢，有人酸甜苦辣都要来一点，正所谓众口难调。根据每个人不同的营养和口味需求，营养师会设计一个全面的营养方案——需要摄入多少热量、矿物质、维生素等；然后由导购到市场上帮助你选取最适合的食品，满足你的营养和口味需求。在成熟市场里，财富管理机构所做的事与此高度类似，我国初现雏形的财富管理机构也越来越多地把这作为自己追求的终极目标。

财富管理机构的出现，我们认为有两个重要的前提。第一个前提是金融产品本身的多元化，金融产品的种类经历了爆发式增长，出现了浩如烟海、数以十万计的金融产品。由于信息不对称，一般人很难分辨良莠，由此产生了对专业化产品进行筛选的能力的需求。第二个前提是随着社会分工的加速，特别是大数据、互联网和移动互联网技术的广泛应用，"深度理解投资者需求，并为其量身订制资产组合"变成一种可能。

中国财富市场的多层次格局

得益于改革开放 30 多年来经济快速发展带来的时代机遇，中国已形成了规模达到 120 万亿元人民币的民间财富管理市场。个人及家庭财富迅速积累，对于财富管理的需求也应运而生。根据财富规模，我们将财富人群划分为 5 类，分别为超富人群、超高净值人群、高净值人群、中产客户及低端客户，根据图 1-12 可以看出针对每一类财富人群都会有相应的一类或几类服务机构。

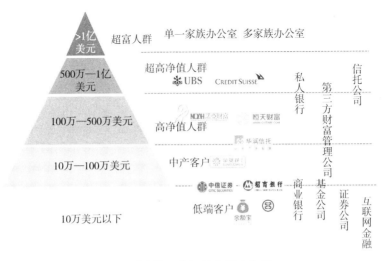

图 1-12 财富管理市场的多层次格局

由于目前中国的财富管理市场仍处于发展建设的初期,仍然存在很多尚未解决的问题,所以,无论哪一类的财富人群,他们的财富管理需求都没有很好地被满足,这使得行业的未来发展存在巨大的可能性,但是也在一定程度上使中国的财富管理行业和市场面临着一定的压力和紧迫感。

大力发展财富管理行业的意义

中国的财富管理市场方兴未艾,大力发展财富管理市场具有深远的意义。我们认为,其意义至少有以下 6 个方面:

第一,可以促进资金的供给侧结构性改革。从资金层面上看,目前大量的资金脱实向虚。"卖房创业"被网友调侃为"十大败家行为"之首,这显然严重制约了国家打造创新驱动型经济的政策实施。只有大力发展财富管理市场,把社会剩余购买力引导到真正的生产性行业中来,才能让实体经济得到充分的发展。

第二，能够提升资本市场的有效性、合理性和稳定性。因为财富管理行业不发达，中国的资本市场至今仍是散户主导型，在价格发现和市场稳定性方面仍有较大改善空间。散户投资者易受情绪影响的投资行为，在杠杆的放大作用下，将可能加剧资本市场的波动，带来远超基本面波动的资产价格大幅波动，不利于资本市场的自身发展和对实体经济的支持。

第三，更有利于促进社会稳定。部分投资者本身对于资本市场理解不足，对风险的理解尤其有限，这使得相当比例的中国普通老百姓把自己辛辛苦苦挣得的收入，甚至是防老养命的钱，放到高风险的投资中，一旦出现问题，很可能导致所有的积蓄荡然无存，严重伤害弱势群体利益，也容易引发社会稳定问题。

第四，更有利于解决公平问题。目前，中国有限的财富管理资源主要集中服务于少数的高端人群。财富管理资源的倾斜在一定程度上加剧了中国社会贫富人群间的悬殊差距，容易引发社会矛盾。

第五，更好地解决高端人群财富外流现象。中国刚刚起步的财富管理市场中存在的各种各样的乱象，使得不少的中高端财富人群对国内财富管理信心不足，导致相当规模的财富流向海外。这对未来的经济发展以及和谐社会的构建都会产生不利影响。

第六，促进财富管理行业代替房地产市场成为未来中国家庭财富储值的重要手段。我们不能让老百姓有了钱就买第二套、第三套、第四套房，因为从长远来看，房地产并不会带来社会生产能力的提升。我们需要能够代替房地产的、更好的财富储值工具，这是保证整个社会稳定和持续发展的基础。

"水涨船高"——提升财富家庭回报一定会增加融资方成本吗？

作者在宣讲关于财富管理的各种理念时，总会听到一些似是而非的观点。其中一个具有代表性的观点是：金教授，你建议中国老百姓通过各种财富管理的手段努力提升自己的财产收入，可是那会不会带来资金成本的上升？中国制造业已经苦于资金成本高昂，无数的中小微企业面临融资贵融资难的问题。如果资金成本继续上升，那对于打造创新驱动型经济会不会带来严重的伤害？过度地提倡财富管理，过度地提升中国财富拥有者对于合理回报的期望，会不会对资本市场造成压力，对中国的实体经济造成压力？

提出这种观点的前提是人们认为财富管理是一场零和博弈：提升财富家庭回报一定会增加融资方成本。但事实并非如此。

首先，财富管理的一个主要目的是对于财富家庭面临的风险进行管理。目前财富管理市场的混乱，使得很多财富家庭非必要地承担着过多的金融风险。良好的财富管理可以在不改变收益率的前提下降低中国财富家庭所面临的风险，从而降低中国经济整体面临的风险。

其次，中国的实体经济虽然总体缺乏价廉量大的资金，但是和中国的很多其他方面一样，其中存在着严重的结构性资金错配问题，资金缺乏和资金泛滥并存。清华大学白重恩教授在其进行的研究中指出，相当一批企业属于被优惠被照顾的企业，包括很多国企，它们的资金成本并不高。而这些被优惠照顾的企业所获得的低成本资金，可能产生巨大的挤出效应，大量挤出了民企，特别是中小微企业本应获得的成本更加低廉的资金。

再次，虽然中国的金融体系正在快速地提升效率，但是从横向比较来看，中国的金融体系仍然庞大而低效。以银行存贷利差为例，金融中介的低效率严重地侵蚀了实体经济本应获得的成本较为低廉的资金，使得中国的中小微企业高昂的资金成本和中国的大量普通百姓极其低廉的投资回报率并存！这一看上去强烈的反差，恰恰说明我国的金融中介体系过于臃肿和效率低下。作为一个相对欠发达国家，我们的金融行业增加值在整个GDP中的比重居然高达9%以上，已经超过很多发达国家。2016年，金融业的利润与全国国企的利润相当。我们所提倡的财富管理行业的发展，正是要通过各种手段，大幅度提升金融中介的效率，给无序混乱的财富管理行业和金融中介体系瘦身，减轻市场本身的混乱程度，降低系统性风险，从而使得原本应该归财富提供者（也就是千家万户的普通老百姓）和有真实融资需求的实体经济所有的那一部分利润大大增加，同时大大降低中介的损耗。

最后，从更宏观的层面上来说，即便不考虑金融中介的损耗，财富管理也不是零和游戏。资金成本逐渐由市场而不是由行政控制决定，这将有可能在整体经济层面实现更好的优胜劣汰，增加未来的企业竞争力，同时提升整体经济的潜能。下面的小故事能够更好地说明这一点。

林木管理引申出的思考

很多年以前作者在哈佛大学商学院担任教授，有一次去一位同事在康涅狄格州的农庄度周末。这位教授家里有几百英亩山林。闲聊时，作者提起这些树林，问他是怎么管理的。他告诉作者，这几百英亩的山林，都是当年用飞机飞播造林的。现在已经逐渐成材，可以开始砍伐了，不然树的密度太大，吸收的阳光、水分以及养分不够，不利于生长。老先生问作者，以你看来，伐木工人应该先砍什么样的树？作者想当然地回答，当然应该先把已经长大成材的树砍下来。老先生笑而不答，作者意识到自己可能想得太简单了，就问他是怎么考虑的。

他带作者去见正在伐树的专业林木管理工人。这位工人伐倒的不是那些粗壮的大树，反而是那些纤细、不怎么成材的树。作者很奇怪地问他，为什么不把那些已经长成材的树砍下来，让那些更小的树木再长大一些。他指向那些砍下来的树，这时作者才发现它们要么是一些杂树，要么长得不是地方，吸收不到养分，还有一些可能是品种的原因，长得矮小枯瘦。同事告诉作者，专业的林木管理理念，是要把那些没有成长潜力的树木砍掉，腾出空间，让那些生长能力更强的树可以获得更多的养分和空间，可以长得更大。那些长势健康的大树，别看它们现在已经很大了，处理得当，给予它们更多的空间和阳光雨露，它们都有潜质长成非常值钱的参天巨树。并且，那些基因优良的好树，它们落下的种子慢慢再长起来，会改善整个林子的基因，使它越长越好。相反，如果现在把这些长势良好的树砍下来，固然可以卖钱，但是并没有实现它的最大价值。腾出的空地反而会让那些资质不怎么优秀的树以及它们基因不健康的后代继续生长，获得更多的资源，长久下来，这片林子就越来越不值钱。

作者回来以后想了很久，越想越觉得这个简单的小故事中蕴藏着很深刻的道理。其实，我们也应该这样看待中国的企业。同样在阳光雨露滋润下的企业，有的长得更加茁壮，有的长得非常孱弱。这时候，错误的理念是集中更多的精力去灌溉养育那些发育不好的企业。因为这些发育不好的企业可能恰恰是本身就应该被淘汰的劣质种子。尽早地淘汰它们，可以省下更多的资源和空间，让那些更有潜质的企业可以发育得更好。只有这样的管理，才会改善整个企业种群的基因。从长远来说，汰弱留强才能可持续地推动中国的经济实现升级转型。

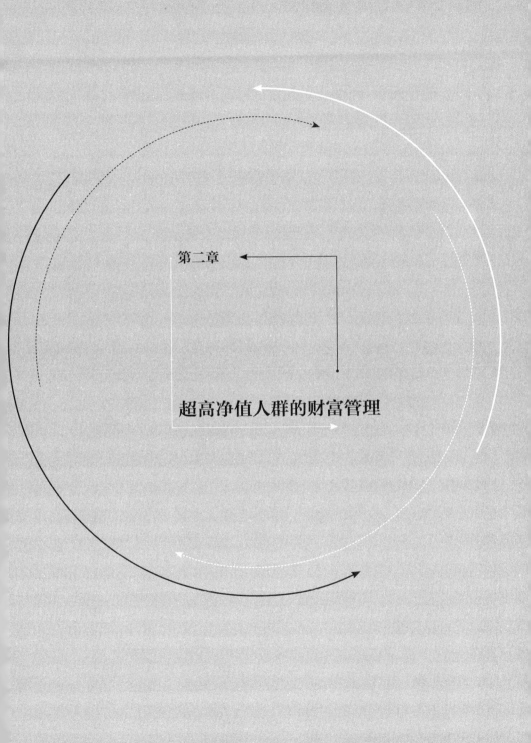

第二章

超高净值人群的财富管理

从财富管理在成熟市场的发展历史来看，超高净值人群是最早产生财富管理需求的人群，而且在过去很长一段时间里绝大多数的财富管理机构也只为这一人群服务。什么叫超高净值人群呢，通俗点儿说，就是钱多得花不完的人，非但这辈子花不完，下辈子也不一定能花完。如果现在你还在为如何赚钱而发愁，那么你可能还没有进入这个群体；如果有一天，你开始为如何花钱而发愁了，那么恭喜你，你应该已经进入超高净值人群了。

时至今日，全球最富裕的 1% 人口仍然占据着全球 50% 左右的财富。可想而知，针对这一人群设计的财富管理必定是整个财富管理行业中最为精细复杂的，也一定是整合协同资源最多的。充分理解这一人群的需求，可以使我们从最高端的细分市场去深刻地理解和刻画一般财富家庭的需求。这将便于我们接下来逐一介绍服务于不同财富人群的各种财富管理机构以及工具。另外，在接下来的章节中，我们还将陆续介绍针对其他人群的财富管理工具，以及各种财富管理机构业务，适应不同人群的不同需求。

超高净值人群和他们的家庭，很多是靠经营企业发家致富的。这就使得他们的财富管理与财富传承密不可分，也往往与他们的企业传承联系在一起。出于特殊的历史原因，中国的超高净值家庭，大多是白手起家，在一两代人之内，迅速积累起巨额的财富。这些人也就是我们流行语中所说的"富一代""富二代"。

对这些人来说，在"买买买"之后，钱还是多得花不完，那么如何使剩下的钱保值增值、传承延续并且造福社会呢？他们最为关心的是哪些问题？哪些问题是国内的财富管理机构可以解决的？对于国内财富管理机构不能直接解决的问题，什么样的解决方案才能使他们满意？了解这一人群真正的内在需求，探索这些需求的解决方案，将对理解中国高端财富管理市场产生深远影响。

超高净值人群的特点和财富管理需求

"贫者愈贫，富者愈富"——《21 世纪资本论》的启示

2014 年，法国著名的左派经济学家托马斯·皮凯蒂出版了《21 世纪资本论》。在这本书里，皮凯蒂揭示了一个非常严重的经济和社会问题。通过对西方各主要资本主义国家近三个世纪以来的有关财富收入的丰富历史数据的详细研究，皮凯蒂得出了一个重要结论：在自由市场经济条件下，各个国家的社会不平等都在逐渐地扩大。而得出这一结论的根本原因是财富或者资本，作为生产函数中最重要的输入要素之一，具有高度的流动性，它会自动地流到对财富回报最高的行业中。从这个意义上看，财富是最聪明的。这一特性决定了在社会财富金字塔最顶端的富豪们的财富积累速度将快于整个社会物质总产出的增长速度，导致在长期内，社会总财富逐渐向少数的高端财富家庭集聚，从而出现贫者愈贫、富者愈富的现象。

另外，同样是由于社会的财富积累越来越不平等，未来社会中，一个人的家庭财富多寡，不仅由他自身的劳动努力决定，更由其所继承的财富决定。由此得出一个近似悖论的结论：自由市场竞争最终会消灭自由竞争。具体说来，由于自由市场经济鼓励人人努力创造财富，使得一部分人先于其他人富裕起来，由此，全社会所占有的财富逐渐开始不平等。同时由于财富本身会带来更多更快的财富积累，那些占有更多财富的家庭会逐渐积累起相对于其他人来说越来越多的财富，从而使得不平等现象越来越严重。这种不平等积累到一定程度之后，出身反而比后天的努力和才能更加重要。生长在大富之家的人，不需要通过自身的努力，就可以获得比别人更多更快的财富积累。自由市场的竞争，最终导致后天的努力竞争逐渐在未来社会消失，换言之，未来的社会将会是越来越"拼爹"的社会。

托马斯·皮凯蒂的聪明的资本

皮凯蒂认为，最有钱的人总是最聪明的人。他们总会把自己的财富投资到回报率最高的地方，从而导致他们的平均收益率将长期高于整个经济体总体财富的增长率。在几百年的漫长历史时期中，"资本"的收益率平均比社会物质总产出的增长率高出 2%—3%。这一现象，在长期上加剧了社会财富和收入的分配不平等，造成穷者愈穷、富者愈富。

作为一个左派经济学家，皮凯蒂认为，这样的结果是自由资本主义社会应该尽力回避的，因为它最终将可能威胁到现代民主价值观的基础，即人人生来平等。皮凯蒂认为，既然财富有逐渐加快积累的这种天然的属性，就需要通过政治制度和手段，比如在全球范围内实行更大规模的累进税、遗产税等，尽量抑制贫富分化和收入不平等的加剧。

皮凯蒂的结论出现在全球经济危机之后。刚刚经历过资本贪婪汹涌吞食一切的欧美各国民众，发自内心地对于那些大资本家感到厌恶。他们不断掀起各种反对精英的运动，比如美国的99%对1%运动、占领华尔街运动，以及欧洲的英国脱欧等。这些民粹主义运动的深层经济根源，来自对很多市场化国家民众的深刻观察：经济的快速发展所带来的利益，绝大多数被占社会总人口1%的少数人攫取。皮凯蒂的理论为这些民粹主义运动提供了理论基础，从而产生了极大的社会影响。

读到这里大家可能会想，这是一个多么忧伤而可怕的故事呀！那么，事情真的是这样吗？

在中国，北京大学的一批学者怀着对皮凯蒂理论的尊重和对中国财富家族财富传承的学术研究理想，试图复制皮凯蒂的实验。相较于皮凯蒂只能利用过去三个世纪左右的数据来验证他的理论[①]，中国存在超过千年的、不间断的封建社会历史，也有大量保存完好的历史记录。学者们试图通过家谱或者族谱的检索，追踪一个家庭从古至今的繁衍情况，观察它跨越千年的历史沿革，系统地统计其财富积累的路径，分析这一家庭到今天为止所形成的庞大的家族谱系和家族财富的分配。然而，经过长时间的苦苦搜寻，学者们并且没有找到基本符合皮凯蒂假设条件的家庭，即在过去千年中每年的财富平均增长率超过经济增长率2%—3%。是学者们不够努力吗？还是皮凯蒂的条件过于苛刻？

听上去，这个小小的条件平淡无奇：从1921年开始有研究人员对美国股票市场的每年收益率进行详细记录起，我们观察到以美国为代表的成熟资本市场上的股票市场投资平均的真实年化收益率在7%左

---

① 在欧洲市场上，由于战乱和国界的频繁变更，很难找到保存完好的、更长时间的系统性历史经济数据。

右。而从 1921 年至今，全球（包括美国）GDP 的年平均增长速度不超过 4%。任何家庭只要把自己的财富投资在美国的大盘股市上，就可以轻松地获得比全球 GDP 的增速快 2%—3% 的财富增长速度。事实上，在任何一代或两代人的生命周期中（30—60 年），无数家庭可以轻松地满足皮凯蒂的条件，也就是家庭财富积累的速度比社会总产出的增长速度快 2%—3%。所以说，皮凯蒂的条件并不是很苛刻。

可能大家又会问，既然家庭样本随手可得，而且财富增长速度的条件微不足道，为什么找不到这样的例子？在经历痛苦、失望和反思之后，学者们终于发现，原来，从短期来看非常微不足道、容易达成的皮凯蒂假说条件，从长期来看根本无法达成。实际上，我们可以从理论上证明，从长期来看，没有一个财富家庭能够满足皮凯蒂提出的看似微不足道的财富增长条件。这究竟是为什么呢？

聚富之家

下面，我们用历史数据加以说明。在唐高祖李渊建立唐朝的武德元年，即 618 年，中国结束多年战乱。当时中国总共有 200 万户口，国力强大，每年的物质产出占全球的 1/4 左右。由此我们假设，中国当时的财富也占全球的 1/4 左右。如前面所说，财富是对未来购买能力的一种储存。假设我们随便找到一个小生意人，他所占有的财富相当于当时 10 户中国普通老百姓拥有的财富，或者说相当于中国总财富的 20 万分之一，全球总财富的 80 万分之一。因为我们要求的条件并不苛刻，这样的家庭在当时俯拾即是。

我们用反证法来证明这个家庭不可能符合皮凯蒂的财富增长条件。假设这个家庭符合条件，也就是说，这个家庭从 1 400 年前的相当于全球财富 80 万分之一的起始财富水平开始，在之后的 1 400 年中保持了年均财富增速比 GDP 增速每年快 2%。那么 1 400 年后的今天，

这一家族所拥有财富，在全球财富中所占的比例应该是

$$1/800\,000 \times 1.02^{1400} > 1\,000\,000$$

换言之，经过 1 400 年左右"略快于"全球财富增长速度的积累，这一家族所拥有的总财富，将是全球财富的超过 100 万倍！毫不夸张地说，如果我们允许这样的家族存在，并且继续以略快于全球财富增长的速度积累财富，那么终有一天，这一家族拥有的财富将占据整个宇宙！

盛极必衰

读到这里，大家是长叹一口气呢，还是对未来的财富管理憧憬满满呢？我们不可否认皮凯蒂的结论——经过漫长的历史时期之后，财富将逐渐集中在少数家庭手中。然而，我们可能也不需要为此过度担心。虽然作为一个整体，社会上的有钱人总是给人一种印象，他们的财富正在疯狂地积累着，似乎有一天它们将吞噬整个宇宙，但事实上，任何一个单个的财富家族，其拥有的财富都将经历盛极而衰的过程。在几千年的中国封建历史中，那些曾经富可敌国的家庭，最后并没有把他们的财富保留至今，反而早已湮没在历史的长河中。对于任何一个特定的财富家族来说，一旦失去持续创造新财富的能力，家族财富的积累与传承往往会被不断出现的内斗、天灾、战争、革命，或者是家族中的不肖子孙打破。在中国几千年来从未间断的文明演进中，更能够精确描绘历史的，是"君子之泽，五世而斩"[1]。换句话说，历史无数次地证明，对于财富家族来说，财富的传承对于财富积累起着至关重要的作用。财富传承的失败，往往导致家族若干代人积累的巨额财富的崩解！

---

[1] 《孟子·离娄章句下》。

中国的超高净值家庭日益关注财富的传承。从贝恩资本和招商银行针对中国超高净值家庭所做的抽样调查可以看出，近年来，国内的超高净值家庭都不约而同地把财富的传承作为财富管理的最重要的目标。有鉴于此，对于高净值家庭来说，代际传承、财富的保值增值，远远重于财富的继续增加。

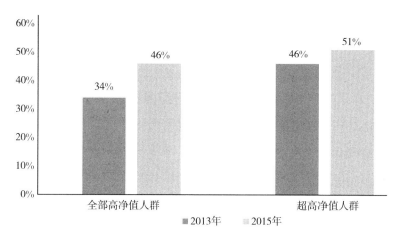

图 2-1　开始考虑财富传承的高净人群占比

数据来源：贝恩资本、招商银行联合发布的《2015 年私人财富报告》

中国改革开放 30 多年来，私人财富快速积累，超高净值人士的数量和他们所持有的个人资产规模都在快速上升。财富传承需求变得日益迫切，未来 20 年将是我国超高净值人群规划财富代际传承的重要窗口期。对于财富是否能够跨越世代恒久传承，全世界的民间智慧总体上给出了较为负面的回答。中国民间老话说："富不过三代。"苏格兰谚语："父亲买，子修建，孙儿卖，重孙街上当乞丐。"葡萄牙俚语说："富裕农民，贵族儿子，穷孙子。"西班牙人说："酒店老板，儿子富人，孙子讨饭。"而德国则用三个词"创造、继承、毁灭"描述三代人的命运。

世界范围内，能够历经百年而不衰的财富家族并不多见。很多显赫一时的家族在漫长的岁月中逐渐销声匿迹。可见财富传承出现障碍是大概率事件。如何尽量延缓财富传承的崩解，从而长期地维护家族的财富？家族财富规划的目的就是提前认识到财富保值增值和代际传承的艰辛，尽早着手、提前规划，使家族财富守得住、行得久、传得远、用得好。

我们观察到，中国的超高净值家庭大多是第一代财富家庭，大多是在改革开放以后的 30 多年实现了财富的积累。目前，他们中很多人的主要精力还放在企业的经营致富上，也就是说更多的是在做创造财富的事情。对于如何规划家族财富传承，即构建家族财富管理系统，他们中的大多数还停留在思考和犹豫的阶段。其实，这对于他们财富的长期积累是非常危险的。那么，关于家族财富管理的第一个问题，我们先来聊一聊超高净值家庭的企业传承，看看有钱人怎么把钱传给下一代。

"创业不易，守业更难！"——家族企业传承的共性问题

家族企业在世界各国具有相当的普遍性，对世界经济发展起着重要的作用。在美国，有 90% 的企业由家族控制；在英国的 8 000 家大企业中，76% 是家族企业，其产出占英国 GNP 的 70%；法国最大的 200 家公司中，50% 是家族企业。根据美国学者克林·盖尔西克的研究，世界范围内 80% 以上的企业属于家族企业，世界 500 强企业中有 40% 由家族所有或经营。家族企业的传承始终是一个难题，国外的研究资料表明，家族企业的中位寿命为 25 年左右，基本上是延续一代而亡。根据美国布鲁克林家族企业学院的研究，70% 的家族企业没有传到第二代，88% 的家族企业没有传到第三代，只有 3% 的企业在第四代以后还在经营。类似的欧洲研究表明，只有大约 4% 的家族企业能

够传承 4 代人。

作者在北京大学进行的关于世界财富家族传承案例的研究中发现，大量的欧美中小企业，因为缺乏接班人，不得不寻找职业经理人接管，甚至直接出售。这其中不乏自身经营条件较好、技术实力较为雄厚的企业，很多当地企业甚至拥有中国企业非常急需的市场、专利、管理技术等。但往往因为继承人缺位，家族企业经营不下去，最终被迫出售。中国企业三一重工收购德国的普茨迈斯特，就是这样的一个例子。虽然这对于中国企业走向海外的兼并收购是一个意外的惊喜，但从家族传承的角度看，这是喜是悲呢？

超高净值家庭往往有自己的家族企业，所以谈到他们的财富传承，就不可回避地涉及企业和企业家精神的传承。对于当前的中国来说，这一点的意义尤其重大。中国改革开放 30 多年，成就了大批的优秀民营企业，但是在接下来的 20 年中，大批第一代企业家将逐渐因为年龄的原因退出历史舞台，大量的企业将面临交班的问题。

从十多年前横店集团董事长徐文荣、万向集团董事长鲁冠球、红豆集团董事长周耀庭等大张旗鼓培养接班人，到 2003 年山西海鑫集团董事长李海仓突然遇害、由 23 岁的儿子李兆会仓促接班，到碧桂园总裁杨国强把企业股权传给女儿杨惠妍，再到美的集团创始人何享健把美的电器董事长的职位给了职业经理人方洪波而让自己的儿子何剑锋自立门户成立盈峰集团执掌金融板块……媒体和研究人员对于中国民营企业的传承给予了高度的关注。放眼东南亚地区的华人家族企业，因为传承引发的问题也频频发生。台塑集团创始人死后，他的家族也没能逃脱家族纠纷。香港地产大亨新鸿基集团背后的郭氏家族和真功夫公司的家族成员内讧等也引起了众人的关注。

国内的有关调查显示，中国民营企业家已经超过 300 万，由于找不到合格的接班人，80% 以上的中国民营企业家可能难以摆脱"富不过三代"的宿命。最直接的问题之一是，通过不同方式进行的调研都表明，在大样本中，中国民营企业的第二代中有相当多的人不愿意接掌父辈的企业。这一比例，根据不同的调研资料来源，从60%—90%不等。对于不少富有家族及企业来说，因为接班人的缺失，他们面临的可能不是"富不过三代"的问题，而是能否富过两代的问题。

没错，富豪的世界，也有忧伤。在我们给出解决方案之前，让我们先来冷静地思考一下企业为什么需要传承？

从企业自身发展的角度来说，要做成一个好的企业，往往需要超过一代人的努力。全球500强的家族企业中有超过40%的企业历经了至少三代传承。因为产品本身需要精雕细琢，品牌价值需要长期的建设培养，商业模式需要精心的设计并且要与时俱进。所以说，做好一个企业是一个慢工出细活的事情。然而今天，以华尔街为代表的资本通常非常短视，企业周围充斥着非常浮躁的投资者，需要有一些人站出来说：我是耐心的资本，我追求的不是短期急功近利的好处，而是真正长期对企业有利的发展。基于这样的原因，我们也看到一些企业自称要做不是家族企业的"家族企业"，比如马云称阿里巴巴要活102年，跨越三个世纪，真正实现"百年老店"的愿景。

从更高的层面来说，家族企业的传承不仅关系到企业自身能否持续成长，而且对整个国民经济的发展都将产生重大影响。针对东南亚以华人为主的国家的家族企业进行的研究揭示，华人家族企业上市公司（通常都是那些规模较大、比较规范、公司治理结构清晰、业绩良好的公司）在从第一代向第二代交棒时，其公司市值在5年内平均缩水6成左右。针对A股市场进行的类似研究表明，A股上市的企业在经历传承时市值平均缩水4成以上。

回到企业家本身，一位第一代企业家曾略带调侃地说："世界是你们的，也是我们的，但归根到底是那帮孙子们的！"我们理解此处的"孙子"，是他们自己的孩子和孩子的孩子。还有一位企业家语重心长地说："我这辈子取得过很多的成功。但是对我来说意义最大的成功，是看到自己的孩子成长为一个优秀的接班人！否则，我的人生仍然有巨大的缺憾！"据不完全统计，在中国的第一代企业家中，40% 左右的企业家希望家族第二代能够继承企业；55% 左右的企业家希望自己或者家族保留家族企业股权，但是由职业经理人进行管理；还有 5% 左右的企业家，在后继无人的情况下，无奈地选择减持、转让或者关闭企业。其中 50 岁以下的新生代企业家更倾向于认为第二代不必行使管理权，而只需要继承家族股权。

国外豪门也一样

爱马仕家族第五代传人声称："爱马仕不是我从父母手中继承来的，而是从子女后代手中借来的。"言下之意是，如果说是从父母手中继承来的，这个企业就是自己的，想怎么样就怎么样；要是从子女手中借来的，意味着有一天要把企业还给子女。因此，传承既要对得起先辈，又要对得起后人。

"授之以鱼，授之以渔"——家族企业传承，传什么？

家族企业传承的简单定义，是把家族企业从家族的一代人手中延续到另一代人手中。狭义的传承，传的是企业本身。而广义的传承还应该包括企业家精神的传承、人的传承和企业以外的财富传承（包括物质和非物质财富）。

我们认为传承可以分为浅层次和深层次两种。浅层次的传承主要包括企业和财富的传承，深层次的传承则涵盖了企业家的精神、价值观、理念、使命、知识、技能、文化、制度（包括公司治理结构）等具有社会性的、无形的德行智慧和信仰，也可以说是泽及后世的那种对自然、社会和人的巨大的善意和德行。正如《周易》所说，"积善之家，必有余庆"，意思是积德行善之家，恩泽及于子孙。

首先，最基本的是企业的传承。这里面又包括企业的股权和企业的控制权。股权是财富的一种重要表现形式，是对家族企业未来产生的现金流的分配权。而控制权是家族对于家族企业发号施令的权利。在特定情况下，这两种权利是可以分割开来的。在东南亚华人家族企业中常见的金字塔形控股结构，就是一种比较典型的股权和控制权分离的公司治理架构。与之类似的，还有双重或多重股权架构。另外，还有的家族企业将其股份的所有权交给由家族控制的慈善基金会或者慈善信托机构，这意味着家族成员未来将不能继续分享企业成功所带来的现金流，但是家族成员仍然担任这些慈善基金会或慈善信托机构的负责人，从而对企业的运作仍然握有实际的控制权。

其次，是家族财富的传承。在本书的后面我们会看到不少例子，家族的第二代或者更后代的成员，往往会把家族企业的股份部分或全部变现，从而把家族的财富从主要集中在企业的股权变成主要集中在企业以外的金融财富。当然，这些金融财富的积累也有可能只是一种暂时的储存形态。在合适的时候，它可以通过投资设厂等方式再度转换成为新的对企业的股权。当前中国正在经历新常态和经济的升级转型，大量企业正处在从第一代向第二代交接的转型过程之中，很可能会经历家族放弃部分或者全部对原先传统制造业企业的控制权。同时很多家族的第二代会开辟新的战场，比如专注于资本市场运作或者在未来将资金投向股权类投资机构。所以说，家族财富的传承是企业传承的延伸和推广。

第三，是企业家精神和能力的传承。我们的企业家在让自己的家人子女接班的过程中，都会对他们进行知识和能力的大力培养。当然，实际效果因人而异。企业家能力有天赋的成分，很难完全通过后天的培养获得。但是仍然有相当一部分能力需要通过不断的历练，像学徒从师傅那里学本事一样，一点一点地培养起来。优秀的家族企业家，往往会在栽培后代接班人上花费大量的时间和心血。

第四，是企业家在企业和社会上的人脉资源的传承，我们也把这些人脉资源叫作企业家的社会资本。一个企业，特别是第一代企业，在成长的过程中必定会积累大量的社会关系，这些人脉资源对于企业的未来发展将发挥巨大的作用。同时，通过企业家的长期打拼以及企业与各种利益相关方的磨合，上下级员工之间，企业和客户、供应商、投资者，甚至监管部门之间形成了长期的默契。这些对于企业的未来发展有着非常重要的价值。这一点对中国的家族企业，甚至东南亚地区的华人家族企业而言，尤其重要，因为华人圈存在一种非常重视人脉关系等软性资产的环境。如果这方面的传承出了问题，那企业可能很难在下一代手中发扬光大，甚至本身的生存都可能出现问题。

第五，是企业的理念、使命、文化、价值观和制度的传承。很多中国企业都希望自己成为百年老店，能够长久地存在，并且长久地对社会产生正能量。而这就需要企业树立正确的理念、使命、文化、价值观，同时制定正确的制度。只有在企业的后代能够完全认同前辈的理念、使命、文化、价值观和制度的前提下，传承才是长期可持续的。很多企业，其传承过程经历了社会的快速发展，在此期间，社会本身的理念、使命、文化和价值观也发生了巨大的变化。好的企业应该能够做到在坚守传统的同时与时俱进，并且应该具有足够的柔韧性，能够使得自己的后代在一个变化了的制度环境中不断地寻找切合公司实际的新的理念、使命、文化、价值观和制度，这样才能不断传承，并且不断地做到百尺竿头更进一步。

最后，传承绝对不应该是僵化的传承，不应该是不顾周边环境的变化而故步自封。时移世易，"兵无定势，水无常形"。如果一个企业的继承者只是简单地把所有要素都原封不动地全部承接过来，那么面对变化了的环境，他将会无所适从。

财富的保值增值和代际传承

"没有规矩，不成方圆"—— 家族治理体系的四大要素

由于特殊的历史原因，中国大部分的家族企业诞生在改革开放以后。这些企业的第一代领导人往往是因为机缘巧合，甚至是生计所迫，创立企业，并且在商海中杀出一条血路，带领自己的企业一步一步走到今天。这些企业的第一代领导人中固然有不少大学生甚至研究生，但是也有不少人并未接受过完整系统的教育。这对于他们来说是一种遗憾，也在一定程度上限制了他们进一步提升管理理念，使得企业更好地与时俱进，应对国际竞争。正因如此，大量成功的第一代企业家把他们的子女送到著名高校，如北京大学、清华大学，甚至直接送到海外，开拓国际视野，接受最先进的经济和管理理论教育。作者接触到的大量调研统计资料表明，大约超过 2/3 的第二代企业家有过海外留学经历，所学专业以金融、经济、工商管理和实用技术为主。显然，家族希望这些人将来能够回来接班。

问题就在于此。当这些企业家的子女在海外经历了系统严谨的教育，同时受到了与原生家庭不同生活方式的熏陶之后，他们往往具有全球化和现代化的观念和理念，这也使得相当多的第二代决定选择不同于父辈期望的生活方式。有些人干脆选择不回国，长期生活在海外；有些人即使回到国内，也不愿意回到自己父辈的企业中，而是自

谋职业。在这些人看来，父辈经营的企业往往是传统的制造业，存在"脏""乱""差""黑"等各种问题，与自己的理念格格不入，而且很难加以改造。很多第一代企业家陷入了一种非常尴尬的境地：当初正是由于他们的坚持，子女被送到海外，接受所谓最先进的国际理念，而这些理念最终被完全接受，又使得这些家族第二代难以适应国内传统制造业的产业环境。很多人要么选择离开家族企业，自谋生路，要么即使回到家族企业，也是在准备很不充分、理念和价值观不完全匹配的情况下。后者会发现他们在企业里的接班之路漫长而艰辛，甚至不乏最终以悲剧收场。

正如美国学者兰德尔·卡洛克指出的："家族价值观是家族企业成功的秘密武器。得到认可的所有者会专注于一套价值观和愿景，进而影响企业战略的可行性，这是分散的股东群体所无法比拟的。"随着中国富裕家族财富意识的觉醒，寻找合适的家族治理模式已成为他们的迫切需求。相关学者的研究表明，家族治理是以家族价值观为核心、家族宪法为制度保障、家族治理机制为组织保障、家族企业治理为实现机制的一套完整体系。

家族价值观

家族价值观是每位家族成员共同秉持且高度认同的理念与原则，是决定家族治理成功的核心。家族价值观的提炼与完善本身就是一个长期培育和积淀的过程，与家族物质财富的传承一脉相承。例如香港长寿家族企业李锦记自1888年创立，至今已历经近130年，其家族确立的"思利及人""永远创业"的价值观不断得到强化，也是确保其家族绵延且繁荣至今的引擎。

家族宪法

　　家族宪法是家族价值观最高层面的制度体现，也是落实家族价值观的行动指南。家族宪法应该像教义一样被家族成员信仰与遵守。家族宪法的内容通常包括家族信奉的宗旨，一般以家族价值观的宣言形式体现，还包括最高级别的家族治理结构。家族宪法的内容往往清晰且具有可操作性，结合家族自身传统与特色，避免过于宏观普遍的倡议与教条，往往涵盖家族财富分配、成员福利政策、矛盾调解、人才培养计划等各种事项。家族宪法的重要性不仅体现在内容的制定上，更取决于制定和修改的程序以及执行力度。优秀的家族宪法在制定程序上也会做到广泛代表、有效沟通、充分协商、兼顾各方利益。

家族治理机制

　　家族治理机制泛指能够传承家族价值观以及落实家族宪法内容的各种会议制度，家族委员会是最为常见的形式。家族委员会由家族核心成员构成，主要负责家族宪法的制定及修订、确保家族价值观的传承和强化、从家族成员素质提升角度筹划家族成员的学习与培训计划、确定家族企业的董事会成员及任命方式。

家族企业治理机制

　　家族企业治理机制指以家族企业为中心，控股家族直接或间接掌握企业的控制权。家族企业的所有权通常控制在以血缘、亲缘和姻缘为纽带的家族成员手中，主要的经营管理权也掌握在家族成员手中，所有权与经营权往往没有实质分离。因此，家族企业的治理机制与现代公司治理相区分，体现出明显的家族特色。虽然从结构上看，家族企业治理机制是家族治理机制的一部分，但是二者实际上互为呼应，相互影响。

家族治理在不同文化背景下的应用

在家族治理的实际操作中，中西方的文化差异对家族治理模式起到了关键性影响。

西方宗教文化浓厚，家族治理的精神传承通常较为显著地融入宗教特色。例如，法国路易·穆里耶兹家族拥有法国欧尚集团等十余家知名企业，目前已处于包含近 800 位继承人的第五代传承阶段。穆里耶兹家族世代信奉天主教，强调家族团结。家族企业成员必须遵守一个有宗教性质的宪章，例如"金钱是公平的，它用来奖励勤奋的工作，并且为了每个人再投资"。宪章源于教皇若望二十三世的通谕《慈母与导师》（*Mater et Magistra*）。

相比较而言，在东方，日本的家族文化比较典型。日本家族企业普遍采用的终身雇佣制，本身就是一种强化归属感与忠诚度的治理文化。例如，在住友财团，即便是在家族企业内部的非家族成员也对家族企业负有忠诚义务。日本强调的家业为先、家名延续的家族文化成就了长寿的日本家族企业。

我国的家族文化传统源远流长，齐家治国的儒家文化、父慈子孝的亲子关系是家族治理的良好基础。然而，如何将家族财富管理有机地纳入家族治理，使得家族治理的良好规范在家族财富管理中起到示范作用，仍需有意识、不断地建构与规划。

"高瞻远瞩，运筹帷幄"——"三驾马车"驱动的财富管理系统

我们从家族企业传承上升至家族文化和价值观的传承，物质财富可以通过法律、商务结构的设计进行传承，而家族精神和价值观的传承则有赖于人与人之间的影响与家族治理体系的建设。现在我们来讨论一些实际的、关于家族财富统筹管理的逻辑和工具。

如前所述，根据历史发展的规律，家族财富管理不应该单纯地像守财奴一样把财富聚集起来，并且盼望它以某一高速度继续积累。一个家族积累的财富不可能无限增加。成功的家族财富管理应该回到本源，也就是使得一个人或一个家族在其生命周期中，通过财富的跨时间分配和消费，实现最大的满足程度。为此，需要设计一套合理的系统，能够从机制上保证财富管理的基本目标，同时促进财富的创造和传承。借鉴家族治理体系的研究成果，我们提出以"三驾马车"为驱动的财富管理系统，这"三驾马车"分别是设定合适的财富管理目标、使用系统的财富管理工具、设计与家族价值观相匹配的财富管理机制。

设定合适的财富管理目标

安全保障：安全是管理家族财富的基础，尽早建立家族财富安全垫，夯实财富基础。

促进教育：做好家族教育规划，通过家族成员的教育安排知识、技能与智慧的传承。

促进创造：建立家族成员自我实现的空间，激发个体创造性，积蓄家族繁荣的不竭动力。

促进创业：从精神和物质两方面为家族后代成员提供创业支持，让家族创富的血脉历久弥新。

促进慈善：建立家族财富良性生态圈，使家族与社会和谐共荣。

使用系统的财富管理工具

家族信托、家族保险、理财工具、融资工具、家族教育、家族慈善和家族治理共同构成七大系统性家族财富管理工具，其中家族信托、家族保险、理财工具、家族教育和家族慈善为基础性工具。在成熟市场上，家族信托又以其独特的制度优势，成为七大工具中的"工具之王"，可以灵活应用于家族财富管理目标。在中国，家族信托的应用仍然受到一些制度的限制，但是未来可能会有较快的发展。

设计与家族价值观相匹配的财富管理机制

家族的第一代财富往往来自家族企业。创富一代更多关注的是企业层面的治理机制。代际传承会使家族财富从企业内不断向企业外扩散，并且使得企业所有权不断分散。这时需要更好地平衡和解决企业有效经营和家族共有的矛盾，也就需要在企业之上构建更加完备的家族治理机制。家族治理机制的核心内涵应包括：以不同层面家族财富管理目标为指导的家族宪法、规范家族企业所有权的行为规则，以及实现家族治理的组织体系。

"继承衣钵，传承文化"—— 成熟国家的家族财富管理中有4个关键理念

家族文化的传承是家族财富传承的重中之重

英国有句谚语说，培养一个贵族至少需要三代人。当然这里的贵族并不是指身份，而是指气质，实是集智信仁勇严等品质于一身的

人。中国第一代家族企业领导人选择创业很多是由于生活所迫，而非完全出于自我意愿。他们的成长经历也是在市场的残酷竞争中摸爬滚打着积累起来的。他们有着创业者的精神、企业家的特质，但学历普遍不高，对"贵族""世家"等理念的思考也较为欠缺。很多第一代企业家回看自己的经历，往往认为自己身上兼具"秀才"和"土匪"的双重人格，而对于未来家族应该形成什么样的文化和价值观，往往疏于考虑。

第二代企业家在继承上一辈的物质财富的同时，在文化上往往并没有受到来自父辈或祖辈的"成熟而稳定的家族文化的熏陶"。他们中的相当一批人在未成年时就离开父母，生活在远离父母的环境中，甚至可能在国外。这种长期的分隔，往往体现为他们成年之后的价值观和父辈高度不同。

到了第三代，在第一和第二代企业家的有意培养下，家族文化或有形成，家族财富的传承机制或已形成。这个时候，一个世家开始形成。但如果这种稳定的制度与文化没能建立起来，家族成员之间没有共同的愿景和价值观，那么这个家族的财富和产业就将面临巨大的隐患。所以说，打造一个"贵族"，急不得，也慢不得。至少需要三代。

所以，家族的代际传承旨在培养儒雅贵气的接班人，而不是地主家的傻儿子，不仅要继承衣钵，更要传承和延展家族文化。

传承的是家族财产控制权而不一定是企业控制权

本章后面会提到，目前有大量中国民营企业的第二代不愿进入家族企业。这其中有相当多的原因，也都是可以理解的。第一代企业家对此非常担心，其实往往是他们过虑了。家族传承并非是传统工匠意义上的"子承父业"。很可能第一代企业家所从事的传统制造业行业，已经进入夕阳，并不适合家族的第二代去接班。也可能第二代的企业家对其他的行业有更大的兴趣以及天分，比如资本市场。在合适的情况下，把企业交由职业经理人经营，但仍由家族控股；甚至把企业卖掉，把所获得的资金投入资本市场；或者寻求其他的发展机会，这些都是更与时俱进的选择。

本书的后面也会陆续提到，一些家族从第一代起便不断稀释自己在家族企业中所占的股权，甚至最终放弃对家族企业的控股。对于一个想要长盛不衰的家族来说，很重要的两点是，对家族原有产业的再规划和家族财产的再投资。换言之，家族成员要持续扮演股东和投资者的角色，而非职业经理人。

家族产业规划是财富传承的核心，现代公司治理制度是保障

家族财富的传承，不是简单地把钱交给下一代，也不是简单地把产业交给下一代。美国学者的研究表明，那些之前名列财富500强、后来卖掉自己原先的家族企业，并且没有开设新的家族企业的财富家族，往往会把大量的钱放在资本市场进行简单的投资，而这样一来，原本的家族企业有很大可能会被逐渐挤出财富500强。对于这种现象的一种解读是，单纯的金钱传承容易遭受生命周期中突发事件的冲击，财富往往会随时间消散。从经济社会变迁的角度看，企业面临着外部环境的变革与迭代，需要根据市场环境实时调整长短期战略和产业发展方向。如果缺少持久连续的专业规划，企业必将走向衰落惨况。[1]产业规划是家族财富传承的核心，是家族基业长青的根本。

在产业规划中，优秀的职业经理人是关键，董事会则体现了家族控制。但是在今天，在中国，职业经理人市场仍然不发达、企业家和职业经理人之间的信任尚未完全建立、部分职业经理人缺乏道德操守，这些问题都使家族企业面临着严酷的社会环境。中国社会的公司治理和职业经理人伦理，仍需要时间走向成熟。

家族信托是形式，家族保险是退路

家族企业的财富传承需要一张安全网。家族产业规划为家族财富的传承奠定坚实的基础，而家族信托则是保全和规范管理家族财富的有效工具。当家族财富面临困境时，家族保险也是一种重要的安全保障。不过，中国财富家庭对于家族信托的设置在认识上存在一定的误区。目前，国际上的主要信托机构以"避税""规避债务""规避法律"等为噱头招揽中国的富裕家族。但在目前的中国，实际上并不能达到这些目标，富裕家族却为此付出了高昂的成本。现实的说法是，家族信托的功能有二：一是管理财富，二是结合家族产业规划实现股权信托化。家族保险只是一种退路，在实际操作中应该严格控制额度和险种。

"世事难料，未雨绸缪"——需要避免的几大风险：人身意外、家庭变故以及企业恶化

一位长期从事家族财富管理的朋友不无调侃地说，财富管理机构应该帮助财富家庭设计方案，做到"防儿媳、防女婿、防小三，防分家、防败家、防篡位"。要想顺利实现家族财富的保值增值和代际传承，应当避免各类家族生活的风险，包括人身意外风险、家庭变故风险，以及企业恶化带来的企业经营风险。

人身意外风险

高净值人群通常面临压力巨大、缺乏运动、饮食不规律、睡眠不足等问题，长期下来，健康问题就成为一大隐患。高净值人群健康欠佳的例子比比皆是。

比如上海均瑶集团的原董事长王均瑶，因患肠癌医治无效，逝世

时年仅 38 岁。王均瑶生前的梦想是"均瑶集团要做百年老店",然而在其准备大展宏图之际却失去了生命。又如被誉为"药中茅台"的北京同仁堂股份有限公司"少壮派"掌门人张生瑜,突发心脏病逝世时年仅 39 岁。

2013 年,"创新工厂"创始人李开复通过微博对外宣布自己罹患淋巴癌。李开复在微博中称得病是因为作息不规律,长期熬夜,以及压力过大。他说:"现在回头看,我年轻时实在太大意,既不注意饮食又经常熬夜,而且几乎没有锻炼。今天身体出了状况,才重新审视健康的意义。"

《中国企业家》杂志以中国企业家工作、健康与快乐状况为主题对国内企业家进行了调查,结果表明,企业家的身体健康状况确实堪忧。企业家中患"肠胃消化系统疾病"的占 30.77%,患"高血糖、高血压以及高血脂"的占 23.08%,"吸烟和饮酒过量"的占 21.15%,90.6% 的企业家处于"过劳"状态,28.3% 的企业家"记忆力下降",26.4% 的企业家"失眠"。这些数据都为高净值人群敲响了警钟。

《2014 年中国高净值人群另类投资白皮书》显示,健康、旅游和教育是高净值人群普遍认可的投资领域。高净值人群对预约挂号、健康讲座、健康保险、个性化体检、专享通道等定制化的医疗服务也有强烈的需求。这说明我国高净值人群对于健康的重视程度逐年上升,健康意识正在由病后治病过渡至事前防病,从不顾一切谋生提升至提前为身体养生。这是安全财富观中"生活安全"的应有之义。[2]

家庭变故风险

整个家族层面的成员变动和变故,是高净值家族面临的另一重大风险。重要的变动包括三种:家长辞世、夫妻离婚,以及成员数量日益庞大所带来的家族内讧。

家长辞世

讳言生死是中国的传统。大多数富人不愿在自己健在之时，便考虑身后之事。但对于一个庞大的家族来说，家长往往是整个家族的精神领袖，相当于家族的"立法者"和"执法者"。若不对家族的人事及财务及早安排，将会为整个家族的统一与和平埋下重大隐患。其实不光是中国大陆的企业，港澳台等地的华人家族企业也频频由于家族的主要领导人突然辞世而面临家族继承的危机，甚至引起家族本身的四分五裂。台湾的台塑集团、长荣集团，香港的镛记酒家，都是活生生的例子。香港巨富霍氏家族的争产案尤其凸显了传承规划的重要性。

霍某病逝 5 年后，家族争产风暴正式拉开序幕，霍氏家族成员几乎全部深陷其中。霍某的长房三子指责二哥独揽大权，把遗产据为己有。2011 年 12 月，长房三子状告 16 名家庭成员，包括兄弟姐妹、亲母、二妈、姑姑和已去世的姑父，要求罢免二哥及姑姑的遗产执行人身份，并建议高等法院委任他人与自己共同管理霍某的遗产。2012 年 8 月，霍家争产案和解，长房的三个儿子各获得 65 亿港元。然而，时隔一年之后，2013 年 10 月，霍某的长房三子向香港高等法院申请重新审理"霍氏家族争产案"。这场拉锯式的财产争夺不仅使得霍氏家族蒙羞，而且在此过程中家族财富持续蒸发，家族企业元气大伤。如果"一世英名"的霍某能够未雨绸缪地对身后的企业和家族财富传承预先做出明晰的、有法可依的规划，大可避免这类情况的发生。

夫妻离婚

夫妻离婚是对家族稳固的另一大威胁，因为离婚必然涉及析产。更糟糕的是，如果家族的主要财富为家族企业，个体股东（如家族的族长）的离婚还会使家族损失某些具有表决权的资本。但是通过妥善的安排，家族和家族财富是能够在离婚风波中平稳过渡的。例如，龙湖集团董事长吴某在 2012 年与丈夫蔡某离婚时，业内人士曾担心他们的离婚事件将会影响龙湖集团的正常经营。然而，两人在 2008 年时已经通过汇丰国际信托，建立了吴氏家族信托和蔡氏家族信托，并将龙湖集团的股份分别注入这两个家族信托之中。因此，在两人离婚之后，龙湖集团照常经营，分家但股权不分割。[3]

而赶集网从独立赴美 IPO（首次公开募股）到与 58 同城合并，中间也夹杂了一场婚变。2010 年，赶集网创始人杨某与妻子王某离婚，但离婚财产纠纷持续了三年。王某质疑杨某恶意转移财产，在不到两年的时间里，赶集网的股权两度转移：第一次是 2009 年在美国进行离婚诉讼期间，杨某把赶集网 50% 的股权转移到兄弟名下；第二次是 2011 年 4 月，杨某的兄弟又将其拥有的 100% 的股权全部转让给了赶集网运营副总裁刘某。2012 年，赶集网计划赴美上市，却同时面临婚变的财产分割诉讼。复杂的法律缠讼加上市场的快速变化，最终使得赶集网在其预计独立上市之前两个月选择了与 58 同城合并。

企业经营风险

很多民营企业家在全身心投入到企业的经营管理中时，往往会忽略一个重要问题，那就是家庭财富与企业经营之间需要设立一道防火墙，否则，企业变动很有可能牵连家庭，最后连最基本的家庭财富也失去保障。

一种风险是，企业融资由股东个人或家庭承担无限连带担保责任，企业变动最终导致家财赔光。民营企业在发展过程中，往往需要寻找资金支持，向银行或小微贷款公司借款是极为常见的，许多企业家在签订抵押借款合同时，都可能会面临借款方不仅要求企业大股东签字承担连带担保责任，股东配偶也要一并到场签字。这是一种比较严厉的附加条件。有时甚至存在一种情形，企业中的大股东同意这样做，可小股东却拒绝承担这样的风险。如果企业在融资过程中，股东及其配偶在借款合同中承诺将来对企业债务承担无限连带责任，那么一旦企业在还款上出现问题，债权人就有权到法院起诉，直接冻结股东家庭中的所有财产。如果企业家在借款时被迫承担连带责任，在借款前一定要提前采取一些防护手段，以应对可能发生的不利情形。

另一种风险是，家庭财富无条件地为企业"输血"，所以企业一旦出现风险，则家财尽失。很多企业家对企业爱惜如子，一旦企业缺钱，便毫不犹豫地将家庭财产奉献给企业，为企业增资输血。但是必须仔细考虑家庭财产应该以什么样的形式投入到企业之中。一位企业主与几位股东商量后，计划扩大生产规模，因资金不够，他与妻子商议将家庭存款 2 000 万全部投入企业，但企业在扩大生产规模后却遇到外贸订单急速减少的市场变化，不得不将部分厂房车间关闭，恶性循环的结果导致企业将部分资产转卖还债，但优先偿还的是银行借款和员工工资，而由自己家庭出资的 2 000 万也只能在偿还完外部债务之后再说。然而结果可想而知，家庭最终可以收回的资金肯定是"九牛一毛"。

中国家族财富管理面临的问题与挑战

"看似合理，实则堪忧"—— 企业传承的个性问题

第一代企业家看重整体利益，忽视个体

东方民族在传统上看重整体家族延续胜过个体利益。传承之前必会经历一个积累和上升的过程。很多第一代企业家自己省吃俭用，忍辱负重，希望后代能够站在自己的肩膀上，走得更远，成就更大的事

业。基于这种考虑，他们往往在下意识里也希望自己的子女能够为企业的利益，为家族的利益做出更多的牺牲。而年轻的一代人，往往拥有海外留学经历，在价值取向上更看重个体的自由独立，思考方式也和父辈有很大的不同。

长者为先、男尊女卑的秩序观

在中国乃至整个亚洲，家族企业的掌门人往往是男性而非女性家长。这些男人希望一直执掌企业大权，直至去世的那一天，因为他们心里放不下责任。家族成员也不想谈论传承问题，因为这听起来好像是在诅咒自己的父亲或祖父得病。但是这往往会导致传承设计过晚！另外在很多地方的家族企业中，女性继承人还不能享受和男性继承人一样的权利。

重视人脉和个人魅力

亚洲国家普遍对于软性资产（如人脉关系）非常重视，它对于企业发展的重要性可能超过现代公司治理原则和企业规范化。很多企业处在一种高度的人治而非法治的状态。企业领导人的个人魅力在企业的成功中也起到了非常大的作用，而这种个人魅力是很难传承的。

职业经理人市场不发达

国内职业经理人人才市场相对不发达，诚信问题也没有得到根本的解决，这使得企业家和职业经理人之间互相提防猜忌。再加上两代人观念的不同，可能使得家族第二代接手企业以后面对的都是父辈的"老臣子们"，对于与自己的价值观念较为一致的年轻管理人员，则感觉"无人可用"，难以快速形成自己的"班子"。

资本市场较不发达

资本市场包括并购市场的不发达，使得企业在转手过程中可能遭受巨大的损失。很多企业很难卖掉，或者卖掉以后也很难维持和提升价值。这导致本来在成熟市场中应该（更有效率地）转手到公开市场上出售的企业，被迫留在家族手中。这会造成整个社会资源的浪费和价值的损失。

可选人才有限

因为受到当时的计划生育政策的影响，大量的第一代企业家往往只有一个直系的成年子女。而子侄辈的可挑选范围，与大家族时代相比也缩小了很多。在过往的大家族时代，在一个大的家族里，总有形形色色、各种不同的继承人人选，总能选出一两位价值观、理念、能力等都和企业高度匹配的继承人。但是现在却不同，企业家往往被迫在一个非常狭小的圈子里进行选择，甚至有很多的企业家会提出"用人以亲还是用人以能，还是用人以贤？"这样的问题。当然，这种情况的一个好处是，部分地解决了"夺嫡"问题。[1]

"生于忧患，死于安乐"——家族财富管理能力低下，严重影响家族企业传承

总的来说，中国的财富管理行业尚处于早期发展阶段，相较成熟市场，针对超高净值人群的家族办公室、家族信托和私人银行的业务水平较为低下，这可能会在未来对于家族财富的保存形成比较大的冲击。

---

[1] 但是成功的企业家往往有不止一个孩子。第二代不是独生子女的比例在企业家样本中达到2/3左右。未来家族企业仍会面临分家的问题，只是这一问题的发生时间被延后了。

中国的第一代家族企业往往不重视理财机制的设计。至少一个重要原因是，在过去很多年，很多家族企业本身就是超级有效的理财工具，往往会带来远高于资本市场的回报。

同时，第一代企业家的风险承受能力是最强的。这一点全球皆如此。部分原因在于自身高超能力带来的高度自信。但另一方面，他们也是一批时代的弄潮儿和幸运儿：过去30年，中国经济风起云涌，高潮迭现，而高风险往往会带来高回报。不排除一些家族企业的领导人会把过往一些由于运气好所形成的好结果错误地归因于自己的高强能力，从而过于自我膨胀，对自己未来的能力和运气有不切实际的估计。

未来，随着家族企业创造财富的速度减慢以及社会经济环境的变化，很多民营企业的经营模式将会发生改变，面临的风险也会更大。寻找一个更加稳健有效的家族财富保值增值工具，是很多家族企业急需解决的重大问题。

在接下来的20年中，中国的家族企业传承将会对中国经济产生深远影响。大量的企业可能会在这一过程中出现大问题，元气大伤，甚至灰飞烟灭。只有少量的企业会凤凰涅槃，浴火重生，其中将不乏真正能够做到"千秋万载，一统江湖"的伟大企业。同时，我们也会观察到大量的、与传承有关的资本市场活动，包括兼并重组。部分家族在出售企业换取大量金融资产的过程中，未来也会产生对资本市场，特别是财富管理的极大需求。

家族财富传承的本源 ——"传志立德，回报社会"

无数家庭在经过数代的摸索之后，逐渐形成了共识，即家族的物质财富本身可能无法恒久地传承，但是在持续创造财富的过程中形成的精神力量更值得传承，譬如强大的创新精神、艰苦奋斗的意志、反哺大众的善心等。

家族财富传承的最高境界，实际上是回归财富的本源，即对未来消费能力的一种储存。最精明的财富家族最终会认识到，财富的积累本身不是最终目的，真正的最终目的是通过财富的管理，提升家族在生命周期中的整体消费水平，提升家族的软实力，包括文化、价值观、信仰、德行、智慧等。所以真正善用财富的家族，最终会用它提升子女的教育水平、改善生活品质、资助后代的事业发展，同时回馈社会。而这些方面的需求，也被认为是财富家族最本源的需求。

现代慈善的先驱安德鲁·卡内基

"钢铁大王"安德鲁·卡内基，在美国的工业史上写下了永难磨灭的一页。他征服了钢铁世界，成为美国最大的钢铁制造商，跃居世界首富。他与"石油大王"洛克菲勒、"金融巨头"摩根等大财阀一样，曾经影响着整个美国的金融状况。但令世人为之惊讶的是，卡内基在自己事业的巅峰，放弃了所有的一切，追求另一种恬淡、无私的生活，并为慈善事业做出了巨大的贡献。他创立了享誉国际的卡内基基金，捐资修建了纽约著名的卡内基音乐厅，在匹兹堡建立了卡内基－梅隆大学，还设立了遍布世界各地的卡内基图书馆。直到 1919 年去世，卡内基向社会捐献的财富总额高达 3.3 亿美元。而他所大力推行的基金会模式，后来也得到很大发展，卡内基因此被人们称为美国现代基金会的先驱。

卡内基在他的捐献过程中，形成了独特的财富观念。他认为富人的财产并不属于他们自己，他们只是穷人的代理者和信托人，富人的义务就是要用有效的方式管理和使用财富资源，为公众谋求最大利益。他有一句名言："富人若不能运用他聚敛财富的才能，在生前将其财富捐献出来为社会谋取福利，那么死了也是不光彩的。"也有人把它概括为更简单的一句话："财富为社会所有，把财富带进坟墓是可耻的。"在卡内基身体力行的影响下，同时代的洛克菲勒、20世纪中期的福特、当今的比尔·盖茨，甚至金融大鳄索罗斯，都遵循着"捐赠"这一传统。

美国学者在 1900 年做了一项研究，比较有信仰和无信仰的两个家族——爱德华兹家族和马克·尤克斯家族，追踪研究了两个家族近 200 年的繁衍发展，结果表明有信仰家族与无信仰家族的状况简直存在着天壤之别。

爱德华兹家族人口总数 1 394 人，其中有 14 位大学校长、100 位大学教授、30 位法官、70 位律师、60 位医生、60 位作家、300 位牧师和神学家、3 位议员、1 位副总统。

马克·尤克斯家族人口总数 903 人，其中有 310 位流氓、440 位性病患者、130 人坐牢 13 年以上、7 位杀人犯、100 位酒徒、60 位小偷、190 位妓女、20 位商人（其中有 10 位是在监狱中学会经商的）。很多人都难以理解，为何同样历经百年，结果却大相径庭。其核心的区别在于两个家族的文化传承，它在潜意识里主导了家族未来的发展方向。[4]

我们也可以换一个角度思考，"财富"二字对于财富家族来说，或者对于所有家族来说，都具有超越数字之外的含义。因为在岁月的侵蚀下，再多的财富都有可能消耗始尽，战争、疾病、自然灾害、意外事故、企业经营风险都有可能导致家族财富的崩解。从某种意义上讲，唯有家族精神可以不受外部阻力的干扰持久常青。

我们之前也讨论了很多家族财富和企业在传承上面临的问题，归根结底，在家族财富管理中，"管人"比管财富更重要。"富不过三代"等谚语揭示了家族财富长期保有的艰巨性。单纯以金融资本作为衡量财富的标准、从"守财""传财"的角度考虑家族财富管理面临的问题是片面的，"财"只是财富的硬件，在数量意义上成功传承财富的概率是非常低的。

熊彼特最早提出企业家的本质特征是创新。家族企业是企业家的创意想象，是企业家的发现与创新之物，是企业家对家族使命的实现，以及对市场机会的把握。所以家族财富管理最核心的内容是管理和传承家族的精神与价值观。

家族财富的创造和积累离不开"创一代"企业家艰苦卓绝的努力，财富传承更需要家族几代人保有创业者的热情与智慧。无论从财富创造还是从财富保有传承的角度看，家族中人力资本和智力资本的重要性都是不容忽视的。

家族内的每一位成员也是财富的重要组成部分，或者说是最重要的组成部分。因为创造财富的目的就是为家族成员提供更优质的物质生活，支持家族成员人力和智力资本的发展。同时，家族成员个人能力的充分发挥与实现将会促进家族金融资本的增长，从而形成一个良性的循环。因此，家族财富管理必须涵盖人的因素，扶持家族成员的发展是家族财富管理的第二层次内容。

对人和精神的管理，可以通过构建家族治理体系，从而帮助家族成员塑造价值观和使命感，形成家规、家训、家风，固化家族的社会资源实现。同时，还可以通过家族信托等类似工具的设计从实操层面维护家族治理体系，制约家族成员的不当行为。帮助家族后代在前行的过程中不迷失方向、不失去自我，将财富创造的因素根植在家族体系内，并不断使其发扬光大。

家族财富就像一棵树，一般人看到的是树叶（管理家族财富），再往下看是枝杈（扶持家族成员），但是最宝贵的是埋在土地下的根（维护家族精神）。因此我们认为，家族财富管理应该对这三个层次的内容进行系统规划，促进其协调发展，并通过有效的家族财富管理不断削减财富的负能量，弘扬财富的正能量，使家族长期保有与创造财富，使家族成员和睦幸福。

退一步来说，如果企业的传承终将被打破，甚至财富的传承也无法持续，那还有什么是可以恒久传承的？民族英雄林则徐的家训是："子孙若如我，留钱做什么，贤而多财，则损其志；子孙不如我，留钱做什么，愚而不孝，且长其恶。"

作者曾经长期任教的英国牛津大学是英语世界里的第一所大学，已经有 800 多年的历史。世界上的几种主要的宗教，也都分别有一两千年的历史。由此可见，德行、信仰和智慧，比财富和权力的传承更加恒久！

在本章的最后，让我们用台湾著名企业家、有"台湾经营之神"称号的台塑集团领导人、台湾前首富王永庆先生留给自己子女的一段话来收尾。王永庆在这段写给孩子们的话中谈了自己的财富观：

> 人人都喜爱财富。人在一生中会积累大小不等的财富。但是当我们离开这个世界的时候，我们没法带走这些财富，它终将被归还给社会……我希望你们都能意识到财富的这一本质，并且在这一理解的基础上过完充实的人生……在你们的理解和支持下，我请求你们，将我的财富留给社会，使得我一生为之奋斗的企业能永续经营，长远造福员工与社会。

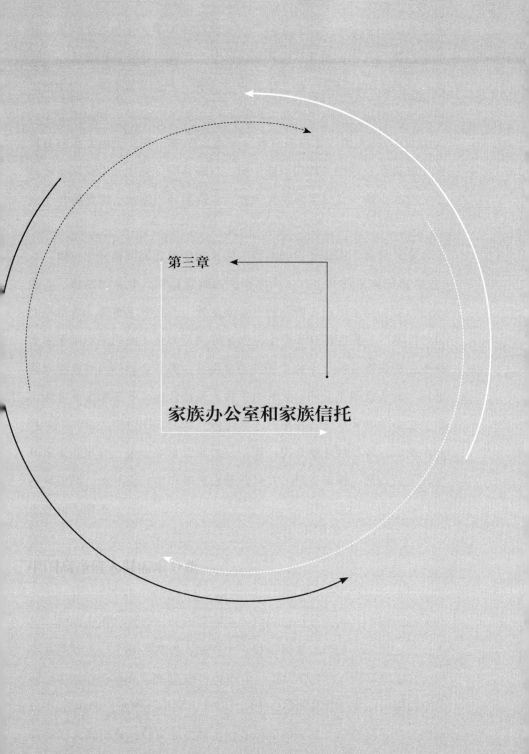

第三章

家族办公室和家族信托

亲爱的读者朋友们，如果你已属于超富群体，那么本章将为你提供一些有关财富管理的启示；如果你还不属于，那么好学的你，也一定正走在成为超富人群的路上。我们在上一章已经介绍了超高净值人群及其家庭的需求和财富管理的主要工具（其实不了解也不要紧），那么财富家庭要自己进行实际的财富管理吗？目前来说，欧美最盛行的做法是由一类叫作"家族办公室"的机构统筹管理超富家庭的所有财富管理、代际传承的需求。

美国家族办公室协会对家族办公室给出的定义是："专为超级富有的家庭提供全方位财富管理和其他相关家族服务，以使其资产的长期发展符合家族的预期和期望，并使其资产能够顺利地进行跨代传承和保值增值的机构。"中国管理学者高浩对此给出的定义是："家族办公室是对超高净值家族一张完整资产负债表进行全面管理和治理的机构。"我们可以将家族办公室形象地比喻为超高净值家族的管家。通俗点儿说，家族办公室于豪门家族来说就好比古代皇家的"内务府"。钱多了之后事情也会变多，皇室自己管不过来，于是设了个"内务府"代为管理。

家族办公室正在逐渐成为中国亿万富豪逐渐接受的一种财富传承方式，未来在中国有着巨大的发展空间。

家族办公室

揭开家族办公室的神秘面纱

家族办公室最早起源于古罗马时期的"家族主管"（Domus）以及中世纪时期的"总管家"（Domo）。[1] 在那个时候，家族主管应该主要是对家庭财富收支和借贷进行简单的管理。现代意义上的家族办公室出现于19世纪中叶，当时，通过工业革命在欧美迅速致富的产业和金融大亨将金融、法律和财务等方面的专业人士集合起来，系统地研究如何管理和保护自己的家族财富和广泛的其他利益。这成为现代家族办公室的雏形。我们熟知的"大摩"（摩根士丹利）和"小摩"（摩根大通）其实就是从摩根家族办公室发展演变而来。1838年，约翰·皮尔庞特·摩根的父亲在小摩根1岁时创立了摩根财团，用来管理摩根家族的所有资产和投资，这一机构在摩根的手里进一步发扬光大，帮助摩根家族建立了遍布全球的庞大金融帝国，随后逐渐演变成为当今全球著名的商业银行摩根大通银行和投资银行摩根士丹利。美国退休法官托马斯·梅隆在1868年创立了世界上第一个严格意义上的家族办公室，在此基础上，1869年梅隆和他的两个儿子在匹兹堡设立了梅隆银行。一百多年后的今天，当年的梅隆银行已发展成为纽约银行梅隆公司，是全球最大的多元化金融集团之一，并附有全球最大的多家族办公室之一——家族办公室服务集团（Family Office Services Group）。

当然，你可能会问这些家族办公室最后怎么都发展成银行或金融机构了？

家族办公室主要通过对财富家庭的财富进行专业化的管理，从而实现财富的保值增值，并通过金融工具、法律设置等进行财富的传承。所以，家族办公室具有非常强的金融功能，而且拥有整合许多高端金融资源的能力。同时，它也具备整合金融以外的资源的能力，比如从子女教育、家族治理、企业传承、家族慈善等角度满足财富家族通盘的财富管理需求。如果这样叙述太抽象，那我们先来看看打破"富不过三代"魔咒的洛克菲勒家族。

洛克菲勒家族办公室 Rocketfeller & Co.

美国石油大亨洛克菲勒的家族，是享誉世界的超富家族，其家族财富经久不衰，一直被世人注目。目前，洛克菲勒家族已经传到了第六代，现在的实际控制人斯蒂文·洛克菲勒是家族的第五代。我们来简要分析一下，洛克菲勒家族是怎样做到家族财富的长久传承的。

首先，老洛克菲勒对于家族财富的代际传承思考得非常透彻，他设立了家族信托，受益人是小洛克菲勒的后代，一份信托协议对应一个受益人，每份信托的本金自动传给其受益人的子女。这些信托的委托人是小洛克菲勒，形式是不可撤销信托，即信托协议不可以被更改或终止，除非受益人同意。家族信托的特性使得这些财富得以安全稳定地传承到受益人手中，确保了家族财富的安全。

同时，老洛克菲勒于1882年设立家族办公室，管理其复杂多元的财富及不断增长的投资需求，而后，洛克菲勒家族把资产分为延续家族财富的洛克菲勒家族基金会、洛克菲勒捐赠基金和为公益慈善做贡献的洛克菲勒大学几个部分。

洛克菲勒家族基金会最早只管理洛克菲勒本家族的资产，但是经过几代人的传演，本家族的资产逐渐稀释。洛克菲勒家族基金会目前已经变成一个开放式的家族办公室，借助洛克菲勒的品牌与资产管理经验，为多个富豪家族管理资产。

洛克菲勒捐赠基金在全范围内球经营慈善事业，专注人文、医疗、教育领域。该基金的风格非常低调，但是每年都会在全球范围内花费至少几亿美元。北京的协和医院最初就是由洛克菲勒捐赠基金资助兴建的。

洛克菲勒大学在中国的知名度不高，因为它的发展重点在于研究而不是教育，因此并不招收本科生，但在美国医疗研究领域享有与哈佛大学并列的盛名，诞生了多个诺贝尔奖得主。

伴随着家族繁衍、成长的家族办公室为洛克菲勒家族提供了包括投资、法律、会计、家族事务以及慈善等在内的几乎所有服务。

贝西默信托和菲普斯家族 [2]

同样在家族办公室的辅佐下得以基业长青的菲普斯家族，建立了被《国际私人银行家》杂志和家族财富报告网站等评为美国顶级家族办公室的贝西默信托。

卡内基钢铁公司第二大股东亨利·菲普斯，在公司出售并合并为美国钢铁公司后，获得了价值 5 000 万美元的股票和价值 1 750 万美元的债券。菲普斯决定通过信托将这些财富平分给子女，并在 1907 年成立贝西默信托公司，将他所有的家族信托以及自己在公益事业、资产投资、家族建设、子女教育等方面的职责聚集起来。随后菲普斯又成立贝西默投资公司。菲普斯的后代又成立贝西默证券，贝西默信托是贝西默证券的大股东。信托服务、金融服务和财富管理由贝西默信托负责；上市公司股票交易、长期股权投资、不动产和 PE 等投资业务则通过贝西默证券操作。贝西默证券能够自由地进行投资，但财富的分配却由遵守着严格规定的贝西默信托掌管。

到了 20 世纪 70 年代，菲普斯家族不断开枝散叶，已经有超过 50 名第三代成员。家族办公室服务的家族成员数量未来会呈指数级增长，贝西默信托开始考虑如何应对不断扩大的家族规模和不断提升的运营成本，最终选择成为一个多家族办公室，通过为其他家族服务，提升总的资产规模，从而摊薄服务成本。1974 年，贝西默信托开始接收外部家族的资金，客户进入的资产标准为 100 万美元 (2001 年起提高至 1 000 万美元)，由此实现了向多家族办公室的转变。今天的贝西默信托严格遵守一条重要原则：对菲普斯家族与其他外部家族一视同仁。

在投资理念上，贝西默信托的核心指导思想是通过多元化的投资组合平衡增长，实现风险可控下的资本长期增长。类似于我们在前面章节中介绍的巴菲特功成名就后的投资理念，贝西默信托以极其精明和谨慎的投资风格，小心翼翼地呵护着客户的长期资产。20 世纪末以来，在互联网泡沫和次贷危机早期，大量参与其中的另类投资获得了丰厚的回报，很多追逐家族财富快速扩张的超高净值家族对贝西默信托拒绝参与的谨慎投资原则表示不解，导致客户大量流失。看惯了资本市场长期起落的贝西默信托，受创始人家族超过一个世纪的谨慎投资风格的巨大影响，坚持风险控制。2001 年互联网泡沫破裂及 2007 年全球金融海啸之后，很多投资者在高风险的另类投资中损失惨重，重新寻找可靠的投资机构。在整个危机形成过程中并无涉足次贷等不良投资的贝西默信托成为超高净值家族避险的港湾。

作为一家全能型多家族办公室，贝西默信托在金融投资以外还开展各项家族服务，包括遗产、税务、家族治理、股权设计，以及针对家族企业、保险、慈善、房地产、金融服务及特殊服务等的规划咨询。在金融投资中，贝西默信托采取内外结合的原则，在内部建立投资团队，同时大量使用其他优秀的投资机构进行投资外包。目前贝西默信托拥有 800 余名员工，为超过 2 200 个家族管理着 950 亿美元的资产，其中有近 90% 来自外部客户。贝西默信托受到大批政商名流的追捧，是因为它既能以跨越世代的超长视野帮助家族管理财富，又能在管理上与时俱进、步步为营，同时辅以设计优良的激励机制，力争做到不以自身的利益为重，而是客户至上。

无论是洛克菲勒家族办公室还是贝西默信托，它们都为超高净值人群及其家庭提供财富管理、财富传承方面的各类高端管理咨询和操作服务，担任包括律师、注册会计师、投资管理、股票经纪人、保险代理、银行、独立信托实体，以及家族助理的角色，协助规划和打理家族在医疗、后代教育、家族安全、品牌及声誉管理、慈善安排、遗产规划等方面的事务。

可能读者又会问，私人银行好像也能做这些事情，那么家族办公室和私人银行的区别是什么呢？

家族办公室 vs 私人银行

因为私人银行的服务对象也是高净值和超高净值家庭，私人银行提供的服务内容与家族办公室也有重合之处，所以我们认为区分这两种机构很有必要。通常，在成熟市场里，使用为单一家族服务的单一家族办公室的超高净值家族的净资产一般会超过 1 亿美元。而在此规模之下的其他家庭，更多地会选择私人银行。也就是说私人银行服务于普通的有钱人，而家族办公室服务于超级有钱人。当然，也有很多的家族办公室，为了招揽更多的客户，同时为很多家庭服务，从而降低对客户净资产的要求。家族办公室是家族财富管理的顶级形态，旨在帮助家族在没有利益冲突的安全环境中更好地完成财富管理目标、实现家族治理和传承、守护家族的理念和梦想。其高昂的运营成本（一般每年至少超过 100 万美元）往往使得普通工薪阶层甚至一般的高净值家庭难以企及。但是对于最高端的超高净值人群来说，它相对于其他的财富管理机构，比如私人银行，往往具有相当大的优势，因此受到这一人群的青睐。家族办公室和私人银行的主要区别有四点。

首先，家族办公室能够大大减少有关利益冲突的担心。家族办公室代表的是超高净值家族的利益，而不是银行的利益。私人银行尽管宣称以客户的利益为导向，但是在实践中，受制于种种因素，银行和客户利益的冲突已成常态。今天的私人银行大多从属于上市公司，受到资本市场的压力，更加关注短期盈利，这可能与家族长期保有财富的愿景存在天然的冲突。对此，行业内有一句话精准地描述了银行与家族的利益不一致：银行考虑的是每季度财务报表的盈利，而家族考虑的是财富的代代相传。同时，私人银行家由于各种原因经常离职，这也给客户带来了挑战：如果客户跟随银行家转移到新的银行，就需要适应新银行的系统和文化；如果客户留在原银行，就需要跟新的私人银行家打交道，而这一过程中的疏忽不慎，将可能导致巨大损失。新加坡炒股专家黄鸿年曾经因为巨亏近 7 亿美元起诉其私人银行，因为该银行更换了黄鸿年的客户经理，而由他提交的交易信息出现重大差错，以致黄鸿年做出错误决策。与私人银行相比，家族办公室是家族利益的看守者，不太可能与客户产生利益冲突。

其次，家族办公室统一管理需求，便于深刻理解客户需求。在使用家族办公室之前，高净值家庭往往需要同时和多家金融机构，例如不同的私人银行合作，管理其庞大的财富和复杂多样的需求。作者的一位朋友，选择一家国内商业银行进行人民币现金管理，一家国内证券公司进行国内的证券投资，一家国外投资银行管理其在欧洲和北美的股权投资，一家香港的金融机构为其购买保险产品，还经常投入少量资金不断尝试新结识的私人银行。这样同时和很多家金融机构保持业务关系，固然能够允许家族在不同产品和业务中挑选出最好的，但也会大量消耗企业家的精力，实际上是一种较为低效的管理状态。同时，因为整个家族的财富被四分五裂地分隔在不同的机构中，各家机构其实都只能接触到家族资产中的一个局部，任何一家机构都搞不清家族实时的资产配置状况。看似通过多元化的投资分散了风险，但其实很可能各家机构都在不正确的参数基础上给出了错误的配置选择。

第三，家族办公室能够更好地解决家族信息私密问题。尽管私人银行在组织架构、管理流程以及企业文化的设计和执行上尽力做到保密，但是受制于监管、人员流动等因素，事实上家族的私密信息很难长期不被泄露。这可能会加重家族的不安全感。而家族办公室在沟通中更注重对客户信息的保护和财富隐蔽性的关注。一般而言，私人银行等金融机构的信息链庞大而冗长，而家族办公室的服务团队小而精，在物理上减少了信息链条和节点，也就减少了私密信息泄露的可能。

第四，家族办公室的服务内容更加多元。私人银行服务的对象是净资产超过100万美元的个人和家庭，而家族办公室服务的对象通常拥有1亿美元或是更多可投资资产，从而需要更加个性化的、高度量身定做的金融服务。私人银行提供的基本服务，对于那些超高净值家庭来说，往往远远不够，它们还需要能够处理家族企业的经营和传承过程中出现的各种问题、家族成员之间的利益协调、家族治理、家族慈善、家族基金会，以及相关的各种事项。而家族办公室可以更好地解决这些问题。因为这样的一些区别，对于超高净值人士来说，家族办公室往往成为其管理家族财富、处理相关问题的最佳选择。

家族办公室的那些事儿 —— 家族办公室的主要功能与服务

从功能的角度来看，作为针对超高净值人群提供系统性一站式服务的财富管理机构，家族办公室需要做到而别人不能及的是探究财富家庭的深层次需求，促进财富的代际传承，减少家族内部的矛盾纠纷。

具体来说，家族办公室可以为财富家族提供对外保密、对内透明的财富管理以及其他衍生服务，从而更加高效、安全、隐秘地为家族提供整体的管理服务，及时处理家族成员之间的各种纠纷。也就是说，家族办公室对外是一个很神秘的组织，而对内却要事无巨细，什么都要给家族成员讲明白。

家族办公室作为对财富家族整体负责的服务性机构，全面料理家族内部各个不同家庭以及不同成员之间的关系，从而避免家族内部不同家庭分别邀请不同的财务顾问所带来的可能的潜在冲突，从根本上保证家族整体利益的完整性和一致性。同时，它能够保证家族在对外的时候是一个整体，从而更加有效地维护家族整体的声誉和社会影响力。也就是说，家族办公室有一项重要的工作，那就是舆论公关。

高端的家族办公室，由具备相当专业素养的各种专家人员组成，并且通过建立激励机制形成对家族的高度忠诚。家族办公室的主要工作，是通过对于家族所持有各种资产进行系统梳理和集中化运营管理，提升效率，实现风险可控前提下的更高的回报。所以说，能进入家族办公室给超富人群打工的，都是非常专业的金融人才，他们中的很多人是在行业内最受人敬重的"老鸟",而为顶级家族的家族办公室效力也是金融界很多资深人士职业生涯的最后一站。

家族办公室更致力于实现家族企业与家族享有的财富之间的区隔,使得家族的财富不会因为家族企业经营的波动性而受到太多的影响,最终目的是使家族的财富得以更加持久地传承和增值。

另外,很多高端的家族办公室还可以对家族财富以外的其他目标,诸如慈善事业、税收及财产规划、家族内部的沟通、子女教育、子女创业、医疗、娱乐需求等提供高品质专业性的服务,从而提升家族的整体生活品质和满意程度,有利于家族使命与目标的顺利达成。总的来说,家族办公室管理的事情覆盖面很广,比如孩子上学、家人生病、外出度假等,都归它管。

但是,从服务的角度来看,家族办公室首先也是最重要的工作是协助家族进行全面的财富管理,其中具体又包括对家族企业的日常运营管理以及相关资本运作管理、兼并收购及出售、对企业以外财富的管理、对家族财富投资风险的管理、对家族慈善事业的管理和日常生活的预算和管理。也就是说,尽管要管的事情很多,但管钱始终是第一要务。

家族办公室与风险管理

如果说投资策略偏向于追求超额回报率,风险管理则是让财富在稳健的形态下实现保值增值,从而达到"创富"和"守富"。进入21世纪以来,全球经济和政治环境动荡,金融市场起伏不定。不少财富家庭因为缺乏风险意识而大量使用杠杆投资且投资过于集中,如果这些家庭缺乏其他恰当的风险管理手段,就很有可能蒙受巨大的损失。从更长的历史周期来看,很多家族办公室的投资遭遇重大失败主要是因为风险管理的失败。

家族办公室的风险管理体系包括三大部分。首先是识别、估算和评估潜在风险。在这个过程中，家族办公室应对目前和未来潜在的投资项目的投资目标和可能出现的风险参数做一个清楚的了解。比如各项资产上的投资出现损失的概率，以及最大损失的规模。在此基础上，针对重大风险设置应对措施。比如说，针对重大市场变化或影响到资的不利事件，设置明确的止损点。这些对风险的具体度量和处置手段，应该以正式文件形式呈现，以供家族办公室在投资决策中作为指导。

其次，运用各种风险管理的手段，有效地调整投资组合的风险以达到与家族投资目标相匹配的水平。这个过程涵盖从详尽的尽职调查以期尽可能减少交易对手的信用风险，到充分了解家族投资者的风险容忍度从而与投资组合的构建相匹配，再到做好备用的解决方案以应对可能出现的风险继续恶化的情况。为了确保风险管理手段的实行，家族办公室需要配置一定的基础设施，即一套包含风险分析、数据库，并且能够与其他系统（如会计和合规系统）兼容的、复杂的风险管理系统。家族办公室可以聘请风险管理方面的专业人士帮助设计和建立一套符合自己需求的系统，也可以通过外部专业公司的风险管理系统帮助其达到风险管控的目的。

第三，设置一套与家族本身的长期投资目标相匹配的、长效的风险管理流程和治理机制。这套体系可以保证家族办公室在瞬息变化的环境中迅速地、果断地处理各种突发的投资风险。家族办公室应设立一个风险和投资决策委员会，定期回顾家族投资组合的风险概要，评估和调整风险参数，检查和评审投资方案和投资风险。

影响力投资

从全球来看，61%的财富家族愿意进行影响力投资或者说社会效应投资，包括对慈善和公益事业的投资。"80后"的接班将会进一步推升这个比例。因此，慈善事业的管理是全球范围内家族办公室的重要服务内容之一，该服务所涵盖的范围包括慈善信托和慈善基金会的创建与管理、慈善捐款方面的建议、制定慈善计划、指导并设计家族的捐款策略、为家族慈善机构提供技术与运营管理方面的咨询建议、对慈善相关活动进行尽职调查。据统计，教育领域在2015年获得了最多的慈善投资。虽然相对来说，目前亚洲的超高净值家族对于影响力投资的参与程度较低，但是也有一些非常知名的。

陈氏家族基金

大家也许对陈氏家族基金感到很陌生，但是一发工资就跑去用消费拉动GDP的读者对恒隆广场应该不陌生吧。没错，恒隆集团就是陈氏家族的企业。

恒隆集团由陈曾熙先生创办于1960年，是香港董事学会2009年评出的香港十佳企业，也是其中唯一的地产公司。1991年，陈曾熙先生的长子陈启宗先生接任董事长一职，预见到内地经济高速增长将带来发展的黄金机会，在其领导下，公司大力拓展内地市场，并且聚焦于一线城市黄金地段的商业地产项目，在上海、沈阳、济南、天津、无锡和大连等主要城市建设地标式项目恒隆广场。次子陈乐宗管理的家族基金晨兴资本在全球进行投资，旗下子公司晨兴创投致力于在美国进行以医疗健康为主的投资，在中国进行高科技行业的风险投资。其中国团队由刘芹和石建明领导，于2008年开始独立运作，并作为早期投资人投资了搜狐、携程、小米等领先的高科技公司。陈氏家族基金还在香港成立了专业团队，对包括对冲基金、风险投资基金等全球领先的另类投资基金进行间接投资，分散投资风险。

陈氏家族非常重视慈善事业。他们发起设立了中国遗产基金会，该基金会向北京故宫博物院捐款用于重修建福宫。晨兴集团还捐资发起了晨兴音乐桥项目，用以促进中国的年轻音乐家参与国际交流。2014 年，陈氏家族的晨兴基金会为哈佛大学公共学院捐款 3.5 亿美元，并以陈曾熙之名冠名哈佛大学公共卫生学院。这是当时哈佛大学所接受的规模最大的一笔捐赠，也是第一次以一位中国人的名字冠名哈佛大学的一个学院。陈氏家族基金会的发展道路，有相当的代表性。由此也可以看出家族基金发展的一个重要模式：由主业出发，逐渐发展直接投资、间接投资，当投资达到一定规模时，开始发展慈善事业，通过发展慈善事业回馈社会。

管家式服务

高净值家庭往往依赖他们的家族办公室提供各种管家式服务，从账务到日常起居，再到旅行安排、不动产管理。一些具有代表性的服务包括家族俱乐部（高尔夫、私人俱乐部等）会籍的办理与维护、家族度假房产与飞机游艇的管理、为家族提供生活预算服务、协助客户进行移民身份办理、为客户寻找合适的管家和家庭服务人员、安排客户的安保、协助客户为其子女选择合适的教育机构等。

其他服务

家族办公室为家族提供的其他服务，还包括大量的咨询和策略服务，主要有培训与教育、遗产与财富传承、商业与财务咨询，以及其他有关咨询。整个家族的精神、价值观，这种无形却胜过有形的东西，在家族的传承中是非常重要的。对于后代，不仅要教育他们如何经营企业，更重要的是告诉他们整个家族的精神、规章、宗旨，这些都是教育下一代顺利接班、把家族企业传承下去的重要因素。

培训和教育的对象主要是家族的下一代，包括对他们进行系统的知识传授、家族理念和价值观的培养、职业生涯的规划，甚至包括支持家族后代进行创新创业的资金安排。家族办公室还要经常为这些安排与第三方顾问进行沟通与协调。

遗产与财富传承服务包括财富保护、传承分析以及对所有类型的资产和收入来源的管理规划、针对遗产分配和管理提供定制化服务和专业化指导，还可能涉及必要的税务规划。

商业与财务咨询服务包括为家族及家族企业进行的银行贷款咨询、过桥融资咨询、结构性融资咨询、私募股权融资咨询、兼并与收购咨询、管理层收购咨询、商业开发咨询等。其目的是在整个家族的生命周期中实现整体消费的最大化，从而带来最高的满意度。

其他咨询服务主要包括保险服务咨询、合规与监管协助咨询、税务与法律咨询三大业务板块。保险服务咨询的具体范围涵盖风险分析与报告、评估保险要求、保单的购买监督、现有保单及资产权属的评估、对家族物业证券期权的评估、制定灾难恢复的可选方案及计划、对家族资产的保护、制定战略以确保集中投资仓位的对冲买卖、家族信息数据的安全性与保密管理、家族社交媒体政策的审查，以及声誉管理策略的制定。合规和监管咨询服务涵盖家族内部审计服务、推荐独立咨询机构、加强投资程序的监管。税务与法律咨询服务涵盖构建最适合家族特点与需求的税务计划、在兼顾投资与非投资收益来源及相关税务问题的基础上设计投资和遗产规划战略、确保家族办公室的各项活动符合税务法规要求。有时家族成员因为移民或者出生国籍等原因会有不同的身份，于是税务规划就显得相当重要。

最后是私人法律服务。家族成员需要了解家族企业未来的发展，法律风险是他们非常关注的问题，家族办公室还需要提供法律方面的咨询服务。

与此同时，家族办公室还提供大量与家族治理相关的服务。根据家族治理方向的不同，该服务主要包括家族行政服务、继承规划服务、家族事务的报告与记录服务三大业务板块。行政服务又称为后台服务，是家族办公室平稳运作的关键，该服务涵盖一般性法律问题的咨询与支持、税务合规筹划、账单支付与费用授权审核、银行开户、银行对账单的核查、家族聘用人员的管理、第三方中介机构的引荐与管理、家族事务的合规与控制管理。继承规划服务包括家族平稳渡过变故期的规划、实施两代间的遗产传承计划、制定家族章程或宪章、确定解决家族纠纷的处理方案与流程。报告与记录服务有助于形成并巩固家族文化，包括家族资产的整合与报告、合并业绩报告、基准分析、年度业绩报告、维护在线报告系统、报税准备与申报。

"总有一款适合你"—— 家族办公室分类

单一家族办公室和多家族办公室

之前我们多次提到过的单一家族办公室和多家族办公室，主要是从家族办公室服务对象的角度进行的划分。单一家族办公室是一个私人公司，专职管理单一家族的投资和信托，该公司的资本就是这个家族世代累积的自有财富。如前所说，一个单一家族办公室每年的运营成本超过 100 万美元，因此，一般只有财富净值超过 1 亿美元的超级富豪才有能力独自设立单一家族办公室。

　　多家族办公室或联合家族办公室则同时管理多个家族的资产，大部分是面向资产低于 1 亿美元的富豪。相对来说，多家族办公室的参与门槛较低，拥有至少 2 000 万美元资产的家庭就可以参与多家族办公室，有些多家族办公室甚至可以接受拥有 500 万—1 000 万美元可投资资产的客户，其进入门槛只是略高于私人银行的高端财富管理服务。很多家族把加入多家族办公室作为尝试家族办公室服务的起点，时机成熟时可能考虑创办单一家庭办公室。另外，加入已有的多家族办公室可以获得规模经济，通过共享平台吸引更好的投资经理、家族顾问、法律专家等专业人士加盟。当然，作为代价，选择加入多家族办公室意味着家族将丧失部分隐私，亦不能享受完全定制化的服务和绝对控制权。

精简型、混合型和全能型家族办公室

　　我们还可以根据其资产规模和外（内）包程度，将家族办公室分为精简型、混合型和全能型。

　　精简型家族办公室主要承担家族记账、税务以及行政管理等事务，直接雇员很少，甚至仅由企业内深受家族信任的高管及员工兼职承担（例如财务工作由公司首席执行官及财务部负责、行政管理工作由董事长办公室主任统筹等），实质的投资及咨询职能主要通过外包的形式，由外部私人银行、基金公司（VC/PE 基金、对冲基金）、家族咨询公司等承担。某些中国企业内部设立的投资发展部或战略投资部，往往是做主营业务之外的投资，事实上承担了精简型家族办公室的职能。

　　混合型家族办公室自行承担针对家族的战略性职能，而将非战略性职能外包，外包职能与家族偏好及特征密切相关。混合型家族办公室聘用全职员工，负责核心的法律、税务、整体资产配置以及某些特

定的资产类别投资等事务。在某些关键性职能的人员配置上，可能会使用具有相关专业经验且忠诚的家族成员。某些中国财富家族在实体公司以外设立的控股公司、投资公司、投资基金或者其他法人主体，是混合型家族办公室的早期形态。

全能型家族办公室覆盖围绕家族需求展开的大部分职能，以确保家族的控制权得到最大限度的实现、安全和隐私得到最大程度的保护。全部职能都由全职雇员承担，可能包括投资、风险管理、法律、税务、家族治理、家族教育、传承规划、慈善管理、艺术品收藏、安保管理、娱乐旅行、全球物业管理、管家服务等。当然有时出于各种考虑，在确保大类资产配置的前提下，全能型家族办公室可能将部分或全部资产类别的投资外包给其他专业机构。

内置型、外设型和套现分离型家族办公室

根据家族办公室的架构及其与家族企业之间的关系，在家族发展的不同阶段，又可以对家族办公室进行不同的分类。在早期阶段，家族财富源于家族企业，即家族企业主导家族办公室的定位和发展。在这一阶段，家族办公室可分为内置型家族办公室（适用于家族企业创业期）、外设型家族办公室（适用于家族企业成熟期）和套现分离型家族办公室（适用于家族企业股权出售之后）。

内置型家族办公室以企业中的一个部门的形式存在，通常为战略投资部、战略发展部或家族企业下的投资公司，一般由家族企业的管理团队兼职管理，在强化家族对企业管控的同时，处理家族传承等事务，管理成本可以分摊在家族企业的经营成本当中，是家族办公室的雏形模式。代表性机构是三星集团的秘书室。从创始人李秉喆开始，三星集团目前已经传到了第三代。在过去的 70 多年中，三星集团秘书室在协调企业和家族利益方面发挥了重大作用。虽然不是独立的法

人机构，而且其各个分支部门隶属于集团的不同子公司，但就实际权力而言，秘书室一直都是三星集团内部的最高权力机构。秘书室也负责李氏家族从礼宾护卫到衣食住行，从税务筹划到财富传承的方方面面。作为家族办公室的早期模式，内置型家族办公室从短期来看具有表面上的便利性以及低成本的优势，但在风险控制、资产隔离和公司治理上有重大缺陷。今天，随着家族财富和企业资产分离的趋势增强、公司治理透明度要求越来越高，以及财富家庭对于现代企业和家族资产的安全隔离以及潜在利益冲突管理上越来越谨慎的态度，这种模式已经越来越受限。

相对于内置型家族办公室，外设型家族办公室可以更好地实现家族和企业的分离。作为与家族企业平行的实体，外设型家族办公室虽然不直接参与家族企业的运营，但仍然可以为财富家族提供财富的集中管理和优化配置服务，同时还可以通过多种手段对冲风险，熨平经济波动对财富的影响。

套现分离型家族办公室产生于家族企业上市公开发行股票、出售资产套现等流动性事件。这些流动性事件导致家族产生大笔现金资产，需要妥善进行管理。阿里巴巴执行副董事长蔡崇信就成立了家族办公室，从而利用来自阿里巴巴 IPO 的大量财富进行投资。微软公司的创始人比尔·盖茨设立家族投资机构瀑布投资，全面管理其从微软套现的价值数百亿美元的股票。

比尔·盖茨的家族基金瀑布投资

著名的实业家和慈善家、微软公司的创始人比尔·盖茨是较为成功地使用家族基金的一位世界首富。他的资产规模在 2016 年年底时大约为 900 亿美元，这还不包括他陆续捐赠给慈善基金会的三四百亿美元。比尔·盖茨也是过去 30 年来，在世界首富的位置上占据时间最久的一位。他能够长期保持世界首富的地位，并且不断地捐助他所钟爱的慈善事业，得益于良好的家族基金管理。比尔·盖茨个人和基金会的全部资产都由其家族基金管理。微软上市时，比尔·盖茨拥有微软 45% 的股份。比尔·盖茨在 20 世纪 90 年代初成立家族基金的时候，90% 以上的资产是微软的股票，由一个朋友帮助打理。他的个人资产慢慢转移到家族基金以后，他雇用了一个职业投资团队为他管理家族基金和慈善基金会的资产。此后比尔·盖茨每个季度定期减持 2 000 万股微软股票，从最初的 90% 的微软股票和 10% 的债券基金逐渐演变成目前比较平衡的分散配置。现在比尔·盖茨大约拥有微软 5% 的股份，价值 100 多亿美元，这在他总资产中的占比不到 20%。

　　按照美国的法律和税务规定并核算通货膨胀率，家族基金要保障财产不缩水，投资回报率就要保持在 8% 以上。而比尔·盖茨的家族基金几年来的平均投资回报率保持在 10% 左右，主要得益于由专业投资团队进行的分散投资。比尔·盖茨的家族基金名为瀑布投资，总经理为迈克尔·拉森。

　　据说有一次，比尔·盖茨和他的夫人梅琳达·盖茨专门为拉森先生举办了一次豪华的酒会，并且要求到场的几百位嘉宾都必须穿着带有粉红颜色的衣服，因为那是拉森先生最喜欢的颜色。按照一位当时出席过这次酒会的宾客的说法，在酒会上，盖茨说了这样一番话：拉森先生拥有我完全的信任和信心，正是因为有了他，我跟梅琳达才能自由追寻让这个世界变得更健康、更美好的理想，我才能每晚都安然入睡。

　　迄今为止，除了微软的股票以外，瀑布投资采取巴菲特的价值投资方式，直接长期持有美国公司的股票，包括全美最大的垃圾回收公司之一和汽车护理服务公司之一，以及蓝筹公司的债券。还有一部分股票和债券等传统投资是通过投资其他基金实现的。瀑布投资还通过对冲基金和私募股权基金等进行另类投资。

另一个著名案例是戴尔的家族办公室 MSD Capital。

戴尔的家族办公室 MSD Capital

为了避免家族财富和所经营企业的财富过度相关，并且更好地将自己的投资分散在各类资产上，著名的戴尔电脑公司创始人迈克尔·戴尔在其公司上市后，最初通过高盛的私人财富管理部门管理他的财富。当资产规模逐渐扩大时，戴尔越发觉得需要组建一个专业的团队自行管理。为此他为自己的家族设立了家族办公室 MSD Capital。他邀请了高盛的两位高管为其筹建家族办公室，"站在他的立场"办事情，这等于把两位高盛合伙人从"卖方"变成了"买方"。他们花了较长的时间形成了一致的价值观：以长期资产增值为首要目的，在此前提下寻找有能力的资产管理团队进行投资，构建一个家族办公室 FOF 的雏形。

从 1998 年的 4 亿美元起步，如今的戴尔家族办公室在纽约、洛杉矶、伦敦均设有办公室，聘请了 100 多名全职员工，管理的资产总值估计超过 130 亿美元。其投资主要分为五大方向，每个方向都由专业团队负责，包括公开股票团队、特殊机遇团队、不动产团队、私募股权团队和合作投资团队。

建立独立的家族办公室、聘请经验丰富的职业经理人对家族资产进行集中管理和优化配置，这些做法熨平了戴尔公司业绩波动对戴尔家族财富的影响。2002 年，戴尔公司净利润的年增长率为 –42.8%，而戴尔个人财富净值的年增长率为 14.3%，金融投资赚取的利润毫不费力就可以抵销家族企业的亏损。根据更长的历史时期统计数据，家族企业的经营状况与家族办公室的投资回报之间关联度很低，很多时间段内为负相关。

该家族办公室甚至协助戴尔进行更为复杂的资本市场运作。因为公司业绩下滑、股价低迷，为避免股票市场压力过大，2013 年，戴尔在其家族办公室 MSD Capital 的帮助下，对戴尔公司进行杠杆收购，将其私有化。

一体型及控股型家族办公室

在成熟期阶段，家族财富主要源于家族办公室，即家族办公室主导家族财富的再生和延续，并逐渐发展成新的家族企业。在这一阶段，家族办公室可分为一体型家族办公室和控股型家族办公室，前者是套现分离型家族办公室的升级版，逐渐从单一家族办公室转变成联合家族办公室；而后者适用于历经多代传承、成员数量庞大且家族企业事业类型较多的家族。

控股型家族办公室是当家族创始人去世而在家族内部难以找到合适的接班人时，为了统一管理家族在企业中的股权，从而维持并巩固家族对企业的控制权而设立的家族办公室。它与管理家族可投资金融资产的套现分离型家族办公室的不同之处在于，其扮演了"家族控股公司"的角色，在家族企业中仍会起到活跃的主导作用。这种管理家族财富并集中家族企业股权和控制权的做法，特别适用于家族分支庞大、家族人员较多而又不愿意放弃对家族企业的控制权的超高净值家族。一个典型的例子是穆里耶兹家族的控股型家族办公室CIMOVAM。穆里耶兹家族拥有零售帝国欧尚集团。到 2011 年，家族共有近 800 名成员。为平衡家族利益，并激发家族内最有天赋的企业家的创业激情，家族规定，所有家族成员在创立新企业或加入家族控股公司CIMOVAM 之前都要经历严格训练。只有通过训练并经家族协会监事会批准后，家族成员才能加入家族协会，并获得他们在 CIMOVAM 中的股份。当然，家族成员持有的是 CIMOVAM 而非具体公司的股票，但每一股股票都代表其对所有家族企业股票的持有。这使得每个成员的利益都和家族利益牢牢地捆绑在一起，确保家族利益置于个人野心之上。在新投资项目出现时，家族成员共同投资，共担风险，共享收益。此外，家族还设立了一只名为 CREADEV 的私募基金，用来支持家族成员的创新行为，为家族成员开创新事业提供资金支持。目前穆里耶兹家族已拥有 16 家公司，包括家族成员的创业公司和收购的外部公司。通过家族协会，穆里耶兹家族控制了家族企业 87% 的股权，传承了欧尚和迪卡侬等世界 500 强企业，财富规模在法国排名第二位。

"到底归谁管呢？" —— 家族办公室的监管

从 20 世纪 80 年代开始，随着全球中产阶层的扩大和超高净值家庭财富规模的剧增，家族办公室已经越来越成为超高净值家庭实现财富传承的主流选择，家族办公室也因此成为家族财富的守护者。针对这些机构的监管也越来越被纳入到各个主权经济体的法律框架之内。各个主权经济体，根据其经济发展成熟程度以及法律体系的不同，对于家族办公室这种财富管理的形式采取不同的监管方式，从几乎没有监管，到形成了比较健全的法律体系和条文。

在美国的法律体系下，单一家族办公室和多家族办公室的监管有所区别。在传统上，家庭办公室由于涉及向客户提供投资建议，被美国证监会认定为投资顾问，并因此受到《1940 年投资顾问法案》（简称 1940 年法案）的监管。该法案认定的投资顾问只能向少于 15 名客户提供投资建议，否则需要向证监会注册并接受其监管。2010 年，为解决华尔街在金融海啸中暴露出的业务风险和透明度问题，以及重振华尔街在国际金融市场中的地位，在美国总统奥巴马的大力推动下，美国国会通过了《多德–弗兰克华尔街改革和消费者保护法案》。2011 年，美国证监会正式颁布了《家庭办公室条例》。新的条例取消了"少于 15 名客户"的限制，只要家族办公室符合在结构上仍被家族成员控制、服务客户限于家庭成员等条件，就可以豁免被定义为投资顾问，因此也豁免受 1940 年法案的监管。但多家族办公室由于涉及大量的公众客户，并不适用该条例，仍受美国证监会和 1940 年法案的监管。

在中国香港，如果家族办公室只面向自己的家庭成员，或者面向家族以外的客户、但并不在香港境内提供投资顾问服务，也可以豁免香港证监会的监管。但如果在香港本地对家族以外人士提供投资顾问服务或资产管理服务，则会受到香港证监会的监管，并需取得相关的业务牌照。这种取得监管牌照的机构，也具有更高的信誉。阿里巴巴集团的联合创办人蔡崇信在香港设立的家族办公室 Blue Pool Capital 就取得了香港证监会发出的第 4 号牌照（就证券提供意见）、第 5 号牌照（就期货合约提供意见）和第 9 号牌照（资产管理），共同管理蔡崇信家族和马云家族的资产。

目前，中国的家族办公室仍然处于业务发展的早期阶段，尚未出现专门针对家族办公室业务制定的监管法律。随着这些业务的继续开展与家族办公室业务的不断扩大，未来很有可能会出现专门针对家族办公室的监管法案以及相关牌照。

家族办公室在中国

家族办公室作为一个比较新潮的财富管理机构，不仅提供传统的财富管理服务，还提供家族治理、行政管家及精神传承等定制服务。随着中国超高净值家庭的财富不断积累，对家族办公室的需求也在快速提升。接下来，我们从家族办公室在中国的现状、面临的问题，以及未来的发展等几方面展开探讨。

在讨论中国之前，我们先来看一下家族办公室在全球的情况，根据有关统计资料，截至 2016 年，从家族办公室资产管理规模来看，欧洲的家族办公室管理的资产总规模排名第一，占全球的 40%；北美次之，占比 34%；随后是亚太地区，占比 16%；世界其他地区占比 10%。从家族办公室的平均资产管理规模来看，北美地区家族办公室的平均资产管理规模为 9.26 亿美元，排名第一；欧洲为 8.75 亿美元，排名第二；新兴市场排名第三，平均资产管理规模 7.24 亿美元；亚太地区排名第四，平均资产管理规模 4.31 亿美元。从全球家族办公室收取的费用来看，新兴市场费率最低，为 0.7%；之后是北美地区，费率为 0.96%；然后是欧洲地区，费率为 1%；亚太地区最高，为 1.15%。从经济绩效，也就是家族资产管理的平均年化收益率来看，欧洲以 6.4% 排名第一；亚太地区以 6.3% 紧随其后；北美地区以 5.8% 排名第三；新兴市场则为 4.9%。

国内家族办公室发展的现状

超高净值人群的需求复杂度远远高于一般的高净值人群，这使得他们有很强的动力选择更加专业的机构。因此，他们愿意支付高额的费用选择家族办公室这一全新的模式，他们认为只有私人定制式的、多样化的专业服务才能够匹配他们日益增长的需求。结合 2017 年惠裕全球家族智库发布的《中国本土家族办公室服务竞争力报告》和招商银行与贝恩公司联合发布的《2015年中国私人财富报告》，我们可以看到中国财富家庭日渐成熟的财富管理需求。与之相对应，国内的家族办公室顺势而生，而且在不断地向成熟财富管理市场的家族办公室看齐。

国内财富家庭选择家族办公室的原因

面对日益多元化的需求，超高净值人群更加愿意选择专门为其提供的、个性化的、全面的服务，这样可以省去与各个机构沟通的成本，还能更好地保护个人及家庭的隐私。同时我们发现，不少家庭从传统机构转向家族办公室不仅意味着家族办公室的模式会对客户形成某种吸引力，也说明传统机构的服务并没有很好地满足客户不断变化、复杂度逐渐增加的需求。家族办公室模式在国内的推行增强了财富管理市场的竞争态势，也会促进传统机构改善服务模式、提升服务质量。

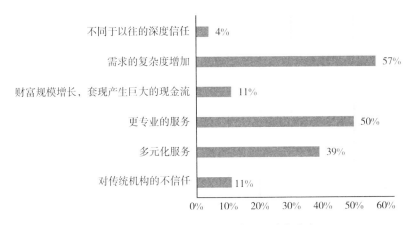

图 3-1 选择家族办公室的原因（多选）

资料来源：2017年惠裕全球家族智库发布的《中国本土家族办公室服务竞争力报告》

顺应超高净值个人和家庭的需求，我们发现国内的家族办公室在理念、商业模式等方面具有一些共性，并试图与传统财富管理机构形成差异化竞争。首先，大多数家族办公室设立的宗旨是更好地满足高端客户的个性化、定制式需求，为客户提供比传统财富管理机构或私人银行更精准、更专业、更私密的服务。其次，家族办公室在商业模式上，以服务客户为导向，为客户提供独立的财富管理建议，逐步摒弃销售佣金模式而坚持买方经纪人的经营模式。最后，家族办公室力求通过深度挖掘客户需求，提供综合性、一站式的全面财富管理解决方案。

国内家族办公室的客户需求分析

作为专为超高净值个人及家庭提供定制化服务的家族办公室，通过观察，我们将它们的功能配置主要分为三大部分，分别为财富管理、家族治理和行政管家。

财富管理——传承、安全、私密

根据《中国本土家族办公室服务竞争力报告》，在财富管理的范畴里，配置比例最高的功能是"代际传承"，配比高达93%！这与我们之前分析的超高净值人群的主要需求是一致的，首先，这一人群的普遍可投资资产规模为1 000万—5 000万元人民币，甚至更高。他们本人拥有非常强的"创富"能力，因此他们对财富的保值增值和家族的发展延续的重视程度远远超过财富本身的快速增长。

同样高居榜首的配置是"税务统筹"，配置比例同为93%。其后是"风险管理和保险"功能（配置比例为89%），这可以解释为什么家族办公室通常拥有相当多具有信托和律师背景的人员以及这方面的机构资源。家族办公室在中国作为一种新兴且快速成长中的财富管理机构，它们需要从不同于传统金融、投资和财富管理的角度确立自己的核心竞争力。

家族治理——财富家庭单一需求的多元化转变

从功能配置率来看，家族治理不如财富管理配置高，但越来越多的家族办公室开始提供这一服务。这也体现了超高净值家族从单一投资需求向综合需求的意识转变。这些多元化的服务也是家族办公室与其他财富管理模式相区分的重要特征。在国内家族办公室服务的客户中，76% 的客户至今仍然运营着家族企业，在服务企业家的个人和家族的财富管理需求的同时服务他们拥有的企业，应该也是这些家族办公室的目的。在家族治理中，"合规和监管支持"是最重要的功能，79% 的家族办公室提供此类服务。

行政管家——"享富"的价值观

在中国，对于仍是由第一代财富创造者主导的大多数超高净值家庭来说，行政管家功能并不是主要需求。除了"留学与移民规划"和"日常法律顾问"这些较为常见的功能的配置率较高之外，其他管家服务功能的配置比例仍然较低。但是，在国外，"家庭收支管理"和"生活管家服务"都是家族办公室服务中非常重要的内容，国外的财富家庭经历数代的财富传承之后会更多地考虑有效地享受和传承财富，这与我们开篇强调的在生命周期内保持平滑的消费曲线，获得最大的满足相吻合。目前，更多的国内财富家庭注重的是"创富"和"传承"。

与此同时，我们欣慰地发现"精神传承"功能也得到了家族办公室的重视，而且根据《2015 年中国私人财富报告》，越来越多的高净值人士已经开始注重精神上的传承，其中65% 的高净值人士认为"精神传承"是家族财富传承中最重要的部分，而仅有 58% 的高净值人士将"物质财富传承"列为首位。这也让作者不禁再次想起财富的本源。虽然物质财富对家族的发展和延续具有重大影响，但能够真正保持家族基业长青的是经过一代又一代历练而形成的家族精神。

国内家族办公室发展面临的问题

用户人群的观念

中国改革开放 30 余年，先富起来的一批人仅在十多年里便迅速地完成了财富积累。在这令世界惊叹的结果背后，超高净值和高净值人群依旧沉浸在创富的"加速度"里，并没有普遍认可财富管理、财富传承、企业传承、家族治理等对家族长久发展的重要性。同时，国内家族企业的创始人在面对如后代创办的企业时习惯持有大部分的公司股份，往往将企业资产与家族资产混同，这会妨碍家族全面资产负债表的规划和顶层设计。

其次，我国根深蒂固的"农耕"烙印和"财不外露"的观念，让国内大部分的财富家庭很难下决心将全部财产交由他人管理。而西方世界的"创富"文化鼓励人们公开追求财富和创造财富，深厚的财富管理文化使得西方人认为财富创造和财富管理应在一定时候自然分开，将财富交由专业机构管理是再自然不过的事情。

行业初期的原始特点

由于家族办公室，甚至财富管理行业在我国尚处于发展初期，在这段放肆生长的阶段，杂草也跟着丛生起来。由于对于家族办公室的监管尚未建立，而且行业缺乏自律，一些家族办公室因为收取单项管理费，甚至从合作机构处赚取代理费，而沦为高级销售，更不要提对客观需求进行深度挖掘。这样的商业模式会给家族办公室行业带来直接的伤害。另外，法制建设不完善、专业人才匮乏也成为国内家族办公室发展面临的障碍。同时，受外汇管制的影响，国内家族办公室无法对家族企业的海外资产进行管理，针对家族资产的全球配置能力也受到限制。

国内家族办公室的未来

随着建立家族企业的第一代创业者普遍进入 55—75 岁的年龄阶段，家族企业中的交接班大潮即将到来。同时，面对当今经济增长放缓、产业转型升级以及竞争越发激烈的商业环境，国内家族企业需要应对的挑战也越来越多，包括权力交接、企业治理、调解商业战略的代际分歧、传承家族文化和价值观等。而这些挑战也正是家族办公室进一步发展的机遇。未来国内家族办公室应从家族需求出发，高效整合和利用金融、家族、人力和社会资源，从全局和长远角度为家族事务提供解决方案。与此同时，随着财富管理逐渐成为社会普遍意识，配套的法制建设和诚信体系日趋完善，如何有效管理自己的财富、在保值增值的同时完成财富的传承必将成为国内高净值人群关注的焦点。如果中国式家族办公室能够在前进中不断自我完善、自我更新、自我调整，必将迎来更加繁荣的发展。

超高净值人群与高净值人群对于财富管理有 4 个基本的需求，即增值保值、财富安全、有序传承、慈善规划。目前，国内家族办公室的核心业务主要围绕保值增值展开，在其他功能方面，形式作用大于实质作用。然而，市场调研得到的数据显示，对于客户来说，资产的保值增值固然重要，但相对于财富的安全和传承来说，前述需求必然退而居其次。保值增值是"锦上添花"，而财富的安全与传承却是关系"从有到无"的根本性大问题。随着客户需求侧重的日渐明确，家族办公室的经营理念会从"以投资理财为导向"转向"综合服务保障型"，回归家族办公室真正的作用与意义。[3]

目前，大部分的家族办公室由投资经验丰富的投资人或财富管理机构创办，它们的核心竞争力源于独特或创新的投资能力。随着客户需求向多元化发展，由投资、法律、会计、保险、信托、医疗、教育等领域联合创办的、多元功能的家族办公室将会成为常态，而"投资主导型"家族办公室存在的利益冲突问题也会逐步得到解决。

具体来说，未来家族办公室可以在以下几个方面为家族客户提供更深入的服务。

解决家族所有权与企业经营权高度重合的问题

家族企业是家族财富累积的最重要平台，也是家族安身立命的原点，所以，家族企业的健康稳定持续发展对家族来说至关重要。在家族企业中，家族所有权与企业经营权高度重合这种现象非常普遍地存在着，企业内部治理也往往演变成家族成员之间的权力分配与制衡。这样的企业治理结构存在许多先天的缺陷，并不利于企业的长远发展。家族办公室可以通过对公司股权结构进行重构，引入法律架构或金融工具对企业控股，并指定家族成员为受益人，使其享受设计架构下的利益。如此可以实现家族所有权与经营权的分离，同时保证企业创造的财富依然可以流转至整个家族。

深入了解家族各位成员的需求，解决代际冲突

代际隔阂古今中外都存在，而在目前中国的财富家庭中尤为突显。我们在前文中提到，根据作者在课堂上的统计，约有 40% 的第二代表示坚决不接管家族企业，希望另辟蹊径。面对这样的情况，家族办公室应该充分发挥挖掘家族成员需求的能力，解决第一代与第二代之间的冲突。通过家族治理，统一并凝聚家族力量。

支持家族创新，实现真正意义上的传承

面对缺乏接班人的家族企业，家族办公室需要未雨绸缪，通过法律和金融架构的搭建保持企业所有权在家族内部的传递，同时帮助家族物色职业经理人以保证家族企业的平稳运营。如我们之前所述，家族不断创新与奋进的精神财富比物质财富更需要，因此家族办公室应帮助家族对第二代的发展给予教育、资金、战略上的支持，发挥第二

代的创新创业精神，从而实现家族真正的传承。

同时，我们期待我国针对家族办公室立法，并确立监管机制。未来，在经历了奖优逐劣的洗牌发展后，市场上将形成跨行业的新型财富管理的良性体系。

家族信托

家族信托的概念及分类

信托制度起源于英国，兴起于欧美，如今活跃在离岸市场。实际上，在中国文化 5 000 年的发展历史当中，有很多关于信托文化的非常好的案例，典型的如春秋时期的赵氏孤儿、三国时期的白帝城托孤……清末民初的盛宣怀家族的愚斋义庄制度、李经方家族的五代传承架构以及曾国藩家族的无形资产有形转化等案例，对今天的家族财富传承更是具有重要的借鉴意义。我们在介绍家族办公室的时候也多次提到了家族信托，它与国内这些年盛行的投资理财信托产品，是两种相差甚远的金融工具。家族信托一直受到高净值和超高净值人群的青睐，因为其具有个性化和灵活定制的特性，从而可以设计出满足各种需求的信托计划。在成熟市场，家族信托是最常用的财富传承工具，超高净值家庭通常将家族信托作为具有资产风险隔离、合理避税、防止后代挥霍等功能的个性化的财富传承工具。

家族信托到底是什么？有什么优势？需要怎样设置？在中国应用得如何？别着急，我们一一来了解。

家族信托与投资理财信托产品有什么不同？

家族信托是以个人作为委托人，将家庭财富转移给受托人（可以是自然人，也可以是信托机构）持有，同时指定信托的受益人，受托人根据信托协议的要求、按照委托人的意愿、为受益人的利益或特定目的，管理或处置信托财产，从而实现对财富的管理和传承。正因如此，家族信托是一种能够满足财富转移、遗产规划、税务策划、婚姻财富管理、子女教育、家族治理、慈善事业等各种财富家庭需求的工具。

与市面上的投资理财信托产品不同，家族信托最大的特点就是在保障私密性的同时，具有非常强的资产隔离和避税的功能。具体来说，两者的主要区别有5点。首先是可投入的资产：家族信托可投入的资产包括现金、企业股权、有价证券、不动产、艺术品、古董、保险等；而市面上的信托产品都是以现金投入。其次是信托条款的设计：家族信托条款根据委托人的自身特点及需求进行设计和订制，具有高度定制化的特点；而市面上的信托产品的条款都是由信托公司设计的统一格式化条款。第三，设立的地点不同：目前的家族信托一般都是在境外设立，按照英美法系下的信托制度设立；而市面上的信托产品可以在境内设立。第四，期限不同：家族信托是较长期的信托安排，期限一般至少几十年，甚至不设到期限制；而市面上的信托产品期限较短，一般为数月到几年。最后，设置的主要目的不同：家族信托作为家族财富传承的工具，在保障私密性的同时具有资产隔离以及避税功能；而市面上的信托产品是以销售理财产品和吸引投资为目的，并没有财富传承功能。

为什么信托会如此灵活？这与信托的发展历史密不可分。作为一种财产转移及管理制度，信托的历史最早可以追溯到13世纪的英国。

骑士在出征之前，担心如果自己在战场上牺牲，妻子和未成年的孩子无法得到保障。为了使财产免遭恶人侵吞，信托制度应运而生。骑士会把自己的田产赠给教会，教会作为受托人拥有田产，而受益人则是骑士指定的家人。所以，最早的信托起源于非营利性民事信托。1925年，《法人受托者》条例颁布后，由法人办理的以营利为目的的信托才真正开始。民事信托制度的确立始于英国，且受托财产多为不动产，所以相较于其他国家，英国的土地信托更为普遍。

18世纪末到19世纪初，民事信托传到了美国。但美国人一开始就把信托作为一种生意来经营，通过公司组织的形式大范围地运作起来。所以，在很短的时间内，美国就完成了向法人受托和营业信托的转移，其进度比英国快了将近80年。尽管银行是美国信托业务的最重要参与机构，为了保证各家银行不滥用自己获得的客户信息从事不正当的竞争，美国法律严格规定，普通业务和信托业务必须在银行内部严格分离，实行分别管理、分别核算。美国各州也都有自己的独立信托法律，从而最大限度地降低信托机构在全国范围内的垄断竞争，这也造成了各州的信托业法规各具特色。[4]

日本的信托业源于欧美，起步虽晚但是发展迅速。"二战"后，日本的信托公司为了摆脱经营困境，通过兼营银行的模式，在形式上转化成了银行。信托银行成立之后，又通过法律捋顺银行和信托银行之间的关系，规定所有的银行必须把原来兼营的信托业务交给信托银行管理，而信托银行则以信托业务为其主营业务。严谨而又健全的监管体系，使得日本的信托业有章可循、有法可依，也使得日本的信托业迅速发展起来。[5]

在中国，信托业的发展历史只有十余年。2001年4月28日，全国人大常委表决通过了《中华人民共和国信托法》。但家族信托业务的开展并不顺利，多数信托公司以"银信合作"为主，销售资金信托产品，充当影子银行的角色。直至 2014 年 8 月 4 日，中国银监会发布《中国银监会办公厅关于信托公司风险监管的指导意见》，首次明确提出"探索家族财富管理，为客户量身定制资产管理方案"的指导意见。所以，真正意义上的家族信托和民事信托在中国的实践是在近两三年才开始的，并且是以现金为主的信托资产类型。北京银行联合北京信托、中国社科院和中央财经大学发布的《中国家族信托行业发展报告 2016》指出，截至 2016 年，中国境内已有 21 家信托机构，还有 14 家商业银行开展了家族信托业务，家族信托规模约为 441.8 亿元。展望 2020 年，中国本土的家族信托规模可达 6 275.5 亿元。[6]

如果说信托制度的建立是因为人们对于财富传承的需求，而信托结构是为保护受托资产而设计，那么将这个工具的作用发挥到极致的就数洛克菲勒家族信托了。我们之前提到了洛克菲勒家族办公室，但是家族办公室也是依托家族信托的资产而建立的。不过在这里，作者还想再次强调财富的本源，因为洛克菲勒家族之所以仍是美国富豪的典范，打破"富不过三代"的魔咒，同时没有引发任何财产之争，除了拥有严谨的信托机制看守家族财富和促进传承外，家族精神也是至关重要的。

洛克菲勒家族信托 [7]

老洛克菲勒是世界上第一个亿万富翁，他的财力在当时无人能及。1937 年，老洛克菲勒辞世，留下了外界估值达 14 亿美元的财富，相当于当年美国 GDP 的 1.5%。

由于信奉基督教，老洛克菲勒一生勤俭，而且乐善好施。每获得一笔收入，他都会把收入的 1/10 捐给教会，直到去世。为了防止孩子挥金如土，在孩子成年前老洛克菲勒不让他们知道自己身处豪门。老洛克菲勒将自己毕生的工作经验毫无保留地传授给了儿子，并且教会他如何知人善用、如何成为出色的领导者、如何将信誉与资本结盟、如何面对金钱、如何善待此生。老洛克菲勒对待财富的态度深刻影响了家族后代，他把财富和慈善事业传给了家族后代，含着金汤匙出生的洛克菲勒的后代们也不负众望地成为家族财富接力棒的传递者。目前，洛克菲勒家族已传承到了第六代，却依然在全球各行业扮演着"中坚力量"的角色，打破了"富不过三代"的魔咒，而这其中，洛克菲勒家族信托功不可没。家族信托使洛克菲勒家族的财产不会面临控制人婚变而引发的股权纷争、股价震荡，甚至企业瘫痪等灾难性风险。家族信托不仅保住了洛克菲勒家族的庞大资产，而且对于其子孙后代来说，巨大的财富也不会使他们受到迷惑和压迫，反而变成一种社会责任感和支持其维系家族事业的动力。

公开资料显示，1934 年，小洛克菲勒作为委托人，在他 60 岁的时候第一次设立了家族信托，受托人是大通国民银行，受益人为妻子和 6 个孩子。之后，在 1952 年，他又为孙辈们设立了信托，受托人是信诚联合信托。每份信托的本金自动传给他的孙辈，信托生效之时他即丧失注入资产的所有权。而后，小洛克菲勒又另外设立了一个由 5 个人组成的信托委员会，给予他们对资产的绝对处置权。受益人在 30 岁之前只能获得分红收益，不能动用本金，30 岁之后可以动用本金，但要征得家族信托委员会的同意。

我们注意到，小洛克菲勒在其信托架构中设立了一个由 5 个人组成的信托委员会，其权力包括有权指示受托人按其指令行动，以及在信托委员会投票一致通过的情况下更换受托人。

即使受托人在信托协议中被授予处置信托资产的权力，信托委员会依然可以秉承委托人的意志并贯彻执行，从而使财富能够更好地传承。同时，家族信托也是有效传承企业股权的工具之一。公开资料显示，小洛克菲勒在 1934 年设立的信托是通过公司的股票和房地产实现的。股权作为信托财产登记在受托人的名下，家族成员仅作为信托的受益人享受信托的分配，后代无法对这些股权进行分割。这保证了股权的完整性，避免了家族失去对公司控制权的风险。

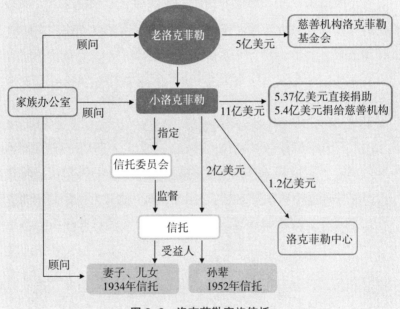

图 3-2　洛克菲勒家族信托

在严谨、科学、符合家族精神的信托架构的护航下，洛克菲勒家族主动打破家族企业的最大弊病，即子承父业造成企业阶层流动僵化。老洛克菲勒退休时，并没有将宝座传给儿子，而是让基层员工出身的阿奇博尔德接任自己的位置。此后的洛克菲勒家族后代，只有能者才可以参与企业管理，一切凭实力。

这也就是为什么到了第三代，洛克菲勒家族仍然人才辈出。每一代洛克菲勒都在各自感兴趣的领域独创了一番事业，比如第二代洛克菲勒投资商业地产；第三代则是金融家，开创风投先河；第五代洛克菲勒是一位出色的艺术家。实际上，家族股权作为信托资产，名义上已经脱离洛克菲勒家族的实际控制，由信托持有并独立运作，这样既能保证财富的所有权不旁落，同时也能对社会公益事业有所资助。

家族信托的优势

家族信托是最出色的财富传承工具。国际顶尖企业当中，家族企业占到 50% 以上，它们中的大多数通过设立家族信托基金控制家族企业的传承。家族信托的优势具体是什么呢？根据成熟市场的实践以及家族信托制度原理，家族信托的主要优势有以下几点。

财产隔离保持独立

根据信托制度原理，委托资产的所有权将交于受托人即家族信托的管理者或机构，将独立于委托人与受益人，从而保证委托资产可以实现有效的隔离和独立，委托人和受益人的变故不会导致资产流失。

合理避债

以经常可以在电视剧中见到的情境举例，善良惹人喜爱的女主角因为父亲生意失败，原本富裕的生活变得拮据艰辛。可是她依旧奋进，并进入了金融领域发展，发现如果之前他的父亲知道家族信托可以有效隔离个人财产与公司财产，即便公司申请破产，信托财产也可免受追诉。此时，观众不禁惋惜如果女主角的父亲早知道家族信托的好处就好了。在实践中，我们发现很多"富一代"已经开始筹划，早已将房产和部分资产放入家族信托中，由信托公司代为管理，从而保证子女的生活质量免受个人公司财务纠纷的牵连。

有效节税

很多富裕家庭也通过设立家族信托为资产传承节税。我们提到的洛克菲勒家族信托就是一个非常典型的例子。无论是公司股权还是其他资产，一旦装入家族信托，就意味着家族成员对其丧失了法律上的所有权，日后无须缴纳高额的遗产税。拥有凯悦酒店集团的富裕豪门普利兹克家族的创始人，设计了 1 000 多个彼此毫无联系的家族信托持有家族财产。通过这种方式，信托的收益转换成了资本和资本增值，而信托创立人在为受益人创造价值的同时，又节省了信托资产转移中的赠予税。普利兹克家族创始人去世前，将价值十几亿美元的家族财产转移到了众多离岸信托中，只留下 25 000 美元的财产。尽管美国国税局宣称普利兹克家族应向政府缴纳 5 320 万美元的税款，但是由于国税局也无法调查清楚这些结构复杂的信托究竟控制了多少家族资产，其家族最后缴纳的税款连同利息仅为 950 万美元。

避免家产外流

我们以世界传媒大亨默多克与邓文迪的离婚案为例。默多克通过 GCM 信托公司设立并运作家族信托，默多克家族持有新闻集团近 40% 的股票，其中超过 38.4% 的股票由默多克家族信托基金持有，受益权人是默多克的 6 个子女。默多克与前两任妻子的 4 个子女是这个信托的监管人，拥有对新闻集团的投票权；而默多克与第三任妻子邓文迪的两个女儿仅享有受益权而无投票权。这样新闻集团的控制权就牢牢地掌握在默多克家族的手中。最终，邓文迪只分到价值约 2 000 万美元的资产，与默多克 134 亿美元的总资产相比简直就是九牛一毛，离婚之事丝毫未影响新闻集团的资产和运营。在这背后起作用的正是家族信托的力量，当然也有默多克第二任妻子安娜·托芙 17 亿美元

"分手费"的功劳。

财富传承方式灵活

家族信托可以根据委托人的要求灵活设置各种条款，如设立期限、资产配置方式、突发情况下财产的处置方式等。但这些条款也并非一成不变，可根据事先约定在信托存续期内进行调整。此外，家族信托的设立期限通常都比较长，甚至还有无限期信托的存在。从理论上讲，设立一个家族信托，其收益可以涵盖好几代人。

戴安娜王妃的遗嘱信托 [8]

1993 年，戴安娜王妃立下遗嘱，遗嘱中约定将她 1/4 的动产平分给自己的 17 名教子，而另外 3/4 的财产则留给威廉和哈里王子，但必须要等到他们 25 周岁时才能继承。1997 年 12 月，戴安娜的遗嘱执行人向高等法院申请了遗嘱修改令，修改了部分条款的细节，将王子们支取各自 650 万英镑信托基金的年龄由 25 岁提高到 30 岁，年满 25 岁时可支配全部投资收益，而在 25 岁之前只能支取一小部分，并且要获得遗产受托人的许可。戴安娜于 1997 年猝然离世后，留下了 2 100 多万英镑的巨额遗产，在扣除 850 万英镑的遗产税后，还有 1 296.6 万英镑的净额。经过遗产受托人多年的成功运作，信托基金的收益估计已达 1 000 万英镑。通过信托协议的有效设置，在避免王子们过早拥有巨额财富、实现继承人教育的同时，信托的收益又使戴安娜王妃的"母爱"荫蔽两个儿子，惠及儿媳和后人。

保护股权，促进传承

在设立家族信托时，委托人可以在信托协议中设立家族财产不可分割和转让或信托不可撤销的条款。当家族财富传承涉及的受益人过多，如到孙辈甚至重孙辈时仍按遗产分割法传承，家族企业的股权或将散落到数十个亲属股东手中，松散的股权可能令家族企业的所有权面临极大挑战。例如，东亚银行的股权曾因其大股东李氏将控股权分配给了众多的家族成员而被稀释，从而遭遇了其他财团的狙击。相比之下，上市企业雅居乐则利用家族信托成功解决了股权分散的窘境。内地企业雅居乐上市之前，股权松散。为完成赴香港上市的目标，陈氏将分散的家族股权集中注入一间名为 Top Coast 的投资公司，以其作为陈氏家族信托的受托人，陈氏五兄弟及创始人妻子陆倩芳为受益人。目前，Top Coast 仍拥有雅居乐地产 60.8% 的股权，是其第一大股东，能够直接参与股东大会和董事会的决策。陈氏家族通过家族信托实现了股权集中。

保护家族隐私

家族信托下的受益份额及资产配置不会向公众公开，因此家族财富分配的隐私得到了严格保护。例如，企业上市之后需向公众披露股东信息，但若通过信托持股则能最大限度地保护股东的隐私。通常情况下，招股书或者公司财报上只会显示信托的成立人和受托人，除非信托受益人在董事会或者高管名单中，否则受益人的信息不会被披露。

家族信托的分类

根据客户的个性化需求、委托信托财产类型和信托目的，可以将家族信托分为三大类：首先根据客户个性化程度的差异，可细分为高净值客户的个性化、私人定制化家族信托与高净值客户某一领域需求的标准化家族信托；根据信托财产类型，可细分为资金信托、不动产信托、股权信托、艺术品信托及事务管理类信托；根据信托目的，又可细分为家族财富传承信托、企业股权信托、子女教育及职业规划信托、遗产信托和婚姻资产保全信托等。

家族信托的设立

在了解了家族信托的优势和种类之后，你肯定会想知道设立一个家族信托的流程是怎样的，在设立的过程中需要注意什么。

家族信托的一般架构

首先，设立家族信托需要确保该信托的有效性。对于"有效性"的解读，一是家族信托的设立要符合我国法律的要求，家族信托在未来不会被司法机关判决无效或者撤销；二是家族信托的设立要符合当事人特别是委托人的意愿，家族信托能够顺利运行并且要有"效果"。

通常来说，一个家族信托的基本结构如图 3-3 所示：

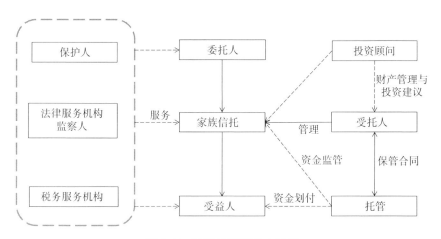

图 3-3　家族信托的基本结构

根据结构图我们可以直观地看出，家族信托的核心结构由家族委托人、受托人、受益人外加托管机构组成，此外，通常还会设"保护人""监察人""投资顾问"等角色满足委托人的需要。在此我们花一些时间详细地剖析一下每个参与者，他是谁？他的主要功能是什么？

委托人：委托人是信托的创立者，可以是自然人也可以是法人。

委托人提供财产，指定和监督受托人管理和运用财产。家族信托的委托人一般都是自然人。

受托人：受托人根据信托合同为受益人的利益承担管理、处理信托财产的责任。持有和管理信托资产的受托人必须对信托相关资料保密，履行尽职义务，遵照相关法律，为受益人的最大利益做事。一般受托人都由独立的信托公司担当，在境外也可以是家族成员自己成立的私人信托公司。

受益人：由委托人指定，根据委托人意愿获得相关资金或收益的分配。在某些条件下，委托人也可成为受益人。在家族信托中，受益人一般都是委托人的家族成员。

保护人：主要维护受益人的权益。例如，设立信托的委托人已经离世，受托人仍对信托财产有着相当的支配权力并存在损害受益人利益的行为或倾向时，或受益人尚且年幼或难以用法律有效捍卫自身权益时，保护人可以制衡受托人的权力。通常情况下，保护人的作用在离岸信托中更容易凸显。

监察人：为了使家族信托更好地按照委托人的意愿执行，家族信托的委托人可以指定信得过的人作为家族信托的监察人。监察人被委托人赋予各种权利，如更改或监管受益人等。监察人可以是律师、会计师、第三方机构等。

投资顾问：在英美两国的实践中，家族信托的基本职责是对财产进行规划、保护与传承，所以为了更好地进行资产保障工作，受托人一般会选择最大限度地降低风险，因此他们不会擅自或不被允许对资产进行投资。通常，如果委托人有资产增值的需求，则由委托人选择聘请不同的投资顾问打理信托财产，使信托财产保值增值。投资顾问可以是银行、资产管理公司等。

家族信托的设立步骤

家族信托本质上是一个极为复杂的、特定的法律架构，而且信托协议、条款的科学性和严谨度也影响着家族财富是否可以顺利传承，能否基业长青。因此，委托人需要非常慎重地思考，并选择专业的律师或机构作为设立家族信托的专业顾问。具体而言，家族信托的设立可以分为三个阶段。

第一阶段：明确需求，制定方案。

在这个过程中，委托人需要向律师或者专业机构明确自己的需求，制定设立家族信托的方案。在本阶段，委托人需要确定以下事项。

第一，明确设立信托的目的。可能包括家族传承、婚前财富安排、合理避税、减少家族内耗、激励家族后代、为后代提供基本保障、海外上市和并购、海外资本运作、移民等目的。

第二，明确信托的资产类型。在成熟市场上，家族信托可持有的财产没有限制，只要信托财产的所有权能够被转移即可。可持有的资产可能包括现金、有价证券、不动产、保险单、版税，以及其他无形资产等。目前的中国法律并未对房地产、股权等资产装入信托过程中的税务处理等实际操作细则进行明确，因此，国内的信托资产主要是现金。

第三，选择信托设立地点。家族信托地点的选择将会影响信托的效果，从而决定委托人的目的是否可以达到。由于境内外对信托资产有着不同的法律规定，过往的多数超高净值家庭将它们的家族信托设立在境外，比如知名的避税天堂开曼岛、英属维尔京群岛，以及中国香港和新加坡等地。但是，在境外设立的家族信托很难受到国内司法的充分保护，一旦陷入纠纷，可能引起严重的法律后果。委托人需要充分了解当地的信托法和法律环境，并考虑自己所在国法律的相关规定，从而避免信托被事后认定无效或者产生不必要的纠纷。

第二阶段：选择受托人并设立信托。

第一，选择受托人必须综合考虑各方因素。受托人的专业性及可靠性是最重要的。必要时可以进行多受托人的安排，以便互相制约和监督。不过要注意明确主要受托人和次要受托人之间的责任和权利，以免影响信托财产管理运作的效率和安全性。面对众多有资质的受托人，可通过律师选择规模比较大、历史悠久、信誉较好的受托人。

第二，对委托人进行财产调查。受托人根据委托人的要求，对于信托委托人及受益人的身份、信托财产权属及状况、委托人债务、离岸家族信托设立地法律及案例等进行核实，并且依照当地的信托法对信托财产的合法性进行认真仔细的审核，以保证信托财产设立的有效性。

第三，制定并签署信托协议以及相关合同。根据委托人意愿、尽职调查相关材料、与受托人的接洽及谈判，草拟家族信托协议，具体内容包括约定信托设立地点、资产注入类型、受益人的收益分配比例、受益权转让、受益人与其亲属任职企业的相关规定、关联交易限制、交接规定、决策权的行使与交接规定、解散期限、平衡家业发展与家族成员私利的需求等。亦可增设各种个性化的需求和灵活的设置，如激励措施、增加委托人与受托人共同管理资产要件、增加受益人的决策权、明确解散期限、设置与限制解散条件等，从而综合考量或平衡各方利益，最终签订信托合同。

第三阶段：设立信托后的信托管理。

第一，进行信托财产的转移与登记。根据信托合同，委托人将信托财产如现金移转至受托人控制下的独立账户。委托人信托财产的移转及受托人针对独立账户进行监管是家族信托设立的核心和关键。

第二，根据有关协议，受托人应与其他机构开展协作，包括与为家族信托提供中介服务的会计事务所、评估机构、公证机构等进行协作。

第三，信托设立后提供法律支持。因为家族信托的期限往往很长，期间委托人的财产状况或意愿等因素可能发生变化，需要考虑委托人对信托合同或方案设计进行修改的可能性，如在信托存续期间变更受益人、增加信托资产、改变收益分配、增设信托条款、增加或变更财产保护人等，就此，受托人应为委托人提供法律咨询意见。

家族信托并非万能

家族信托作为一种重要的财富传承工具，因与一众名门望族结缘而不断创新发展。不仅是洛克菲勒，肯尼迪家族、默多克、李嘉诚等背后都有家族信托的身影。不少家族控制的知名企业，例如李嘉诚的长江实业、李兆基的恒基地产都已经放置于家族信托之中。

信托的优势我们不再重复，但其实每一项优势的实现都是有条件的。我们看到洛克菲勒家族，使其在岁月的浪潮里稳稳地踩在冲浪板上在浪尖驰骋的，是在家族信托之上的、勤奋上进、不骄不傲、乐善好施的家族精神。因此，能将这一工具的作用发挥至极致，需要委托人怀有极大的善意。

具体到家族信托的功能，信托并非万能体现为以下几个方面。

债务隔离功能

并非所有的信托都能够实现债务隔离。对于可撤销信托（在我国，指委托人保留解除权的信托）和自益信托（指委托人同时是唯一受益人的信托），信托财产依然会被视为委托人的责任财产，可以用来偿债。即使是他益信托，也需要在一定条件下才可以达到债务隔离的目的。

《中华人民共和国信托法》第12条规定，委托人设立的信托损害其债权人的利益时，债权人有权申请人民法院撤销该信托，如果信托损害了债权人的利益，即使是他益信托，债权人也有权申请撤销该信托，信托失效后，原有的信托财产即可用于偿债。此外，如果信托目的违反法律、行政法规或者损害社会公共利益，或者委托人以非法财产设立信托，则信托无效。这些情况都有可能导致信托财产的独立性被打破，信托财产重新归为委托人的责任财产。

私密保障功能

信托在通常情况下是不可能对外界公开的，但在一定情况下或多或少会为公众所知。例如，如果信托在实施过程中发生纠纷并陷入诉讼，信托细节便会通过法院的判决书透露给公众，王永庆、梅艳芳的信托细节就是以这种方式被披露出来的。其次，如果信托中涉及上市公司，由于上市公司有披露资产信息的要求，有些家族信托的信息也会出现在上市公司披露的信息中。在上述两种情况之外，也可能出现家族成员基于某些考量，在一些场合下对家族信托的情况做过一些披露，从而被公众获知一二的情况。

税收筹划功能

所有的税收筹划都必须在合理合法的情况下进行，能否最终实现，取决于委托人、受益人的税务居民身份、信托财产的类型以及信托受益的分配方式等各种因素。

家族信托在中国的现状及面临的挑战

家族信托在中国真正实践的时间并不长，但中国的一些机构已经开始探索。公开资料显示，2013 年年初，平安信托发行内地第一只家族信托——平安财富·鸿承世家系列单一万全资金信托。该信托的规模为 5 000 万元，合同期为 50 年，委托人是一位年过 40 岁的企业家。根据约定，委托人与平安信托共同管理这笔资产，委托人通过指定继承人为受益人的方式实现财产传承。[9]招商银行是国内首家推出家族信托业务的银行，其家族信托基金主要针对家庭总资产 5 亿元以上的客户，资产门槛为 5 000 万元，期限为 30—50 年，为不可撤销信托。2013 年 5 月，招商银行正式签约首单财富传承家族信托。首位客户杨先生年近 60，两个儿子已成年，女儿只有 8 岁。当时，杨先生在境内的资产较多，有自住物业、商用物业、股权及金融资产。他希望子女在美国接受教育后能回国工作。为使家族财富传承得到妥善安排，杨先生拿出 5 000 万元资产与招商银行私人银行签约，其中主要是现金。信托受益人为三个子女，他们将根据父亲杨先生设定的期限和领取方式定期领取薪金，信托期限设定 50 年。遇到婚嫁、买房买车、创业、医疗等大事，也都可以从信托基金中拿钱埋单。

总体而言，国内的家族信托主要服务于总资产在 5 亿元以上的高净值家庭，家族信托的规模在 3 000 万—5 000 万元或以上。

家族信托的业务模式

在家族信托业务的实践中，部分信托公司将家族信托分成两种模式：定制化家族信托和标准化家族信托。前者对客户资产规模的要求较高，信托公司会根据客户的需求量身定制管理方案；后者对客户资产规模的要求相对较低，是半定制化的概念，在模板化的服务框架内为客户提供服务，此模式更易于家族信托的推广，同时对信托机构的专业要求也相对较低。根据资源禀赋不同，目前国内信托公司开展家族信托业务的运作模式可分为二种。

独立运作模式

采用这种运作模式的信托公司可以将管理费全部收入自身囊中。但是这种模式对于信托公司的综合实力要求较高，需要其在高净值客户资源方面有一定积累，便于从机构内部挖掘潜在客户，从而促成合作。目前，不少信托公司已经加大在财富端的布局，相信销售实力较强的信托公司会以独立运作模式为主发展家族信托业务。

银信合作模式

这一模式由来已久，自投资理财信托时代，银行与信托公司就有较好的合作。因此，面对家族信托的市场，银信合作模式非常有基础。缺乏高净值客户资源的信托公司可以与银行合作，实现互补。拥有银行背景的信托公司在这一模式中相对占优，它们能够依托股东的资源优势实现良性协同。

信保合作模式

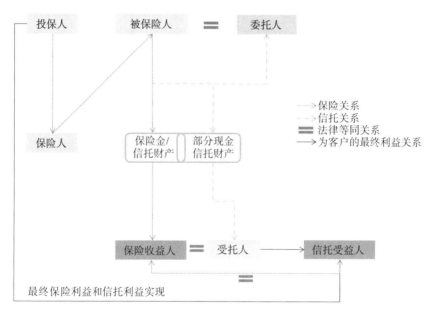

图 3-4　保险金信托结构图

与银信合作相比，与保险公司的合作也值得信托公司挖掘。不少信托公司已经在保险金信托领域进行了一定的探索，客户通过购买保险公司提供的终身寿险的大额保单，再嵌入信托的结构，最终实现财富传承。在保险金信托结构中，信托公司和保险公司之间并非是竞争关系，因为按照保险的运作模式，赔付资金是保险公司的必须支出，至于资金是归信托公司管理还是由被保险人（或受益人）自己支配，对保险公司来说并不重要。而且信托制度可以反过来满足客户的需求，促进保单的销售。

其他机构开展的家族信托及家族财富管理业务

面对中国高端财富管理这片几乎未被开垦的土地，除信托公司外，商业银行私人银行、保险公司、财富管理公司、公募基金及独立家族办公室等各类机构都跃跃欲试。不具备信托制度优势的非信托机构纷纷以"家族财富管理"形式进入市场，家族信托只是非信托机构开展家族财富管理的业务内涵之一。

商业银行的私人银行部门

2007 年，国内的商业银行开启私人银行业务的大门，成为国内最早为高净值人士提供财富管理服务的机构。2015 年，商业银行私人银行业务开始升级和优化，针对可投资资产在 3 000 万元以上的客户或家庭量身定制组合化产品及服务方案。由于家族信托逐渐被国内高净值人群熟悉，这一需求日益凸显。商业银行的私人银行部门开始尝试与信托公司合作，以商业银行私人银行部门内部的投资顾问团队或资产配置团队与信托公司的家族信托业务合作的形式，向客户提供服务。同时推出了家族信托与全权委托相结合的"双托"模式，满足客户对于资产隔离和个性化投资的综合需求。

第三方财富管理机构

2015 年起，国内较为领先的财富管理机构逐渐推出"全权委托业务"，同时为客户提供法律咨询和税务筹划等各方面的解决方案，从而解决客户在财富管理与传承上的需求。此类机构的优势在于，经过数年的积累，客户资源沉淀较多，产品线也较为丰富。此外，有条件的财富管理机构甚至已经在香港获得了信托牌照，在海外资产配置、离岸信托设立方面具有一定的优势。

公募基金公司

国内已有公募基金公司开设了家族财富办公室，通过设立公募专户，以家族基金的方式开展家族财富管理业务。与家族信托相比，家族基金的期限较短，而且投资理财的属性更强，委托人对投资决策的影响力较大，能够实现半托管。尽管操作相对灵活，但是并不能实现真正的资产隔离。从财富传承的角度看，未来家族基金仍需要探索与信托公司的合作。

单一家族办公室

为单一家族提供全方位资源整合服务的单一家族办公室近些年来不断涌现。从具体的实践看，尽管家族办公室的目标是为客户提供全方位的解决方案，但是与持牌的金融机构相比，其在客户资源、资产管理、事务管理等方面均存在短板，需要一定时间进行积累和沉淀。

中国家族信托快速发展的制约

目前，在中国快速发展的家族信托行业仍然面临着一些限制条件。这些条件既有客户本身和信托机构的问题，也有一些市场制度方面的缺失。

从客户的角度看，目前部分高净值客户对家族信托的概念认识不清晰。很多客户主要关注资产的增值而非财富的规划与传承，同时部分客户比较忌讳讨论死亡问题。这使得家族信托的理念不能被正确地理解，一定程度上阻碍了业务的推广。

从机构的角度看，业务发展初期个别金融机构操作不规范，有碍市场的健康发展。随着高净值客户的财富管理与传承的需求不断凸显，各个机构争相进入这一领域。由于对于家族信托缺乏理解，不同机构对此业务的定位不一，将家族信托等同于传统信托计划的情况屡见不鲜，这样很容易对客户造成误导。对于家族信托这支刚刚出现的

"潜力股"，各家机构在目前阶段更应该悉心呵护其成长，实现行业的良性循环。

从业务环境的角度看，在国内设立的家族信托，在实践中尚且无法很好地保护家族隐私。在国内设立信托，其信托登记遵循的是"登记生效主义"原则，即信托财产只有依法办理登记，信托才能产生效力。因此，委托人如果想以需要办理登记手续的家族财产设立信托，就必须将其财产进行登记公示。

家族信托的资产隔离功能也遇到挑战。从理论上说，委托人在设立家族信托之后，当他的企业因经营不善而被债权人申请破产清算时，在有信托登记的情况下，家族信托作为信托财产理应受"破产隔离"保护，但中国目前还没有破产隔离的相关实施细则。海外的信托登记制度规定，在设立家族信托时，将股权或不动产转移到家族信托中会被认定为基于私人财富管理规划而设立信托，并不是第三方之间的真实产权交易，因此可以采用非交易过户的形式进行信托登记而不用交税。但国内的信托财产登记制度尚未建立，信托公司只能选择转让登记的方式接受信托财产，这不但会带来巨大的税负问题，而且将使信托的效力处于不确定状态，不利于保护受益人的利益。2016年在上海成立的中国信托登记有限责任公司就是为了解决信托产品的登记问题。

最后，税收制度需要进一步完善。一方面，在国内尚未征收遗产税的背景下，家族信托的税务筹划功能还未最大化；另一方面，现行税收制度尚未针对信托财产所有权与收益权分离的特点进行特殊设计，在涉及信托的所得税、房产税、契税、印花税、增值税等方面存在重复征税的现象。

综上，目前大部分中国高净值家庭倾向于在中国香港或者新加坡设立家族信托。中国香港和新加坡的家族信托基本类似，两地的家族信托都可以免去资本所得税、印花税和遗产税。不同的地方在于：首先香港属于中国，而新加坡是一个独立的国家。根据香港《基本法》的规定，香港回归后，其法律体系50年不变。也就是说在2047年（1997年回归之后50年），香港的法律在理论上存在一个小小的不确定性，可能存在与中国内地法律接轨的可能性（比如到时候香港的信托法需要和中国内地的信托法一致）。其次香港的信托公司不受香港金融管理局的监管，而新加坡的信托公司却受新加坡金融管理局的监管。此外，新加坡和香港的家族信托在技术细节上还存在一些不同。比如新加坡的家族信托时效是100年，而香港则是无限。从一个中国人的角度来讲，在香港和新加坡设立家族信托都可以考虑。香港可能更加方便一些，因为距离内地比较近。而在新加坡设立信托的话，因为新加坡是一个独立国家，其独立性会更高一些。

家族信托业务未来的发展方向

夯实资产管理能力

资产管理能力是决定一家机构能否做好家族信托业务的重要因素。对于信托公司而言，在家族信托业务发展的初期，在资产配置方面，可以有一些过渡性的安排，比如可以通过和银行的合作丰富配置的产品种类，或者通过委托投资的方式实现资产的保值增值。

但是从可持续发展的角度来看，随着家族信托业务的不断拓展，受托资产规模逐渐增长，包括信托公司在内的各类机构都必须自主培育团队，逐步形成主动管理能力，同时择机搭建配套的管理系统，全面提升自身在资产配置方面的能力。

事务管理专业化

家族信托很大程度上属于民事信托的范畴，客户会提出诸多个性化的需求，机构需要为客户提供全方位的服务，因而可能面临很多复杂的事务性的管理，这就需要在公司治理层面做一个顶层设计。在当前条件下，很多金融机构内部在这一方面的团队配备较为薄弱，没有将太多的精力放在各类事务的管理上。可以预见，如果信托公司想将家族信托业务做大做强，就需要一个专业化的子公司，专门承担信托监察人（或者叫信托保护人）的角色，或者专门管理具体的事务。目前，业内已经有信托公司按照这一思路进行布局。

增强同业合作

虽然不同机构之间在一定程度上存在竞争关系，但是在现有的法律框架下，信托公司拥有不可替代的破产隔离的制度优势，而非信托机构具备客户资源优势、较强的资产配置能力和更加丰富的产品线，同业合作的需求非常明显。具备全牌照的金融控股集团可以实现子公司之间的协同；而股东背景较为单一的机构，不论是银行、保险公司、信托公司、公募基金，还是独立第三方财富管理机构或民间家族办公室，都需要加强与其他机构的合作，最终实现多方共赢。

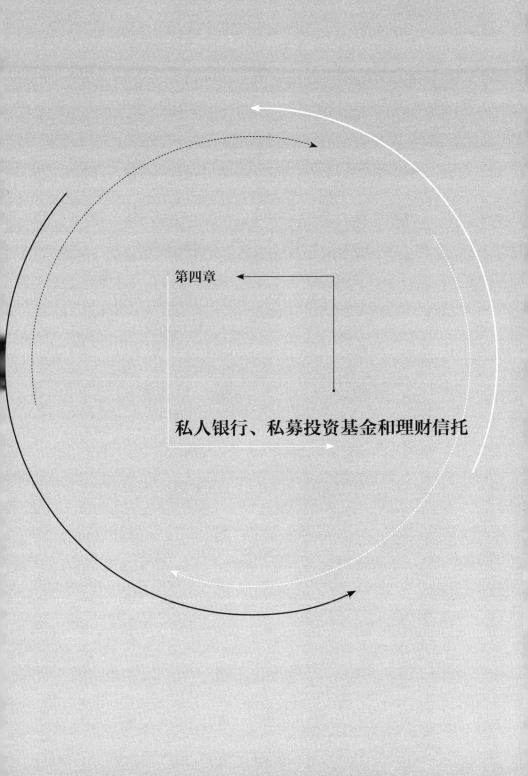

第四章

私人银行、私募投资基金和理财信托

设置门槛，业务多样 ——私人银行业务

其实我们在介绍家族办公室的时候，已经将其与私人银行进行过比较。虽然家族办公室从私密性以及利益冲突的角度看更加为客户考虑，但是，私人银行在其机构内部协同资源的能力极具优势，而且服务门槛和服务费用大为降低。不少高净值或超高净值客户也因此选择私人银行作为主要的财富管理工具。

什么是私人银行？什么是私人银行业务？

什么是私人银行业务呢？网上流传着一个段子："一群年薪几十万的客户经理，告诉资产 600 万人民币以上的有钱人怎么投资理财和享受生活，这就是私人银行业务。"整天告诉有钱人怎么管钱、怎么让钱生钱，这工作也是很厉害。

私人银行是面向高净值人群，为其提供投资、融资与财产管理等服务的金融机构。私人银行业务最主要的是根据客户需求提供财富的保值增值、规划与传承等财富管理范畴的服务，也可通过设立离岸

公司、家族信托、环球财富保障等方式为顾客节省税务和金融交易成本。所以，需要注意私人银行与私人银行业务并不在同一范畴。

从定义来看，我们会发现私人银行业务其实与家族办公室的服务内容非常相似，甚至可以理解为基本一致。在成熟市场，如何区别这两类服务呢？二者的主要区别在于进入门槛和服务的专注程度不一样。根据客户的资产规模，成熟市场将银行的服务分为：大众银行，不限制客户资产规模；贵宾银行，客户资产在 10 万美元以上；私人银行，要求客户资产在 100 万美元以上；家族办公室，要求客户资产在 8 000 万美元以上。在中国，虽然各家银行有各自的规定，不过普遍要求客户的净资产在 600 万人民币以上。2012 年，银监会在其发布的《商业银行理财产品销售管理办法》中对私人银行客户和高净值客户进行了界定。

具体来说，私人银行业务主要满足的是高净值客户财富保值、增值和传承的需求。财富保值对私人银行功能的要求集中表现在资产管理上。例如，行业中较为出色的摩根大通银行，它通过旗下子公司覆盖了各种风险收益特征的基金产品，其基金投资范围涵盖各大资产类型，可以高度灵活地根据客户的需求为他们提供定制化的资产配置服务。

财富增值对私人银行的功能要求更为复杂，至少包括基于资产管理功能之上的投资能力和提供方便信贷渠道的融资功能。例如，当今全球最大的资产管理银行和投资担保银行——瑞士银行，其专门设立的投资产品及服务部，聚集了全球资产管理、财富管理、投资银行等方面的专家，通过子公司之间的协作实现产品交换、业务介绍、客户共享，实现跨区跨领域的协同，最终为财富管理客户提供完整的投资解决方案、产品和综合性金融服务。[1]

正大集团斥资 94 亿美元收购汇丰在中国平安所持的 15.6% 的股份时，由于国内的另一家银行在正大集团即将支付最后一笔收购款之前，撤回了其对正大集团的资金支持，这笔股权收购交易一度濒临崩溃。正大集团的董事长谢国民是瑞士银行的私人银行客户，在过往的交易中曾与瑞士银行合作。在此危机时刻，瑞士银行的私人银行部救人于危难之时，尽全力在集团内部协同。最终，瑞士银行作为正大集团在这笔交易中的唯一顾问，在幕后为其提供了一笔大约 55 亿美元的 5 年期贷款，填补了资金缺口。瑞士银行也因为挽救这笔交易而斩获了可观利润，预期该行将在今后 5 年里从这笔贷款中赚得大约 1 亿美元。

相对于财富的保值和增值来说，财富的传承更加考验私人银行的能力。财富传承涉及财富管理的方方面面，从子女的正规学校教育、性格培养、职业生涯设计，到家族企业的治理、传承架构的设计、法律税务制度的咨询、家族信托和家族基金会等机制的建立，甚至包括家族慈善行为的综合管理。其需要配套的金融工具和需要提供的各种金融和非金融服务，涵盖财富人群工作和生活的几乎所有方面。行业内领先的私人银行的目标客户包括个人和家庭、企业家和企业主、单和多家办事处、企业高级管理人员、下一代或继承财富者、律师事务所和律师，为其提供银行和现金管理贷款、投资策略、家族信托和财富顾问等服务。

中国高净值人群需求分析

中国市场的独特宏观环境和发展阶段造就了中国高净值人群的众多共性特点。与欧美发达市场的个人财富积累已经经历过代际更迭不同，中国的高净值人群是 1979 年改革开放后的产物，财富积累时间最长不过 40 年。这些高净值人士具有两个方面的共性：第一，目前中国高净值人群积累的财富主要源于创办企业和资产（特别是房产）价格上涨后的变现获利，从制造业到房地产，再到互联网等各个行业的周期性轮动造就了一批批富人；第二，众多高净值客户在20世纪八九十年代开始下海经商，开始了个人财富的快速积累，这些客户大多出生在20世纪五六十年代，现在的年龄约为40—60岁。上述共性特点对高净值人群的财富管理需求与偏好有着很大的影响，可概括为对财富增值的追逐以及对自我决策的信心。

仍处于财富快速积累期的中国高净值人群对投资收益有较高要求。首先，中国高净值人群的财富积累时间不长，仍有相当一部分人处于事业发展、财富创造和积累持续加速的阶段。这些人对于财富增值和产业再投资的需求大于对于财富保全的需求，即渴望将手中现有的资金作为生产资料，通过再投资实现自身财富水平的显著提高甚至跨越。第二，在改革开放的30多年中，我国的人均可支配收入增长了约80倍，同期的美国约为5倍、日本约为7倍。考虑到高净值客户的财富增长速度高于社会平均水平，其对投资收益水平的高要求不言而喻。最后，在过去10年间，和投资实业、房产所能得到的收益相比，金融机构所提供的绝大部分金融产品的收益相形见绌，这也在客观上造成了高净值人士对金融投资产品的关注度较低。

受到企业家创富精神的引领，中国高净值人士财富管理的自主性很强。源于创富一代的独特成长背景，许多中国私人银行客户尚未形成将财富交给专业金融机构进行财富管理的习惯，主要原因有三。第一，这些人在过去的30多年间正是凭借自身对宏观大势的准确判断和勇于突破传统的企业家精神，实现了事业的腾飞和财富的快速积累。在个人成功归因的激励下，许多创富一代对自身的投资决策能力有充分的信心。第二，中国资本市场仍处于发展初期，市场有效性还不高。很多中国的高净值人士认为，通过其庞大的个人关系网络，能够更及时地获取一些特殊投资信息或稀缺投资机会，其回报率可能远远超越金融机构提供的一般性金融产品。第三，高净值人士有着较强的私密性要求，但目前中国财富管理机构人才匮乏、专业团队水平参差不齐，因此金融机构和客户经理通常很难在短期内与高净值客户建立起紧密、信任的关系。因此，我们观察到即便在私人银行机构百花齐放的今天，高净值人群仍然具有较强的财富管理自主性。这种自主性对于其财富管理需求的影响主要体现在三个方面：一是高净值客户会自己寻找投资机会，直接投资在实业、股票、房产等；二是即使将财富放在金融机构进行管理，多数高净值客户也会将金融机构定位为产品超市，即以购买产品为主，而弱化真正的财富管理需求（如资产配置、投资建议等）。三是高净值客户对各类机构的定位和产品优势有着自己的判断，会自主地在机构之间进行大类资产配置，而非将所有财富都放在一个机构由其给出资产配置建议，如在银行购买预期刚性兑付的理财产品、在信托公司购买收益较高但存在一定风险的信托产品、在证券公司处配置风险较高的股票及权益类投资产品等。对于处于快速成长期的私人银行机构而言，中国高净值人士财富管理自主性强的特点，既是产业的挑战，也是机构提升能力的驱动力。

私人银行在中国

中国最早的私人银行业务由瑞士友邦银行在 2005 年引入。之后，花旗银行、法国巴黎银行、德意志银行等外资银行相继跟进。直至 2007 年，中国银行与苏格兰皇家银行合作推出私人银行业务，拉开了我国商业银行私人银行业务发展的序幕。2008 年 3 月，中国工商银行取得了我国第一张私人银行牌照。此后，交通银行、招商银行等都陆续推出私人银行业务。

随着高净值人群财富规模的迅速积累和资本市场的日趋成熟，中国私人银行机构的业务规模得到了迅猛扩展。根据 12 家中资私人银行公开披露的信息，从 2007 年发展至今，这些中资私人银行的客户总数已经超过 50 万，管理客户资产近 8 万亿（参见表 4–1）。经过 10 年的迅猛发展，中资私人银行已经能够在管理规模上比肩拥有上百年历史的外资老牌私人银行机构。中国管理资产规模最大的私人银行机构在 2015 年已经跻身全球私人银行前 20 名。

表 4–1　12 家中资私人银行资产管理规模及相关数据

银行名称	私人银行开业时间	客户数量（人）	管理总资产规模（亿元）	户均资产规模（万元）	私人银行准入门槛（万元）
中国银行	2007 年 3 月	95 000	10 000	1 000	800
招商银行	2007 年 8 月	60 000	16 600	2 800	1000
中信银行	2007 年 8 月	22 000	3 200	1 500	600
工商银行	2008 年 3 月	70 000	12 100	1 700	800
交通银行	2008 年 3 月	30 000	4 000	1 400	200（美元）
建设银行	2008 年 7 月	59 000	7 900	1 300	1000
民生银行	2008 年 10 月	16 000	3 000	1 900	800
农业银行	2010 年 9 月	70 000	8 200	1 200	800
兴业银行	2011 年 4 月	20 000	2 900	1 400	600
光大银行	2011 年 12 月	28 000	2 600	900	1000
浦发银行	2012 年 1 月	19 000	3 500	1 800	800
平安银行	2013 年 11 月	16 000	2 800	1 800	600

数据来源：波士顿咨询公司

业务模式

中国特殊的宏观环境及高净值客户的共性，使得中资私人银行机构往往选择了同质的业务模式，即高端理财产品销售。高端理财产品销售是指对私人银行客户的价值主张源于银行的零售业务，是普通零售业务的升级版。具体而言，这通常意味着私人银行机构着力于为客户提供更优先的零售银行服务、更好的服务网点环境、收益率更高及种类更为丰富的投资产品。中资私人银行机构主要依靠理财与投资产品的销售（主体是有隐性刚性兑付的固定收益类产品）拉动业务，而专业投资顾问与大类资产配置服务缺乏或流于形式。

同时，随着高净值客户视野的拓宽、财富管理经验的积累，以及外部宏观环境及所处生命周期的不同阶段，他们的需求日益呈现多元化和个性化的趋势。除了原有的资产增值保值，他们开始关注投资以外的事情，如对国内政策的解读、对税务筹划和海外投资的咨询等。而对海外投资和子女教育的关注则会增加对当地法律和教育政策的咨询需求。还有一些人开始关注身体的保健，这会增加对医疗机构和保险机构的关注。目前的市场环境正在倒逼商业银行针对客户多种类、多方面的需求布局资源与人员。

组织模式[2]

根据市场定位、服务重点的差异，国内私人银行的经营模式主要分为三种，即大零售模式、（准）事业部模式和综合模式。目前，国内暂无海外常见的专业化、完全独立经营的私人银行模式。

三种模式各有千秋，但由于经营环境和商业银行组织架构等问题，国内的事业部模式在客户拓展、多头监管以及利益协调等方面存在较多的不协调，事业部模式的单独核算、独立运营也会增加银行的运营成本。观察境外成熟的私人银行，子公司模式和事业部模式的应用相对普遍。随着国内私人银行的高净值客群累积到一定数量、客户的需求日益多元化和个性化以及私人银行管理的精细化，事业部模式有可能成为各家私人银行组织设计的改革方向。

盈利模式

私人银行的盈利主要来自手续费和管理费。手续费根据每笔交易的资产规模按照比例收取，也就是我们常说的"佣金"；管理费则是在一定期限内根据客户账户的资产规模按照一定比例收取的费用。国内商业银行私人银行多以理财产品的销售为主，根据不同产品向客户收取比例不等的手续费，按次收费，而且不具有持续性。而管理费一般每年一收，费用的多少根据客户账户的资产规模而定，在这种模式下客户经理可以更中立和客观地从客户利益出发进行资产的配置或投资产品的买卖，不必在意交易次数的多少。而客户的满意度也会直接从其管理账户的规模体现出来，满意就多存些，不满意就不存了。这样有利于维护与客户的长期关系。此外，由于高净值客户存在税务筹划、保险服务、财富传承等非金融性需求，咨询顾问费也成为商业银行私人银行的又一重要的利润来源。

无论哪种模式，从服务角度来看，我国的私人银行业务从理论上说丝毫不逊色于成熟市场，不但能帮助客户的孩子办理入学、帮助客户聘请律师，还能帮助客户代购游艇飞机、组织富二代相亲、代客户挂号专家门诊，偶尔还组织客户外出旅游。总之只有我们想不到，没有人家做不到。

私人银行未来趋势

目前，国内私人银行主要依靠销售理财产品获取收入，主要采用委托代理的业务模式。提供的产品主要分为两类，一类是银行自身的理财产品，另一类则是第三方机构产品。银行自身产品主要为传统理财产品、私人银行专属理财产品以及跨境理财产品；第三方机构产品主要包括信托公司发行的信托计划、证券公司发行的资产管理计划、公募基金及基金子公司发行的专项资产管理计划等。

然而，随着利率市场化的初步完成以及金融脱媒的推进，商业银行净息差普遍缩窄，利息收入增速明显放缓。经济下行未止，实体经济融资需求不盛，资产不良问题日益突出。私人银行业务作为低资本占用、收益较高的中间业务，可以与投资银行和资产管理业务协同发展。因此，私人银行业务日益受到商业银行的重视，私人银行业务的转型已迫在眉睫。

私人银行业务的定位应该回归财富管理的本质，以客户为中心，充分挖掘客户深层次的业务需求。从客户的角度来看，私人银行面对的是位于财富金字塔顶端的人群，其中企业主占比较高，他们不仅是零售业务的优质客户，更是公司业务的潜在客户。因此，针对这一类人群的"守富、创富、传承"的多元化需求，金融机构的能力和服务水平相较于为一般零售客户提供服务时要有更大的提升。私人银行业务的发展与金融机构综合能力的提升相辅相成，相互促进。

纵观国内外领先的私人银行机构，根据其为私人银行客户与零售客户提供的价值主张的差异化程度，可将其分为高端理财产品销售、大众私人银行和专属私人银行三种，其实质差异是对不同目标客户及其需求的不同考量。总体而言，资产规模越大或者财富管理需求越复杂的客户，其对于专属的私人银行服务体系的要求越高，而这种体系与零售银行服务体系的差异也就越大。

面对中国的宏观环境、日益成熟的客户，以及私人银行机构竞争格局正在发生的变化，传统的私人银行"产品销售"的同质化模式需要被重新审视。对于日益成熟的客户来说，比零售银行更高的产品收益率、服务更热情的客户经理、装修更豪华的网点不再是其选择私人银行的决定性因素；专业的投资与资产配置建议、定制化的综合产品与服务等因素的重要性显著提升。最后，证券公司、信托等传统资产管理机构进军财富管理行业，发挥其在投资银行、资产管理方面的优势，通过拳头产品吸引客户，给传统的商业银行零售模式带来了一定的压力。

具体到业务模式上，私人银行经历了从"卖产品"到"卖组合"的转变，再到未来将要实现的全权委托资产管理模式，定位已经很清晰。所谓全权委托资产管理，是指从客户需求出发，为其定制个性化的资产管理配置计划，并执行。这样的业务模式要求私人银行更注重与客户建立长期密切的关系。随着财富管理需求的变化以及私人银行业务的不断提升，高净值人士在逐渐建立起信任感之后，也会从原先事必躬亲的模式逐渐转为适度地选择专业人士提供更多服务，逐渐接受将核心家庭资产全权委托专业团队运作，通过设计投资组合并且管理资产等一系列过程，更好地实现财富的保值增值。与此同时，除金融服务外，私人银行业务也逐渐在法律税务咨询、不动产投资、艺术品投资、子女财富教育、慈善等非金融领域协调资源为高净值客户服务，逐步实现对客户或其家庭全资产负债表的管理。

中国的私人银行机构需要根据自身的资源禀赋明确各自的目标客户，进而在零售升级、大众私人银行与专属私人银行三种商业模式中进行选择。通常，拥有较强零售基础、以服务普通私人银行客户为主、重视管理资产总规模的私人银行机构适合选择零售升级或大众私人银行的价值主张。而以需求复杂的高端私人银行客户为主要目标客户群体的私人银行机构，则更适合采用专属私人银行的价值主张。一些规模较大、综合化能力较强的机构，可以在内部同时采用两种甚至更多的模式，以差异化体系服务更广泛的客户群体，争取在私人银行市场占据领导地位。

从国际私人银行业务运营模式来看，子公司、事业部模式是其主要组织形式，相对独立的服务模式和运营后台是其未来发展的必然之路。无论是欧洲的家族式私人银行，还是像花旗、汇丰、德意志银行等从大型银行架构中独立出来的私人银行，或是瑞士银行的私人银行事业部，其核心在于它们都在银行架构之中保持着不同程度上的"独立运作"。

这种客观形势下，"因行制宜"是最好的办法。具体说来，"工、农、中、建、交"五大国有银行以及零售银行基础较好的招商银行，适宜采取大零售模式；而其他中资股份制银行可根据本行实际，积极尝试以事业部模式运营私人银行业务。不论采取何种模式，都要坚持私人银行服务的核心理念与价值不变，结合自身情况积极进行探索。

按照核心能力维度，可将财富管理机构分为三类：资产管理驱动型、投资顾问驱动型和全线布局型。在财富管理的价值链上，从上游到下游依次有资产获取、产品创设、投资顾问和产品销售4个核心环节。各个机构可以根据自身的资源禀赋和业务目标，选择不同的环节作为自身能力培养的重点。其中，资产管理驱动型的核心优势在于资产获取和产品创设这两个环节，旨在通过掌握优质的资产来源并创设和提供符合客户需求、具有良好回报的产品取胜；而投资顾问驱动型的核心优势则在于投资顾问能力和客户管理体系，通过专业的服务团队向客户提供适合的资产配置和投资建议。

在目前的市场、客户、竞争大环境下，掌握从资产端到财富端的全价值链能力的全线布局型财富管理机构优势凸显。近年来，各类金融机构争相建立"大投行、大资管、大财富"体系，正是希望打造从资产端到财富端的全价值链能力。由于私人银行业务的特殊性，在各类参与方中，私人银行机构拥有较强的整合全价值链的能力。如上所述，以客户为中心的私人银行业务，是大投行、大资管、大财富的最佳结合点。私人银行机构作为最贴近客户、贴近市场的机构，对市场需求的捕捉最为准确和敏感，从而能够更好地指导上游资产管理与投资银行业务。通过私人银行构建的产品与服务平台打通组织内部乃至集团内部全价值链各个环节的能力与资源，将有助于整个金融机构形成不易复制的核心竞争优势。能力发展难以一蹴而就，各类机构可以根据自身资源禀赋选择不同的发展路径。零售基础强的机构，如大型商业银行，可以选择投资顾问驱动型，即从财富端能力开始，逐步向资产端的上游能力挺进；资产管理与投资银行基础强的机构，例如证券公司、信托、对公与资产管理业务较强的商业银行，可以选择资产管理驱动型，即从资产管理端能力开始，逐步向财富端的下游能力延伸。最终，两种道路殊途同归，形成具有可持续性竞争优势的全价值链能力布局。[3]

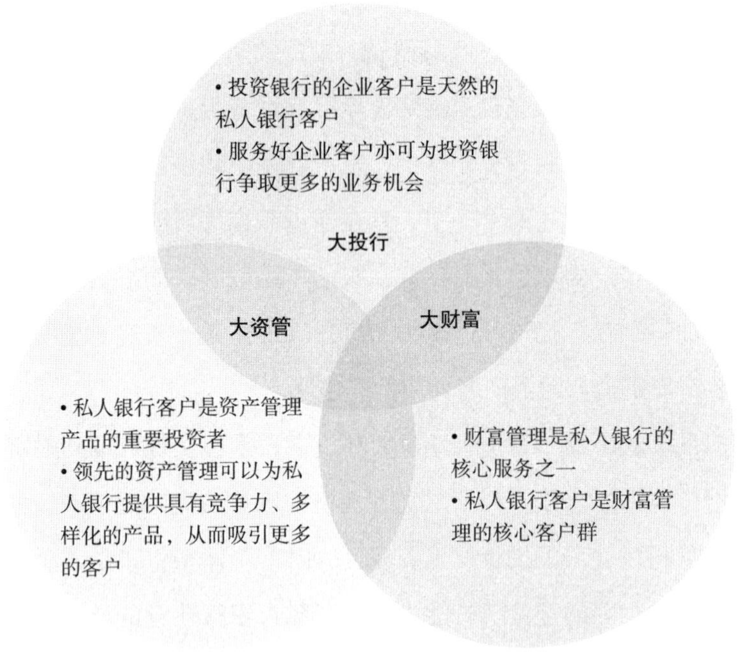

图 4-1 "大投行、大资管、大财富"体系

资料来源：波士顿咨询公司

既看价值，又重成长 ——私募投资基金

前段时间，网上流着传着一个笑话：

一天下午，一位私募公司老总与一名银行负责委托投资业务的工作人员相约在咖啡馆见面。

银行人员问私募公司老总："你们筹到多少钱了？"

私募公司老总回答："9 亿多，今年争取突破 10 亿。"

银行人员说："才 9 亿？！你们这种小私募我们是不会投的，太小了！做到 20 个亿的规模还差不多！"于是合作没谈成，银行人员雄赳赳气昂昂，满脸得意地坐上公交车走了！

私募公司老总买了单，思考了一会儿，满脸怅然，但很快理清思路，开着他的保时捷卡宴加班去了！

旁边的证券公司投资人员羡慕不已，喝完手边的温水，打开手机，寻找附近的共享单车，骑上回家了。

言归正传，之前我们谈到了私人银行，现在我们来谈谈私募。要问私募和私人银行有什么关系，简单来说，好多私募老总都是私人银行的客户。私募这个行业，在我国属于新兴行业，作为后起之秀，它正在逐渐发展壮大。

2016 年 9 月 8 日，中国基金业协会发布了《关于资产管理业务综合报送平台上线运行相关安排的说明》。在说明中，基金业协会首次对私募投资基金以及对应的产品类型进行了划分和定义，具体如下：

私募证券投资基金，主要投资于公开交易的股份有限公司股票、债券、期货、期权、基金份额以及中国证监会规定的其他证券及其衍生品种；

私募证券类 FOF，主要投向证券类私募基金、信托计划、证券公

司资产管理、基金专户等资产管理计划的私募基金；

私募股权投资基金，除创业投资基金以外主要投资于非公开交易的企业股权；

私募股权投资类 FOF，主要投向私募基金、信托计划、证券公司资产管理、基金专户等资产管理计划的私募基金；

创业投资基金，主要投向处于创业各阶段的未上市成长性企业进行股权投资的基金（新三板挂牌企业视为未上市企业），如果涉及上市公司定向增发的，按照私募股权投资基金中的"上市公司定增基金"备案（对于市场所称"成长基金"，如果不涉及沪深交易所上市公司定向增发股票投资的，按照创业投资基金备案）；

创业投资类 FOF，主要投向创投类私募基金、信托计划、证券公司资产管理、基金专户等资产管理计划的私募基金；

其他私募投资基金，投资除证券及其衍生品和股权以外的其他领域的基金；

其他私募投资基金类FOF，主要投向其他类私募基金、信托计划、证券公司资产管理、基金专户等资产管理计划的私募基金。

在本节，我们将具体介绍私募股权投资基金、私募投资基金、FOF 三大类金融投资工具。

私募股权投资基金

从狭义来说，针对企业的投资可以简单分为股权投资和债权投资两类，前者是购买公司的一部分所有权，通过转让或分红的方式获得增值溢价；后者是企业到期向投资人还本付息。股权投资又可以分为上市公司股权投资（股票投资）和非上市公司股权投资（私募股权投资）。

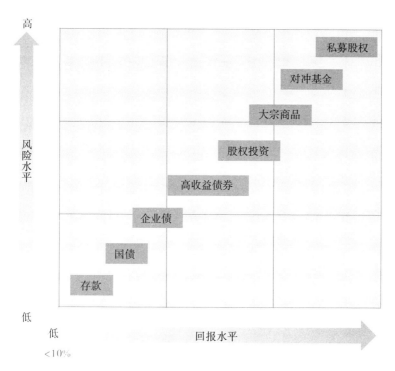

图 4-2　各类投资工具的风险和回报水平

那么投资非上市公司的股权是一种怎样的投资呢？我们可以从图 4-2 看出，私募股权投资在所有投资工具中处于"高风险、高收益"的最高点。原因在于针对非上市公司股权进行的投资，一般不是基于市场有效的原理进行运作。在公共交易平台，过多资金追逐有限的资产，将债市、股市估值拉高，"高性价比的资产"越来越难发现，于是最聪明的资本开始寻求另类的机会。私募股权基金的投资人关注的企业或项目多因为其远离公共交易平台，在对目标企业进行调研与价值分析之后，利用信息不对称，通过企业生产价格与价值间的偏差获取投资收益。

根据目标企业自身发展阶段的不同，一般可以将私募股权投资粗略地分为三类：VC、PE、LBO（杠杆并购）。目前，LBO 在中国的环境下实践较少，并且多用于海外并购或跨境并购。所以在此，我们主要介绍 VC 和 PE。下面我们对比几项投资要素，以便更清楚地认识和理解它们。

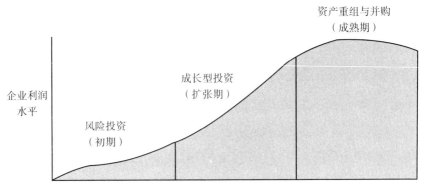

图 4-3　企业利润水平曲线

VC 与 PE

投资回报模式不同

VC 多发生在企业的初创期，伴随着行业的发展、市场的成长以及用户需求的增加等，被投企业自身不断成长、发展，VC 投资会在企业进入成熟期时退出。因此，VC 是以价值投资为主的投资模式，在被投企业的长期增长中获得收益。它的投资期限相对较长，多在5—10 年，回报相对较高。

PE 的投入时间一般在企业已经实现一定的盈利之后，当然根据各机构投资策略的不同略有差异。根据中国 PE 的外部市场环境、PE 团队以及投资人的偏好，可以将中国 PE 的投资模式简要分为三类。

第一，价值投资。对于在未来具备一定发展潜力和成长空间的成熟期公司，通过其价值增长赚取收益。比如，前两年股神巴菲特先生联合 3G 资本买下主营番茄酱的亨氏集团，就是依据这种投资理念。

第二，估值体系带来的溢价。不只股民喜欢打新股，私募也喜欢，只不过方式略有不同。目前计划上市的中国企业一直受到中国证监会的严格审核，因此成功上市的企业在上市时会产生相当可观的政府背书的溢价机会。同一家公司，即便业绩没有变化，一旦在二级市场挂牌上市，估值至少马上翻番。打个比方，PE机构按20倍市盈率投资的公司，上市之后至少会有40倍市盈率的预期。目前，针对上市公司的审批制正在向注册制过渡，相信在未来，不健康的获利方式将会逐渐被淘汰。

第三，利用信息不对称获取收益。PE投资人与二级市场股票投资人的能力、资源和背景不同，对公司未来估值的判断会有差异。哪怕这家公司的实际价值可能不大，但只要PE投资人觉得它有机会上市、能让二级市场投资人以更高的价格买入股份，那它就有投资价值。

选择投资标的的关注点不同

VC投资的关注点首先是团队，尤其要看创始人、团队领袖是否具备优秀企业家的眼界和胸怀，是否有很强的学习能力、执行能力，是否拥有良好的教育背景、行业经验、从业经历，团队组合是否功能完善、职责明晰、激励到位。

其次看行业，产品和服务能解决用户的什么问题，是否有巨大的市场需求，市场空间和成长性大不大，行业的发展趋势如何。

接下来看业务模式，有没有可复制性，产品和服务有没有竞争门槛，竞争优势强不强。

一般来说，这个阶段的投资不会过于关注公司的收入、利润等财务指标，因为初创公司一般收入和利润微薄。正因如此，对初创公司的投资失败率相较于对成熟公司的投资失败率会高很多，甚至高达90%。成功的天使投资人必须要有提高被投资公司成功概率的手段，或者能够找到成功机会较高的公司。同时，对于每一家确定要投资的公司，还要控制投资估值，以使每一次成功投资带来的回报能够对冲掉前9次失败造成的亏损。因此，投资的每一家公司都要有十倍、百倍的回报潜力。而这样的项目有多难选，我们可以从 VC 人士的心声探知一二："最心痛的事，莫过于人生已经如此艰难，项目的套路还仿佛有万水千山。我所走过最长的路，就是你 PPT（演示文稿软件）的套路！"

而国内的 PE 关注的首先是标的公司在未来两三年上市的可能性，因此它关注的是以下内容：法律合规，看公司是否存在影响上市的硬伤或瑕疵，比如历史沿革是否清晰、是否存在税务问题、业务方向是否有来自政策的限制或鼓励等；财务状况，审核公司是否满足上市标准，包括资产规模、收入、利润、利润率、成长性、负债率等指标；公司基本面分析，判断公司的市场地位、影响力、占有率等，看其是否在同类型公司中具备竞争力；最后还要看估值是否合理。

对于 PE 来说，上述这些关注要点都需要通过各种尽职调查手段去核实和判断，其中的法务、财务等专业信息，通常需要外聘律师和会计师完成。PE 机构通常有非常严格的风控体系和专门的风控部门或人员。

投资规模及投资策略不同

由于投资的是初创企业，因此 VC 投资对单个项目的投资规模通常不大，一般在几十万、数百万不等。单个项目的投资额度通常不会超过 1 000 万元，以 300 万—500 万元这个区间为主。

由于投资的是处于成熟期的企业，PE 对单个项目的投资很少低于 1 000 万元，除非多家机构合投。一般来说，单个项目的投资额在 3000 万—5000 万元这个区间的比较多，也有一些项目的投资额会超过 1 亿元。

PE、VC 与财富管理的结合

私募股权投资基金因为具有跨周期、长期回报较高的特点，越来越被有钱人看重。因此在财富管理的资产配置中，越来越多的高净值人群愿意选择配置一部分私募股权投资基金。但是由于私募股权投资基金的投资门槛较高，而且具有高风险，因此私募股权基金管理人，一般首选风险承受力较强的机构投资人，之后是企业，最后是高净值的个人。不过这是直接投资与私募股权基金的情况。

当前的财富管理市场上存在很多投资标的是私募股权基金的结构化产品。据统计，目前有 84.3% 的高净值人士配置了私募股权基金，23.7% 的高净值人士在私募股权基金方面的配置比例超过 30%，7.8% 的高净值人士的配置比例甚至超过 50%。同时，构建充分分散化的私募股权基金资产组合也是适合绝大多数高净值人士的资产配置方法。

私募证券投资基金

什么是私募证券投资基金？

在介绍私募股权投资基金的时候，我们说到股权投资中还有一类是投资上市公司股权（即股票）。投资上市公司股权的基金，根据是否公开发行，分为公募基金和私募基金。私募基金公司公开发行的投资于证券市场的基金统称为私募证券投资基金。

根据 2014 年证监会发布的《私募投资基金监督管理暂行办法》，私募投资基金是指在中华人民共和国境内，以非公开方式向投资者募集资金设立的投资基金，基金财产的投资包括买卖股票、股权、债券、期货、期权、基金份额及投资合同约定的其他投资标的。由于组织形式不同，私募投资基金可分为三类：契约型基金指未成立法律实体，而是通过契约的形式设立私募基金，基金管理人、投资者和其他基金参与主体按照契约约定行使相应权利，承担相应义务和责任；公司型基金指投资者按照《公司法》，通过出资形成一个独立的法人实体——基金公司，由基金公司自行或者委托专门的基金管理人机构进行管理，投资者既是基金份额持有者又是基金公司股东，按照公司章程行使相应权利、承担相应义务和责任；合伙型基金指投资者依据《合伙企业法》，成立投资基金有限合伙企业，由普通合伙人对合伙债务承担无限连带责任，由基金管理人具体负责投资运作。

其实私募基金并不是什么新概念、新工具，在中国，最早进入人们视线的私募基金是阳光私募基金。那么为什么叫阳光私募呢？因为它区别于当时的一般（即所谓"灰色的"）私募证券基金，主要特点是规范化、透明化，由于借助信托公司平台发行所以能够保证私募基金认购者的资金安全。当时的阳光私募基金对应的是公募基金。下面让我们看看阳光私募到底有多"阳光"。

10 年阳光私募 —— 从投资顾问到投资机构

阳光私募基金主要由信托公司和投资公司或资产管理公司负责运作，银行及证券公司予以协作。合同文本上，阳光私募基金的信托公司是发行人，由其负责集合资金信托计划产品的设计，寻找投资顾问公司、托管资金银行和托管证券公司，并由其将集合资金信托计划产品上报当地银监局等监管部门备案。从严格意义上说，当时的阳光私募以投资顾问的形式存在。

2004 年 2 月 20 日，深圳国际信托公司（现华润信托公司）成立"深国投·赤子之心（中国）集合资金信托计划"。深国投模式的核心是"四方监管"，即由信托公司、托管银行、证券公司、投资顾问共同参与，把原来的草根私募公司聘为投资顾问，作为证券投资信托产品的实际操盘人，但资金账户和证券账户则在"四方监管"的体系下运行。这种模式后来被称为"深圳模式"。此后，各家信托公司跟进推广"深圳模式"，并得到了市场的认可。后来，上海信托在"深圳模式"的基础上进行了创新，即对产品模式结构化，分为优先级和劣后级，通常由劣后级直接操盘投资股票，其本质是证券融资信托，远远早于证券公司大规模开展融资融券业务。

两年后，2006年，相对"地下私募"而言，媒体把证券投资类信托称为"阳光私募"，与公募基金呼应。Wind数据显示，2007年以前，阳光私募产品不到10只。2009年1月23日，银监会印发《信托公司证券投资信托业务操作指引》，对证券投资信托业务的账户托管、资金监管、操作规范以及信息披露等问题进行了规范。这是监管部门第一个规范证券投资类信托业务的正式文件，它意味着运行多年的阳光私募模式得到了监管的认可。随着监管制度、市场认可，以及专业队伍建设等方面的逐步发展，阳光私募实现了几何式增长。2011年，阳光私募产品达到了1 996只。

2012年12月28日，全国人大通过了新修订的《证券投资基金法》，修订后的法案专门增加了"非公开募集基金"章节，对私募基金做出了相关规定。阳光私募作为一种制度，进一步得到正式法律的认可。如果说监管制度的认可是阳光私募繁荣的根基，那么专业队伍的建设则是阳光私募的主干。阳光私募的制度建设不断完善，并逐步得到市场认可，反向推动了证券市场其他方面的专业团队向阳光私募集聚。

2014年1月17日，中国证券基金业协会发布《私募投资基金管理人登记和基金备案办法（试行）》。由此，私募不仅实现了阳光化，得到各方承认，而且形成了一种制度，私募基金管理人可以独立发行产品。获得私募基金管理人牌照后，私募在产品发行上将具有更高的自由度，可以较好地把握产品发行节奏，所受牵绊将大大减少。同年 6 月 30 日，证监会颁布《私募投资基金监督管理暂行办法》，在备案制的基础上，进一步对包括阳光私募在内的私募基金监管做出全面规定。

在成熟市场，私募投资基金的主要构成形式是对冲基金，是为投资者谋取最大回报而设计的合伙制私募发行的投资工具。此外，它不用像公募基金那样披露信息，在操作上更加灵活，因而在国际金融市场上发展迅速，并占据了十分重要的位置，被市场追捧。在这个过程中，也成就了索罗斯、巴菲特这样的投资大师。

私募证券投资基金与公募基金的对比

与封闭基金、开放式基金等公募基金相比，私募投资基金具有十分鲜明的特点。而与公募基金相比，私募投资基金的特点主要体现在以下几个方面。

投资人

由于私募投资基金主要面向少数特定对象，投资者人数限定在 50 人以内，因此可以更好地根据投资者的偏好设定有针对性的投资标的，从而更加自主、个性化地满足客户的投资要求。相比之下，公募基金要求的投资人较多，在 200 人以上。

信息披露

因所涉及的都是成熟的投资者，对投资者保护方面的监管要求可以适当降低，所以私募投资基金不需要定期向监管部门和公众披露大量详细的投资组合信息。这使得私募投资基金更具隐蔽性，运作也更为灵活，相应地获得高收益回报的机会也更大。[4]

募资

私募投资基金使用非公开方式募集，因此参加者主要通过其所获得的所谓"投资可靠消息"，或者通过基金管理者或专业财富管理机构加入。因此，私募投资基金可以做到投资人与投资机构的双向选择。

基金规模与投资门槛

私募投资基金的投资门槛为 100 万元，投资规模通常在千万级以上，甚至过亿。

风险偏好

私募投资基金的风险较高，但同时具有较高的收益潜力，因此选择私募投资基金的多是风险偏好型投资人。

利益捆绑

自 2007 年新版的《合伙企业法》开始执行以来，大量的私募投资基金实行有限合伙制度。这种制度可以较好地解决信息传导和激励机制的问题。有限合伙制度下的私募基金由有限合伙人与一般合伙人组成。有限合伙人是真正的出资人，一般合伙人实为基金管理人，由专业的投资经理组成，主要利用自己的投资能力为有限合伙人打理资金，有时也会投入一些自己的资金。收益分配上，有限合伙人获取主要的投资收益，一般合伙人收取管理费，还会在有限合伙机构所取得的巨大超额收益中取得一定的分成。这种超额回报分成的机制成为激励一般合伙人的巨大动力。另一方面，允许一般合伙人投入本金可以实现有限合伙人与一般合伙人的利益绑定，约束其道德风险，从而降低有限合伙人的投资风险。

目前市场上主流的私募策略包括以下几种：普通股票策略、债券策略、市场中性、套利策略、宏观对冲、管理期货、定向增发、组合基金等。私募投资正在从纯主动管理、选股发展转向量化、对冲等。但与此同时，私募可运用的对冲工具较少。2015 年股灾后，利用股指期货对冲受限更多。另外，期权等诸多衍生品对冲工具有待研发和使用，与真正意义上的对冲基金尚有距离。

私募基金的发展现状

基金业协会最新数据显示，截至 2016 年 12 月月底，共有 133 家私募管理人（涵盖证券投资类、股权投资类和创业投资类私募）规模达到 100 亿元以上，与去年同期的 87 家相比增加了 52.87%。[①] 截至 2016 年年底，百亿级私募证券基金管理人由第三季度的 23 家增至 27 家，主要分布在北京、上海、深圳等地区，其中上海有 14 家，北京有 10 家，深广及其他地区有 3 家。

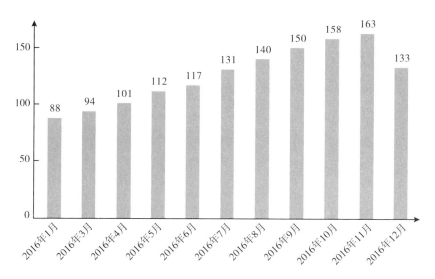

图 4-4 2016 年备案的百亿级私募管理人数量

数据来源：中国证券投资基金业协会

注：数量统计包括，证券投资类、股权投资类和创业投资类私募。

---

① 根据图 4-4，我们可以看到 2016 年 12 月的百亿级机构数量比 11 月减少了 30 家，主要原因是基金业协会统计机构规模统计口径逐渐由认缴规模改成实缴规模，因此统计上导致百亿级机构数量缩水。

这意味着私募已经成为资产管理行业不可忽视的力量。我们猜测，这种情况的发生主要是因为前两年私募基金正处于发展之初，多以自有资金、散户资金为主，但近年来，银行、信托等机构资金开始越来越青睐私募机构，把钱交给私募基金打理。

根据基金业协会的数据，2016 年以来，私募基金规模呈逐月递增之势，并于 2016 年年底迎来了历史性的重要一刻，截至 2016 年 12 月月底，私募基金的认缴规模已经突破 10 万亿大关。其中证券类私募基金从 2015 年年末的 1.79 万亿元增长到 2.77 万亿元，增长率超过 54%，主要增长点在私募股权基金方面。

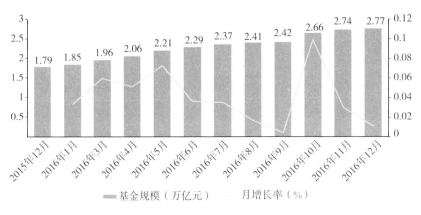

图 4-5　2016 年私募证券基金规模月度统计

数据来源：中国证券投资基金业协会

私募基金行业在发展壮大的过程中也暴露出诸多问题，一些机构以私募的名义，利用协会登记备案信息非法自我增信，从事非法集资等违法违规行为，兼营 P2P、民间借贷、担保等非私募业务，对投资者利益造成重大侵害，影响私募行业的健康发展。2016 年 2 月 5 日，基金业协会发布了《关于进一步规范私募基金管理人登记若干事项的公告》（以下简称《公告》），《公告》规定，若未在规定期限内备案首只私募基金产品，空壳私募将被注销牌照。据基金业协会的公告，

2016 年 8 月 1 日之前，累计有超过 1 万家机构被注销私募基金管理人登记；2016 年 12 月 31 日当天有近 550 家私募机构因未及时完成产品备案而被清理。《公告》发布后，在基金业协会备案的私募基金管理人数明显减少，截至 2016 年 12 月，已备案的私募基金管理人有 17 433 家（包括证券类、股权类、创业投资等其他私募管理人），较 2015 年 12 月减少了 7 572 家。

2016 年 7 月，证监会发布《证券期货经营机构私募资产管理业务运作管理暂行规定》，对整个私募行业产品的杠杆率做出了严格的规定。此外，对于私募资产管理结构化产品的宣传推介、投资顾问资质和资金池业务，近期出台的相关政策均有限制和规范，这是在从另一个维度加强私募行业的去杠杆力度。

随着人民币持续贬值、港股通的开启，以及全球资产配置需要，大中型私募机构出海意愿强烈。目前，国内投资于港股市场的私募基金主要有两种，一种是以美元募集，直接投资香港等市场的基金；另一种为人民币基金，通过港股通和 QDII（合格境内机构投资者）进行投资。不过，由于国内 QDII 额度较为稀缺，大多私募机构主要通过港股通掘金港股市场，如泓澄投资、世诚投资等私募机构均在 2016 年 10 月发行了 1 只基金，通过港股通布局港股。

据统计，目前已在协会备案的 25 879 只证券类私募产品中，共有 9 002 只私募产品可以投资港股，占比 34.78%。2016 年发行的可投资港股的私募产品共有 6 258 只，是 2015 年总体发行量（2 668 只）的 2.35 倍，涉及 3 298 家私募管理人。

私募基金的未来发展趋势

2016 年，为维护整个私募行业的健康稳定发展、保护投资者的合法权益，监管层出台了一系列监管制度，加大了对于整个行业的管控。监管政策的出台，将市场与监管部门的博弈转为市场主体间的博弈，通过透明的注册登记标准、明确的行业行为准则和有效的事中监测和事后处罚，保障市场主体间的博弈秩序和博弈环境，使私募基金行为真正回归市场。

行业竞争日趋激烈

监管的趋严使近万家私募机构被清理，私募行业的发展逐渐进入良性竞争阶段，但这也意味着无论是机构还是从业人员，都将面临一个大浪淘沙的过程。从外部环境看，在当前中国经济新常态的背景下，资产收益率下滑，"资产荒"的问题越来越严重，私募基金行业的竞争将逐步进入专业实力竞争阶段，强者恒强的局面可能会进一步强化，行业巨头将会逐步显露，而缺乏股东背景、专业优势或资金资源优势的新进入者将面临很大的挑战。长此以往，大浪淘沙过后留下来的私募机构将会为市场和投资人创造更大的价值。

多样化发展

2016 年以来，私募基金不断谋求自身变革和破局，通过成立新三板基金、参与上市公司定增、设立并购平台等，实现一二级市场联动创造收益。此外，众多私募机构还以参股或直接申请等方式进军公募领域，混业经营趋势明显。

分级监管

2016 年，监管机构加大了对于私募基金行业的整体管控。然而，在监管趋严之余，不同机构和从业人员之间，不同投资策略之间，不同规模的私募机构之间的分化加剧。因此，期待未来在行业分级监管方面，监管机构可以有的放矢地促进行业各级别机构的发展，维护行业良性竞争和机构自律。

从业资格考试

2016 年 2 月 5 日，中国基金业协会发布《关于进一步规范私募基金管理人登记若干事项的公告》，提出了从事私募证券投资基金业务的各类私募基金管理人，其高管人员均应取得基金从业资格；从事非私募证券投资基金业务的各类私募基金管理人，至少两名高管人员应当取得基金从业资格等要求。《公告》明确提到："已登记的私募基金管理人应当按照上述规定，自查相关高管人员取得基金从业资格情况，并于 2016 年 12 月 31 日前通过私募基金登记备案系统提交高管人员资格重大事项变更申请，以完成整改。逾期仍未整改的，中国基金业协会将暂停受理该机构的私募基金产品备案申请及其他重大事项变更申请。"

此令一出，基金考试现场可谓大咖云集，堪比金融界盛会。讲到这里，我们来轻松一下，看看各路小伙伴都是怎么答题的。

> 考官：请听题，基金实际投资绩效在很大程度上取决于（　）
>
> A.投资研究的水平
>
> B.与上市公司管理层的良好关系
>
> C.灵通的市场消息
>
> D.基金交易员的操盘水平
>
> 私募：选 B！我上周刚刚跟某老总吃过饭，基本面向好！
>
> 游资：选 C！哪些营业部席位在哪天什么时间段拉升股价最重要！
>
> 散户：选 D！高抛低吸，控制仓位，降低成本，交易员很重要！

亲爱的读者朋友们，答案到底是什么呢？ FOF 跳了出来，说道："我选 A ！"

FOF

什么是 FOF ？

FOF（Fund of Funds），直译为基金中的基金，是一种别样的组合投资基金品种：投资者购买由专业化资产管理机构设立的 FOF，通过 FOF 间接地投资多只标的基金，这样就可以使投资者的资金分配更加多元化。根据中国基金业协会发布的《关于资产管理业务综合报送平台上线运行相关安排的说明》，FOF 占据 4 席，包括私募证券类 FOF、私募股权投资类 FOF、创业投资类 FOF、其他私募投资类 FOF。而在此前的旧备案登记系统中，以私募股权投资类 FOF 为例，它只是笼统地并入私募股权基金范畴之中，并未有过这样清晰、详细的界定。

FOF 诞生于 20 世纪六七十年代的美国，最早针对的是私募股权基金投资，目的是降低 PE 的投资门槛。截至 2015 年年底，美国市场的 FOF 总资产已达到 1.7 万亿美元。2000 年以后的 15 年内的年复合增长率高达 26%，而且 FOF 总规模在公募基金总规模中的占比也在逐年提升，2015 年达到了 10%。

在美国，FOF 如此受市场欢迎的主要原因在于它可以对风险和收益进行二次平滑。具体来说母基金的优势有以下几点。

降低投资成本
FOF 能够有效降低投资者的选择成本，丰富投资者的基金选择。FOF 的优势在于专业机构通过精选投资标的并提供多元化的选择，让投资者可以间接地持有"一篮子"的各类基金、股票、债券等。FOF

还可以实现跨资产类别的配置，依托 FOF 管理人的专业投资能力和分散灵活的配置方式，投资者可以基于 FOF 实现大类资产配置，以相对较少的资金投资于多只不同形式的基金，如公募基金、私募基金、期货基金、期权基金、股权投资基金等，实现"小资金大配置"。

培养成熟市场

从美国资本市场的发展历程来看，FOF 在发展初期主要得益于基金行业的快速壮大，但使其真正走向成熟和持续发展的两大主要原因如下：一是美国的 401k 计划和个人退休账户为 FOF 的发展提供了庞大稳定的资金来源；二是大量成熟的机构投资者的存在使 FOF 的管理模式更加丰富和多元化，进一步满足了各类机构投资者的个性化需要。从我国的情况来看，目前私募 FOF 可以满足这些资金需求，机构投资者成为 FOF 市场的主要投资者也是必然趋势。

加速行业升级

FOF 有助于优化资产管理行业分工，通过分散化、多元化的基金配置满足投资者的多样化需求。借助私募 FOF，可以实现私募基金管理机构的专业分工，真正实现"让专业的人做专业的事"。私募 FOF 管理人会发挥其资金端的优势，将重点放在挑选优秀的私募基金管理人上。这样一来，优秀的机构更容易脱颖而出，"资金端"主动寻求合作、提供资金，而业绩平平或较差的机构则会被市场加速淘汰。

FOF 在中国的展望

随着监管制度的逐步完善，FOF 高调重回大众视野，投资者兴趣逐渐升温。FOF 具有有效降低投资门槛，通过优选组合分散风险的优势。从私募基金市场看，私募股权投资基金的门槛在 1 000 万以上，而私募证券投资基金单只基金的最低投资限额都要 100 万，构建一个相对有效的组合对资金量的要求比较大。然而通过 FOF 进行投资，可以降低投资门槛，从而丰富财富管理市场中财富个人的投资范围。此外，中国由于缺少连续的资产频谱，固定收益资产长期收益偏低，增值效应不强；权益资产波动性偏大，难以长期持有。FOF 可以提供市场上缺少的产品类型，而且具有较好的流动性。从资产管理的角度看，FOF 适合如银行资产管理、保险资产管理等资金体量较大、封闭期限较长、风险偏好较低、收益要求不高、风格相对稳健的机构投资者。

在 FOF 广阔的发展前景之下，中国的 FOF 行业也面临着诸多挑战。因为私募基金、私募股权基金对从业人员和机构的专业投资能力、风险定价、风控管理、投后管理要求非常高，所以 FOF 管理人需要在筛选项目的同时，增加筛选基金和管理人等工作环节，这一方面会增加工作难度，另一方面也会增加投资的确定性。因此在投资之前，基金管理人的选择是非常重要的。而目前国内真正懂得大类资产配置并有实操经验的专业人才相对稀缺，特别在细分资产研究、大类资产宏观配置方面，不仅储备人才少，而且多数经理人还停留在简单的基金评估分析方面，缺乏深入分析私募基金投资的能力。

FOF 机构的高运营成本也会在一定程度上限制机构的新增。据初步测算，私募 FOF 的规模一般要达到 20 亿元以上，才可能迈过生存的规模门槛。如果没有优秀的团队、良好的过往业绩记录和品牌信誉做支撑，私募 FOF 管理人在募集资金方面还是比较困难的，尤其是刚刚起步的机构。

从外部环境看，目前针对资产管理行业进行的监管尚未形成统一的法律法规，不同私募基金载体之间差异较大，FOF 管理人需要适应后期政策变动所产生的风险以及行业分割监管带来的投资不便。同时，技术对金融行业的革新也会给 FOF 的发展带来不确定性，业内人士需要更加关注人工智能及机器学习对投资的影响，善加利用，抢占先机。

受人之托，代人理财 ——理财信托

提到信托，许多人首先想到的就是集合资金信托理财产品——它寄托着许多中小投资者在未知风险的情况下对高收益信托理财产品的热衷——还有人会联想到近年来信托违约风险频频暴露以及随之而来的刚性兑付。国内普遍存在的集合资金信托理财产品的投资人所谋求的只是投资回报，这也是目前国内信托的主要功能，而在国外，信托主要是一种独特的结构设计，能够实现风险隔离、财产继承、所有权明晰等具体功能，这是国内外信托设计理念的本质差别。

尽管较欧美国家仍然存在差异，但近年来国内信托行业已逐渐显现出向欧美靠拢的趋势，来源和功能方面都发生着显著变化。随着场外股票配资和伞形信托的全面清理，信托作为规避监管要求的渠道作用正在逐步收缩，各家信托公司也相继推出艺术品信托、绿色信托、慈善信托等多种新颖的信托产品，以满足客户除获取金融资产投资收益之外的其他需求。这部分内容，我们已经在第三章中进行了详细的介绍。

本节将对国内信托集合计划，即具有投资理财性质的信托进行主要介绍。

相信许多读者都有过这样的经历，本来想去银行买个保本的理财，结果拿着信托计划回家了，因为客户经理推荐说这个产品收益更高。但是，高收益就意味着高风险。如果你从来没有遇到过客户经理向你口吐莲花推荐信托，别以为自己运气好，这其实是个很忧伤的故事，很可能是人家判断你没有达到信托计划 100 万的进入门槛。信托和银行理财到底是不是一回事？我们下面就来了解一下理财信托是什么。

什么是理财信托产品？

我们先回顾一下信托资产的三大来源：集合资金信托、单一资金信托和财产管理信托。集合资金信托是我们普遍理解的信托模式，参与者多为中小投资者，资金用途包括债务融资类和股权融资类；单一资金信托的委托人是单一主体，一般为实现特定目的而设定；财产管理信托则面向高净值家庭，主要为财产跨代传承提供服务。

更为直白、更好理解的解释是，"信托——受人之托，代人理财"。集合信托的一般运作模式是由信托公司发行，收益率和期限固定的理财产品，融资方通过信托公司向投资者募集资金，并通过将资产抵押给信托公司以及第三方担保本金收益如期兑付。

在我国，信托公司和银行、保险公司、证券公司同为国家的四大金融机构。证券受证监会监管，保险受保监会监管，信托和银行受银监会监管，银行和信托发行的理财产品都需要银监会的批准。截至 2016 年年末，全信托公司管理的信托资产规模达到 20.22 万亿，同比增长 24.01%，环比增长 11.29%，信托业跨入了"20 万亿时代"。

信托运用于金融投资与财富管理的分类解读

房地产金融与信托

信托业的发展与房地产行业关系密切，信托的真正发展是从 2007 年开始的，始于房地产发展产生的制度红利。房地产信托是实践中非常多的一种信托产品，有 4 种主要模式。

基本模式

设立信托制基金（单一或集合资金信托计划），通过股权、债权或夹层融资的方式为房地产项目公司提供融资。通过信托构建一个基金，以受托人名义投资房地产项目公司。

复合模式

在基本模式的基础上，在构建投资基金时，综合运用信托、有限合伙、资产管理计划，有时还会进一步采取结构化、对冲的法律安排。这样的设计既能够综合运用不同的制度工具，也可以有效应对监管。

收益权信托模式

这种模式的实践尚存在争议，焦点在于信托收益权是如何构造的、是否符合法律规定。

实践中，一种做法是构造一个特定资产收益权，以此作为基础资产成立财产权信托——财产权信托是把资产进行拆分，进行证券化，之后拆分为份额化的信托收益权，然后将信托收益权转让给投资者。另一种做法是设立一个资金信托计划，通过财产权转让的方式为原始权益人提供投资。前者主要利用了资产证券化的逻辑，而后者主要是为了应对房地产信托贷款的监管限制。

REITs 模式

这既是房地产信托的一种模式，也是资产证券化的一种模式。

信托制证券投资基金

就产品架构来说，信托制证券投资基金和房地产信托并无本质的不同。一方面，利用信托或者"信托 + 有限合伙"的模式构建一个基金（资金池）；另一方面，基金管理人、投资顾问通过一个相对审慎的决策机制构建一个股票资产池，然后以之前构建的基金来交易这些股票。比较典型的这类产品是定增基金和阳光私募。

财产权信托与资产证券化

公募资产证券化

融资方通过转移资产使经营资产特定化，实现资产隔离，形成基础资产，然后以基础资产的现金流进行证券化。从风险防控的角度看，现阶段绝大部分补充增信的工作由原始权益人完成。现在很多投资银行部门在做资产证券化业务时，首先衡量基础资产是什么，其次衡量基础资产原始权益人的信用如何。

特殊目的机构资产证券化

特殊目的机构资产证券化主要分为 3 类：信托计划、证券公司的专项资产管理计划、基金子公司。就法律关系而言，无论是上述哪一类计划，广义上都属于基于信托制度的信托计划，只是管理人的身份由于监管的原因存在差异。

信贷资产证券化

信托资产证券化的法律体系较为清晰：发起机构按照一定的标准，在贷款池中遴选基础资产，打包放入特殊目的机构中，设立信托计划，再将基础资产发行证券卖给投资者。对于有抵押债权转移是否需要变更抵押登记的问题，司法实践也早有定论：在主债权转移的同时，担保物权一并转移，资产入池并不要求以抵押变更登记为前提。在实践中，这种模式基本不存在操作性的争议。

企业资产证券化

企业资产证券化关注的法律焦点在于是否设立了一个有效的财产权信托，能否实现资产的转移，即资产的真实出售。真实出售的判断，在实践中可参考以下法律标准：一是构造基础资产时是否符合法律规定，是否对财产或财产权集合的权益边界进行过清晰界定；二是转让方是否丧失了对基础资产的收益索取权，转让方的债权人不能对基础资产进行追索；三是财产和财产权的风险和报酬是否已经完全转移。

私募资产证券化

和公募模式的资产证券化相对照，所谓私募模式，就是以私募基金构建资金池，并与资产池进行交易。同时，私募基金的受益人份额也可以进一步流转。这是实践中所谓的准资产证券化产品的一种。与公募资产证券化相比，在实质性风险可控的情况下，私募资产证券化的操作周期更短，资产评级要求可能会降低，但融资成本会比公募高。

REITs

公募 REITs 有两种途径，一是通过离岸的架设（特殊目的机构体系）打造资产池，境外特殊目的机构通过持有境内外商独资企业的股权，设立基础资产，发行信托基金，投资人通过信托基金持有特殊目的机构的股权；二是在境内发行公募信托制基金用于收购国内的经营性物业，从而获得租金和增值收益，但这种基金的期限一般比较长。在国内，发展 REITs 的问题，是目前经营性物业的价格比较高，而收益率却比较低。REITs 的本质是一个聚合投资。当然，通过发行 REITs 产品为开发商或持有不动产物业的企业提供融资，也是一个现实的房地产金融路径。

国内真正属于标准 REITs 产品的，可能是 2013 年上市的开元产业信托基金和很早以前的越秀 REITs。国内最近也出现了一些新的REITs 或准 REITs 产品，但严格来说，这些产品大多是准 REITs 产品。

土地信托

实践中的土地信托主要有 4 类，一是土地流转信托，二是土地整治与复垦搬迁安置权信托，三是土地经营收益权信托，四是公益林信托。土地金融与信托的创新实践，要点主要集中在基础资产的分拆、隔离登记和农业产业化等问题。尤其农业产业化的基础缺失，导致土地金融、土地信托融资存在市场缺陷，影响信托产品的创新和发展，需要很长的时间进行优化。本质上，土地信托的问题和资产证券化特殊目的信托存在共性，都是财产权信托的问题。

信托在中国的发展

信托在我国的发展可以分为三个阶段：第一个阶段是信托发展的初级阶段，发生在 1979—2001 年，也可称为探索时期。在这一时期，信托机构的初始功能定位首先是类同于银行的融资功能，同时，信托由于其自身特质也成为混业经营的改革试验田。各种历史因素汇集到一起，客观上要求当时新成立的信托机构应当是全能型的，既要有银行的功能，可以从事存贷款业务；又要有实业投资的功能，这样才能实际地参与项目的建设；还要具备在国外发行债券的资格。探索时期的市场环境强化了信托机构"金融百货公司"的倾向，逐步确立了信托业以经营银行业务为主的混业经营模式的合法性。

现在看来，探索时期对信托业的功能定位偏离了信托的本源业务。客观原因在于信托业作为改革工具和融资工具的政策取向使之难以定位于信托本业；制度供给不足，难以支持信托本源业务的开展；居民收入水平低下，也难以支撑信托本源业务的开展。所以在这个阶段，信托业以融资类业务为主营业务。

第二个阶段是信托发展的中级阶段，发生在 2002—2006 年。经历了一段野蛮粗暴的增长后，信托事故频频发生，1982—1999 年期间，监管部门先后多次对全行业展开清理整顿规范工作，并从国家制度层面重新定位信托业的基本功能，促使信托公司回归财产管理。中国人民银行先后公布《信托投资公司管理办法》和《信托投资公司资金信托管理暂行办法》，规定信托基本关系是信托制度的基础，信托公司是利用信托制度进行营业活动的主体，信托公司的主营业务是资金信托。这些法规的出台，标志着中国信托业从探索时期进入了规范发展时期，虽然在这个时期融资类业务依然存在，但占比显著下降。同时，资产管理业务成为信托业的一个新的主营业务。[5]

第三个阶段是从 2007 年至今的信托业的高速增长时期。2007 年3 月 1 日，中国银监会颁发实施了重新制定的《信托公司管理办法》和《集合资金信托计划管理办法》（简称"新两规"），取代了原有的《信托投资公司管理办法》和《信托投资公司资金信托管理暂行办法》。2008—2013 年，由于中国经济处于上行周期、人均 GDP 的提高促进了人们理财意识的觉醒 、"新两规"等一系列市场化改革措施的推行，信托业经历了爆发式增长，信托业管理资产规模超过了保险业、证券业和基金业，并在 2013 年一跃成为中国金融体系中的第二大子行业。

然而伴随中国经济进入新常态，房地产、基础设施进入深度调整期，信托行业的增速持续放缓，传统业务模式与资产布局进入转型期，由此导致信托公司常规类产品供给持续下降、创新类产品尚未形成规模。而频频曝出的信托产品打破刚性兑付的事件，更是使得原有产品模式亟待升级。与此同时，财富管理市场的参与机构不断增加，高净值客户财富管理意识逐步增强，呈现多元化、个性化的特点，信托公司单一产品体系已难以满足客户的多样化需求。在自身转型与市场竞争的双重压力下，转变财富管理发展思维、推动业务模式转型升级，已成为信托公司的必然选择。

信托发展的未来展望

发展方向

2016 年 12 月 26 日，银监会主席尚福林在中国信托业年会"信托业可持续发展之路"中重点提到信托业要回归信托本源并且服务实体经济。首先，信托公司要以信托本业为主体，聚焦资产管理、财富管理、受托服务。其次，信托公司要通过开展投贷联动、债转股等业务支持实体产业的发展，通过并购基金促进落后产能转型升级，通过资产证券化盘活市场流动性，将社会闲置资金引入实体经济领域。

业务模式创新

私募股权投资信托

资产管理业务所对应的资产运用，主要是针对股权、证券等的投资活动。这正好能使现有信托公司发挥资源禀赋—股权投资的功能，在为新兴产业提供资金支持的同时，促进国家经济的持续发展和多层次资本市场体系的构建。开展多样化的股权投资业务后，私募股权类信托不再设定预期收益率，信托可以回归投资的本源。

新兴的资产管理业务

虽然在资产管理业务的运行中，也需要将资金投入实体经济和资本市场，常常需要对接企业的融资，但它在本质上不同于传统的债权类融资业务。债权类融资业务是卖方业务，出发点是满足企业的融资需求，收入来源于"利差"，同时因为要承担刚性兑付的压力而属于风险型业务，信托公司开展此类业务的收入高，但风险也大。资产管理业务是买方业务，出发点是满足投资者的理财需求，收入来源于佣金，不必刚性兑付，因此属于收费型业务，信托公司开展此类业务的收入不会太高，但自身风险也较小。

信托基金

信托基金的第一个特征是规模化。只有当一个信托产品达到一定规模时，才有可能通过组合投资分散它的风险。基金化信托产品可以通过分散投资在空间上的分布从而把信托风险分散开来。信托基金的第二个特征是长期化，做到风险在时间分布上的分散，以应对经济周期、宏观调控对企业和项目的短期影响。信托基金的第三个特征是流通化。不难理解，信托基金需要有较强的流动性，如此才能吸引规模化、长期化的资金加入。作为资产管理手段的信托基金与如银行理财产品、证券公司资产管理计划、保险债权计划、公募基金、私募证券基金、私募股权基金、产业投资基金等资产管理产品相比，优势在于它能够跨行业进行大类财产配置，即资金可组合投资于证券市场、信贷市场、产业市场。基于此，构建理想化的信托基金的努力方向可以是：加强对宏观经济变化的敏感性，站在整体把握金融市场的立场和角度，预测并确认经济周期转换、大类资产市场轮动、宏观经济金融政策调控的方向与力度，从而把握不同时期的重大业务机会，确定相应的重点投资品种。

信托与财富管理的结合

信托作为一种财富管理的方式，具有风险隔离、长期规划、弹性设计、受益人权益最大化等优点，众多财富管理产品和服务设计都离不开信托制度的应用。近年来，我国的信托财富管理已呈现出特色化和定制化的特点，参考国外信托类财富管理机构的特色产品，发展方向总结以下。

慈善信托

主要内容包括建立信托时的节税规划、慈善信托基金的建立和管理、向信托基金和慈善机构的捐款管理。

财务规划

主要内容包括长期财务规划及退休规划、投资基金资产组合管理、人寿保险规划、养老金咨询、税收筹划、教育基金规划、全权账户管理等。

财富转移

主要内容包括设立遗嘱、协助客户制定授权书并担当受托人、遗产规划。遗产规划实际是财务规划的延伸，财务规划的目标是在整个生命阶段规划财富以实现财富的保值增值，而遗产规划的目标是在最坏的情况发生时保护遗产并保证家人的未来生活。

遗产信托

主要内容包括执行遗嘱信托、遗产管理、家庭信托服务、全权信托服务、遗产保护等。

生活护理

主要内容包括投资组合托管服务、公用事业缴费服务、物业维修协调（包括自住物业和投资物业）、医疗问题服务（例如预约医生、医疗索赔）、看护老人、纳税申报、税务代理、保险更新、协调法律事项等。

健康服务

主要内容包括健康和人身伤害保障等相关服务，类似于保险。

信托作为一种优良的财产转移和管理制度，自中世纪诞生到现在，历经数百年而不曾消亡，并且流传到世界各地，发挥着巨大而独特的功用。

海外市场布局

人民币国际化和金融市场的加快开放，为信托公司开展境外资产配置业务带来了战略机遇。从长远来看，该项业务必将是信托公司转型发展的重要组成部分，但目前市场刚刚打开，受到外汇管制的影响，信托公司开展境外配置业务的空间有限。信托公司应抓住政策放开的窗口期，充分利用境外投资的有限额度，以 QDII 作为通道，进入境外投资市场；之后逐步完成海外投资和运营团队的组建，持续完善全球投资运营管理体系；最终进入全球配置型产品主动管理的阶段，逐渐扩大全球市场上的投资规模和品类。

监管制度的完善

2016 年，监管层相继出台《关于进一步加强信托公司风险监管工作的意见》和《银行业金融机构全面风险管理指引》，在实质风险化解、引导配资业务、加大非标资金池清理力度、强化资本管理等方面明确提出信托公司要严守风险底线，促进行业稳健发展。而信托行业评级体系和信托监管评级体系的建立，将信托公司风险控制、资产质量、合规经营全面纳入监管体系。一系列新政的出台不仅体现出监管层对于信托行业提出了更严格的要求，也有益于促进行业在转型期的健康持续发展。

尽管如此，信托市场基础制度建设仍存在许多有待完善的方面，具体包括以下几点。

完善信托登记披露制度

虽然信托法中有关于信托登记的要求，但是在实践中，信托财产登记制度的缺失使相关的要求在事实上无法达到。中国目前的信托业务主要局限于资金信托，无法发挥出信托在实践中的真正优势，重要原因之一就是委托人的动产、不动产、股权等非现金财产在实践中无法交付信托。这一问题也阻碍了家族信托业务的发展。

加快建设公平的市场规则

目前证券监管机构不愿接受存在信托持股的企业的 IPO 申请，这使信托公司的私募股权投资业务受困于退出通道的不畅。相关机构需要本着公平对待的市场规则，对不合理的规定予以解禁。

加快构建信托产品的流通市场

缺乏流动性是现有信托产品的一大短板。构建信托产品流通市场，有助于期限较长的信托基金的开发和发行，提高资产管理业务在业务结构中的占比；有助于形成风险分担机制，通过市场释放信托产品的风险；有助于借助市场监督的力量，提高信托产品的安全性。

为信托直接融资工具构建发行市场

具体措施包括将信托制度的优势与债券发行制度相结合，设计依附于信托的私募企业债券，从而将信托融资业务由风险型业务转为收费型业务。但这需要更大力度的金融创新，也必须考虑金融市场和社会的承受能力。可以先从区域性股权交易市场开始，使其接纳信托直接融资工具的发行和流通。

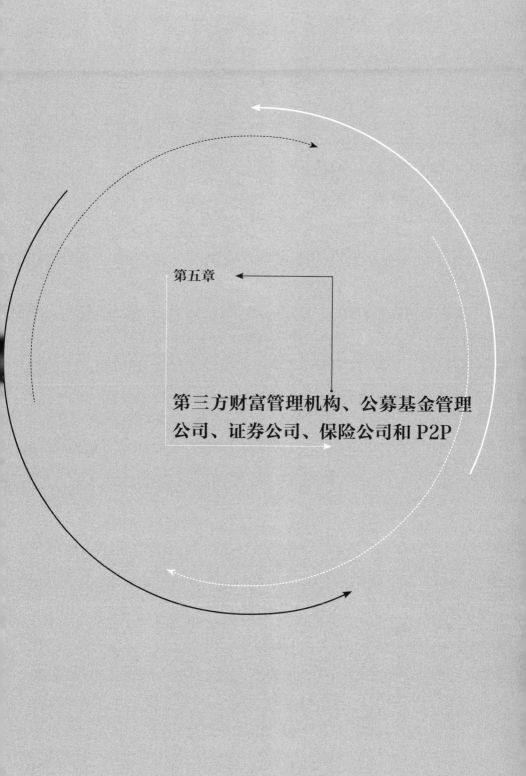

第五章

第三方财富管理机构、公募基金管理公司、证券公司、保险公司和 P2P

第三方财富管理机构

第三方财富管理机构的定义

第三方财富管理机构是指独立于基金公司、证券公司、保险公司和银行等大型金融机构，主要为客户提供综合性的财富管理规划服务和产品推荐的独立法人的金融机构。[1] 第三方财富管理机构经常被称为独立第三方理财机构，因为它并不代表金融产品的发行方，而是站在客观公正的立场上，按照客户的具体特点和实际财富管理需求为其提供大类资产配置建议，然后在市场上搜寻各种最优的金融工具组成适当的资产组合。

这个逻辑是不是有些似曾相识？其实你也可以将第三方财富管理机构看作平民版的家族办公室或私人银行。在美国，有些第三方财富管理机构专门为超高净值人群或财富家庭管理资产，提供财富管理方案。

第三方财富管理机构的起源

第三方财富管理机构起源于美国等西方国家，20世纪90年代最先进入香港，2005年左右开始在中国大陆地区发展业务。在欧美等地的发达国家，第三方财富管理机构在财富管理市场上占据的份额达到60%以上，在中国台湾、香港等地也占30%左右，而在大陆，这个数字还不到5%。

2004年被称为中国的"理财元年"，在实际利率为负的背景下，各大银行先后发布人民币理财产品，纸黄金、货币市场基金相继火了起来，国人的理财意识开始觉醒。但在当时的市场环境下，第三方财富管理机构的数量并不多，主要业务是代销二级市场产品。2005—2006年，经济形势向好，中国的第三方财富管理机构迎来第一波大发展。市场上的金融产品越来越多，令投资者眼花缭乱难以选择。这一时期各金融机构也相继设立自己的财富管理品牌，但由于存在独立性差、产品线单一的软肋，大量的第三方财富管理机构也只是做着代销产品的业务。2008年熊市来临，第三方财富管理机构哀鸿遍野，很多机构纷纷关门。但2008年年底的"4万亿计划"带来了信托业的腾飞，而2009年迅速窜高的房价带来了一批高净值用户，为第三方财富管理机构的成长奠定了基础。在信托公司体量急速提升的同时，第三方财富管理机构也迅速崛起，享受市场的政策红利。那段时间，大批房地产企业和政府基建大幅度扩容，巨大的融资需求被包装成为各种各样的信托产品，信托公司也纷纷成立了自己的财富管理公司进行第三方理财产品销售。因此，在这个时期，第三方财富管理机构在做的也只是从产品端拿信托产品，在销售端为所谓的理财师偿付佣金，从中赚取差价。但即使是这样，第三方财富管理机构还是赚取了上千万的收益。

然而，随着中国经济进入新常态，房地产行业陷入摇摆之势，地方政府债台高筑，项目风险也暴露出来，多方面的因素导致现阶段的中国进入项目"资产荒"时代。这对于一路走来的第三方财富管理机构来说，是巨大的挑战，因为它们过去的模式严重依赖资产端和销售端。在信托产品收紧的背景下，第三方财富管理机构倍感压力，尤其是没有强大股东背景的中小第三方财富管理机构，它们既没有产品，又没有固定团队。传统的产品销售模式已经难以为继，业务转型升级迫在眉睫。

第三方财富管理机构的优势

或许你会觉得中国的第三方财富管理机构是不是太差了，怎么就知道销售产品。确实，只关注销售佣金，而没有考虑客户真实需求的机构是非常差劲的，也将会被市场淘汰。然而，反观欧美成熟市场，我们不难发现，最早的第三方财富管理机构也是从销售产品开始，随后过渡到 2.0 版本的资产组合顶层设计，到最终 3.0 版本的全权委托。终极版的全权委托其实与家族办公室和私人银行的经营理念一致，只不过各个机构协调资源的能力不同。

表 5-1　第三方财富管理机构的商业模式演变

	1.0 产品导向	2.0 资产组合顶层设计	3.0 全权委托
服务内容	相对低端初级，无组合概念	大类资产配置的方案	财富管理的最高级别
收费方式	收取销售佣金	收取配置方案咨询费	收取资产管理费
客户回报	单个产品在投资期限内的收益	了解产品组合的风险和回报，对基金经理和财富管理师的眼光有要求	深刻理解客户的多样化需求，制定全生命周期的财富管理方案

基于对财富管理模式正确的、有良知的理解，我们认为第三方财富管理机构应该独立于金融机构和客户，根据客户的需求对金融机构

的产品进行整合，为客户提供公正、客观的理财方案。第三方财富管理机构应该主要依靠自身的优势吸引客户。

首先，独立的第三方财富管理机构从理论上讲是客户的买方经纪，以中立的态度提供服务。由于中立的特点，这些机构不应该主要从事产品销售，而是应该面向客户服务。它们应该根据顾客财富管理需求的生命周期，为客户提供全方位的、高度定制化的金融服务，从而建立起长期稳定、高度互信的客户关系。

第二，提供量身定做的财富管理服务。与传统财富管理顾问机构不同，独立的第三方财富管理机构不以销售金融产品为主要目的，而是根据客户的个性化需求提供整体解决方案，从而最大限度地满足客户的财富管理需求。

第三，客观中立，不偏不倚。由于第三方财富管理机构不隶属于任何大型金融机构，它的所有考量都是以客户的财富需求为中心，而不是为了通过这种关系向客户交叉销售其他的金融产品或者服务。这样才能帮助客户选择真正符合其自身利益的财富管理工具。

第四，注重投资者教育。真正的财富管理既不是单一产品的销售，也不是只看产品的收益率，而不考虑波动性、流动性和其他的相关因素。中国的财富人群正在快速提升他们的财富能力，其中相当一部分原因在于以独立第三方财富管理机构为首的财富管理机构及从业人员所提供的投资者教育。

国内第三方财富管理机构存在的问题

美国第三大第三方财富管理机构 Aspiriant 的创始人蒂姆·柯契斯曾这样描述中国的第三方财富管理机构："一方面要满足中国投资者巨大的投资需求，但另一方面，一个尚处于起步阶段的市场，在理财产品的供给和专业理财师的配比方面都存在缺口。"蒂姆非常看好中国的财富管理市场，但是他的这句话也点明了中国第三方财富管理机构需要思考的问题。

之前我们已经提到过第三方财富管理的模式问题。长期以来，国内大多数的财富管理机构并没有真正为客户着想，只是想借助市场的大潮捞一笔"二道贩子"钱。这样的做法违背了第三方财富管理机构应该秉持的客观中立的核心价值，从长期来看难以真正赢得客户的信任。更不用说那些冒牌的、最后跑路、飞单的、危害社会秩序的非法机构。下面，我们来分析一下国内第三方财富管理机构存在的主要问题。

监管缺失，准入门槛过低

第三方财富管理机构目前最大的弊病之一，是准入门槛太低。很多手握一定客户资源的原金融机构的销售人员，只花100万元就可以在工商部门注册成立一个投资公司，正式进入这个行业。这导致不少从业人员在利益的驱动下以赚快钱的心态入场，他们在向客户推销产品时，不会主动、详细地向客户披露风险，相反，经常以高收益为由诱使客户购买产品。能够真正为客户提供符合实际的中长期理财规划并且具备专业水准的理财师简直寥若晨星，整个行业鱼龙混杂，因此相关的监管政策是必不可少的。

反观海外的成熟市场，第三方财富管理已经是比较成熟的行业。以澳大利亚为例，其在2002年推出金融改革法案，对第三方财富管理机构金融产品的销售等服务提出监管要求。而在第三方财富管理业务最为成功的美国，对于第三方财富管理行业，也有大量的配套法律法规。

而在中国，第三方财富管理在界定和规范上尚存在法律真空。第三方财富管理机构并未获得任何金融与准金融牌照，甚至没有在任何监管机构报备。当前金融创新的速度很快，对于监管的挑战也越来越大，针对第三方财富管理机构推出具有一致性要求的监管政策，成为当务之急。鉴于国内分业监管的金融行业监管政策，对于第三方财富管理机构的性质、模式、业务范畴等的界定急需明晰，并需指明监管职责，制定一部基于行业的法律或法规，这样在发生风险时就不会出现权责不清的情况，也会为第三方财富管理机构未来的长远发展指明方向。

追求佣金，市场进入恶性循环

在财富管理市场中，流传着一个行业内公开的秘密："没有卖不出去的产品，只有出不起的通道费。"它非常生动又准确地描绘出第三方财富管理市场的现状。通道费引起了"劣币驱良币"的问题，只要付得起通道费，就可以把产品卖出去。这样畸形的行业业态，也使得财富人群很难与财富管理机构建立信任感，委托管理停留于短期化，而这种短期化的关系会大大伤害财富管理的效果。

在这样的市场环境之下，那些有良知的、想要用心建设财富管理市场的财富管理机构，会试图构建一种更先进的商业模式。可悲的是这种模式很难构建起来，或者说需要非常大的耐心与资本的支持。因为当这样的机构对客户说，我们采用的是全权委托模式，收取你1%的管理费时，就会有无数的机构冲上来说我们只收0.5%，或者不收钱。后果可想而知，劣币照样可以驱逐良币。

这样一个市场会长期处在一种相对固化的恶性循环之中，很难从惯性中挣脱出来。与此同时，中国大量的高端财富人群，因为长期不能在国内的财富机构得到水平较高的服务，开始转向海外，寻求高质量的财富管理服务，近的转向中国香港或新加坡，远的转向欧美。这种转移现象在过去几年已经表现得非常明显了。

产品端告急，模式求变，向更高阶迈进

2014 年 5 月，银监会下发《关于 99 号文的执行细则》，禁止信托公司通过其他非金融机构推介信托计划。此前，很多第三方财富管理机构主要依靠销售信托产品为生。监管环境的改变，倒逼财富管理机构转变，触发了财富管理行业的变革。对于规模较小、业务单一的小型机构，或者一些尚未来得及建立自己的销售网络的信托公司来说，这种冲击可能是灾难性的。而规模相对较大，运作较为规范的第三方财富管理机构，也在从销售信托产品转向代销基金子公司和证券公司发行的资产管理产品等类固定收益品种。

当大部分第三方财富管理机构还在为未来的生存发愁或竞相售卖产品时，国内一些较大的第三方财富管理机构如诺亚财富、利得财富、好买基金等，已经走上了转型之路，实现从最初的代销产品向提供综合金融服务的财富管理机构转型。诺亚财富在 2014 年的年报中表示，资产管理业务的发展，正给诺亚财富带来可预见且可持续的现金收入。这也意味着诺亚的商业模式其实已经悄悄出现了重要转变。

在英美等成熟市场，第三方财富管理机构在基金、保险等产品的销售市场上占据着主导地位，拥有 60% 以上的市场份额。除此以外，向个人客户收取财富管理咨询费的经营模式逐渐被市场认可，咨询费成为独立第三方财富管理机构获取利润的重要来源。然而在中国，大部分第三方财富管理机构仍在采用代销产品从而获取佣金的经营模式，因此政策和市场的变化已成为国内第三方财富管理机构面临的最大经营风险。

复合型的专业人才紧缺

第三方财富管理机构对理财师的要求其实是非常高的。他们需要对市场上的投资工具有相对深刻的理解，并且可以与优质的产品建立渠道关系。同时，他们需要有制定资产组合方案的理论基础，在成熟市场，如美国的理财师需要考取注册投资顾问牌照才可以从事财富管理工作。最后，也是最重要的，理财师要有与客户建立信任关系的能力。专业的分析其实目前有很多技术可以辅助实现，但理财师与客户间的信任与理解不是可以随便被替代的。

然而，目前第三方财富管理机构中的理财师并不具备合格理财师的专业素质，所做的工作就是拉客户，同时进行简单的产品销售。当然这很大程度是受当前的主流业态影响。但是为了中国第三方财富管理市场长期而健康的发展，复合型专业人才的培养急需提上议事日程。

第三方财富管理机构的监管体系

国内的监管

早期的金融市场往往会出现监管滞后的问题。中国独立第三方财富管理机构的迅猛发展，使得中国监管的问题越发凸显。总的来看，中国对于第三方财富管理机构的监管主要存在以下问题。

监管体系不完善，无人主管略显尴尬

目前，国内的第三方财富管理本质上属于中介服务，各个机构所提供产品涉及银行、保险、证券等多个行业，但各行业对于第三方财富管理机构并没有相应的管理制度，更没有专门针对第三方财富管理机构的法律、法规以及管理政策。第三方财股管理行业面临无人主管的尴尬局面。根据现行的法律、法规，银监部门只对银行业机构的金融活动实施监管，对企业、个人等社会领域的集资行为无权介入。作为市场监管主体的工商行政管理部门代表国家对企业法人资格进行确

认，并依照工商法规监管企业行为，如是否存在超范围经营、商业贿赂、虚假宣传、侵犯消费者权益等行为，但无法对所售产品、操作模式等核心内容进行监管。

行业准入门槛低，违规事件频发

第三方财富管理行业的准入门槛不高，那些只想提供咨询服务或会员制服务的人，只要手中有客户资源和几百万元注册资金就可以成立第三方财富管理机构。业内鱼龙混杂、良莠不齐，一些资质较差的公司为了生存发展往往采取恶性竞争手段，虚假宣传、欺诈投资人、滥用投资人个人信息等违规事件频发，扰乱了行业秩序。

成熟市场的监管

经过长期的试错和磨合，成熟市场上的独立第三方财富管理机构已经获得了长足的发展，随着市场的不断壮大，监管措施也不断完善。

美国

美国虽然没有专门针对第三方财富管理机构的法律，但它是全球证券法最完善的国家，《1933年证券法》《1934年证券交易法》《1940年投资公司法》等在美国1929年股市大萧条之后形成的严厉的监管体系，不仅构成对整个资本市场的严厉监管，也是监管独立第三方财富管理机构的重要法律依据。美国第三方财富管理机构的从业人员最初主要是证券和保险经纪人。在早期的业务形态中，他们向自己的客户推销证券、保险类金融产品，逐渐地附带提供一些财富管理的顾问服务。随着时间的推移，其中一些人积累了大量的市场经验，与客户建立了深厚的信任，可以不再简单地向他们推销具体的金融产品、收取产品发行方提供的佣金，而是专门提供独立的理财顾问服务，并且收取相应的服务费。

在服务模式方面，美国第三方财富管理行业在发展的初始阶段主要采取顾问式营销服务模式，也就是我们之前总结的财富管理模式1.0版本——产品导向，以面向不特定客户群推销产品为主要销售手段。如今，美国的第三方财富管理服务已经向全权委托模式转变，该模式更能体现财富管理服务的专业化、个性化特点。当然，这种模式的转变也建立在市场、投资人、从业人员以及机构的成长和信任的长期积累之上。

澳大利亚

澳大利亚是全球第一个以成文法形式规定第三方财富管理机构监管的国家，这使行业监管有法可依。同时，澳大利亚的金融监管架构分工明确，由澳大利亚审慎金融监管局、澳大利亚证券和投资委员会、澳大利亚储备银行三大独立机构组成。监管框架共分4级，由低到高分别是市场纪律、企业和市场的监管、消费者权益保护、审慎监管。在有法可依的基础上，金融机构的分级管理监督实现了制度的落地。

完善我国第三方财富管理机构监管的启示

建立完善的法律体系，我们可以参考美国、澳大利亚对第三方财富管理机构采取的监管措施，学习它们的经验，通过专门的法律明确监管范围、职责和管理措施。

设定严格的行业进入门槛

建立第三方财富管理行业准入制度，明确行业性质、业务范围、资金要求、监管内容、法律责任等。对符合行业准入标准的第三方财富管理机构发放营业牌照，通过抽检及考核等方法对其进行跟踪监管，把好第三方财富管理机构的入门关。

建立专业、职业的第三方财富管理机构从业人员队伍

成熟市场上的理财服务队伍大多由经验丰富、信用优良、有金融

或法律从业经历的人员组成，这些人行为举止专业、素质优良，这会极大地提升财富客户的信心。在我国，目前相当多的从业人员是半路出家，对于资本市场和财富管理的认识还很模糊，需要通过系统的培训考试和职业继续教育全面提升从业人员的专业素养。

建立行业自律制度

新兴行业除了需要国家法律、法规的引导与监管外，还需要建立自律组织，充分调动集体的主动性与积极性，形成良好的职业规范与职业道德。

加大对独立第三方财富管理机构的检查力度

针对目前机构存在的各种问题，监管部门可以通过开展专项检查、加强巡查、定时随机抽查等方式加大监督力度，整肃行业内的不法行为。

第三方财富管理机构的商业模式转型升级

美国第三方财富管理行业的演变

金融理财行业在美国的兴起可以追溯到 20 世纪 70 年代，从业人员主要来自金融机构的财富管理部门和证券保险代理人。最初的服务主要采用佣金提成的单一模式，主要经营基金、股票和保险代理等业务。进入 20 世纪 90 年代，随着美国公民财富的持续积累，财富管理机构开始思考行业的变革和创新，客户原本只是单纯地投资获利产品，后来发展出了更加多样的理财规划类需求：税收筹划、养老规划、子女教育等。由于客户需求的多元化发展，美国的第三方财富管理机构的盈利模式也逐渐从向产品端收取销售佣金的盈利模式转为向客户收取资产管理费。

以美国的 Aspiriant 公司为例，这是一家位于加利福尼亚州的具有领导地位的财富管理机构。它的盈利模式就是向客户端收费，具体的收费方式分为两项。

第一项是理财规划服务费，这是占比较小（约 10%）的一部分收入，可按小时、项目固定费率或年度固定费率收取。第一年的费用通常较高，大约在 2 万—2.5 万美元之间。这是因为在起始阶段，理财师们需要投入大量精力去了解客户、为客户制定全面的理财规划。规划制定后，每年的收费会大幅降低，一般为数千美元。

第二项是资产组合管理费，其费率随着资产规模的增加而递减：第一个 500 万美元，每年收取 0.85% 的服务费，合 42 500 美元；第二个 500 万美元，每年收取 0.5% 的服务费，合 25 000 美元；超过 1 000 万美元的部分，每年收取 0.3% 的服务费。资产管理组合收费占到公司收入的 90%，是其主要的收入来源。

表 5-2　第三方财富管理机构收费模式的对比

	向客户端收费			向产品端收费
	按小时计费	年费	按资产规模收费	销售佣金
优势	依据咨询师经验的丰富程度和服务类型制定差异化费率。	有利于建立长期关系；利益冲突较少。	维护成本较少；收费随着资产增长而增加。	有利于激励销售人员提升销量。
劣势	维护成本较高；难以进行主动销售；难以提供多产品的服务。	费用较难增加；可能会提供额外服务而不能得到额外回报。	除了一般的财务规划，还需要较强的资产配置能力以实现资产增值。	收入依赖产品提供方，波动较大。
利益冲突	客户可能较少使用咨询服务，即便在他们需要的时候。	较少。	在市场表现不好时，客户可能要求缩减规模以降低风险。	影响其作为第三方的中立性。

Aspiriant 表示向客户端收费的方式拥有极强的稳定性和连续性。只要客户本身的财务状况没有发生重大变化，或是不存在市场风险偏好急剧转变的极端情况，Aspiriant 的收入波动就会非常小，盈利也会

随着客户资产的增长而增加。而从客户关系角度分析，一旦获取了高净值人群的信任，那么客户本人以及他们的家庭、朋友，甚至子孙后代都可能成为这家财富管理机构的忠实客户，最终成就一段长期稳定的客户关系。

Aspiriant 的高度独立性也正是来源于客户端收费模式。由于采取了只对客户直接收费的方式，它与产品提供方之间不存在利益输送，公司可以真正站在客户的角度，向他们提供独立而客观的理财意见。

中国第三方财富管理机构的转型

中国快速增加的民间财富，以及高净值人群的快速扩大和认知的提升，使得客户端收费逐渐成为一种吸引第三方财富管理机构的潜在商业模式。根据招商银行和贝恩资本最新的调查报告，中国的广大财富人群，特别是高净值家庭，已经越来越多地把财产保值和传承的需求排在单纯的投资需求之前，而且越来越愿意为好的服务付费。一个涉及 300 余人的问卷调查结果显示，虽然 69.47% 的受访者选择产品端收费，但是仍有 30.53% 的受访者认为可以接受客户端收费方式。而结合资产规模的调查分析进一步发现，可投资资产规模越大的客户，愿意选择客户端收费方式的比例越高。这说明，部分高净值客户完全有能力支付服务费用，而且他们已经意识到客户端收费对于保障自身的长远利益是有利的这一事实。

根据美国市场的研究结果，对于成熟的高端人群来说，财富管理机构提供客户端收费服务将可能在中长期满足它们更多的业务需求。参考美国第三方财富管理机构发展历程，众多的中国第三方财富管理机构将极有可能快速进入碎片化的市场，而希望在未来占得一席之地的机构，应该在如下方面寻求突破：

由产品代销机构向资产管理者转型，提供高附加值的产品并获取

更高收益

对于超高净值客户，提供家庭办公室的完整服务，向客户收取服务费用；对于一般高净值客户，主动进入产品设计过程，通过提供主动资产管理产品收取资产管理费；同时，针对市面上的金融产品向需要的投资者提供评级和分析服务。

建立互联网和移动互联网平台

使互联网和移动互联网成为线下交易的前台。通过在线上提供基础性信息和服务吸引客户，配合线下的一对一深入服务实现签约，并在交易完成后通过线上线下提供立体化的服务。

加强投资者教育

参考美国财富管理师协会的做法，通过广泛宣传提升投资者对客户端收费的重要性的认知。

理解每种收费模式的利弊

加强对于产品端收费和客户端收费的了解，对不同的产品进行区别收费。

第三方财富管理机构在中国的未来

在美国，第三方财富管理机构拥有 60% 的市场，澳大利亚超过 50%，中国香港大约 30%，但是在中国内地，这个数字连 1% 都不到。由此可见，第三方财富管理机构在中国的市场发展空间很大。随着中国金融业的快速发展，未来，第三方财富管理机构将成为中国理财市场的一支重要参与力量。

假以时日，第三方财富管理机构的一些理财顾问也肯定会成为出色的私人理财管家。私人理财管家提供专业化、个性化以及综合性的私人理财顾问服务，讲究的是量身定做和专属化。就好像是一个全方位的财富管家，他对于家庭财富管理的作用，与一个全科的家庭医生类似。这样一个团队以财富客户的全面财富管理需求为核心，为客户进行全方位和高质量的财富管理规划，同时在市场上最优秀的资产管理产品中筛选合适的产品。目前，成熟市场上的一些独立理财顾问公司、私人银行、家族办公室，以及围绕着他们的大量专业人士，如律师和会计师，都在提供与此相关的服务。

私人理财专家提供的综合性私人理财顾问服务，可以帮助客户全面掌握信息，更好地规避风险，同时系统地梳理自己的财富管理需求，获取全面贴心的服务。这种服务是第三方财富管理的最高阶段。私人理财管家就是要让客户获取充分信息，享受深度服务，全面实现财富的保值增值和传承。随着我国金融市场包括货币市场、资本市场、外汇市场的迅速发展以及日趋成熟，国内的财富家庭会逐步尝试各种深度的财富管理服务，对于私人理财专家的需求将会越来越旺盛，从而为第三方财富管理机构的发展带来新的商机。

公募基金管理公司

我们在上一章介绍私募投资基金时，提到与之对应的就是公募基金。作为在我国发展时间较长的一种资产管理机构，与国内目前其他的资产管理机构相比，公募基金管理公司可以说是信息最为透明和监管最为规范的机构。那么，公募基金到底是什么？它的优势、定位以及未来的发展趋势又将会是怎样的呢？

公募基金的定义和发展历程

公募基金是由合格的基金管理机构面向非特定投资者公开发行的、主要包括二级市场的股票和债券等证券的投资基金。监管部门对于这些基金的发行，有着严格要求，比如信息披露、利润分配、运行限制等。目前国内证券市场上的公募基金品种很多，比如指数基金、ETF（交易所公开交易基金）。由于面向不同的投资人，公募基金和私募基金各有各的特点，它们的健康发展对于金融市场的发展都有至关重要的意义。

公募基金最重要的特点有以下几个：一是面向全体投资者，因而具有强大的融资潜力；二是在监管机构的管理下，公募信息公开透明；三是公募基金具有浮动收益的特点，致力于做到"卖者有责、买者自负"，基金公司只收取管理费；最后，它的认、申购起点通常仅为1元，比起信托的100万元投资门槛，银行理财的5万元投资门槛，公募基金可以说是超级亲民。

公募基金的投资范围主要是二级市场。在传统的投资二级市场以外，公募基金可以投资于中小企业私募债券等非公开发行的、无法在证券交易所转让的债券，以及股指期货、国债期货等证券衍生品以及黄金合约等商品合约。近年来，为了促进多层次资本市场的发展、满足投资者多样化的理财需求，证监会在和其他监管部门充分沟通以后，正在尝试在《基金法》等法律法规框架范围内，大力支持公募基金在产品和市场等方面的创新，力求在风险可控的前提下不断丰富基金的品种、拓展基金的投资范围。目前，证监会正在研究基金参与融资融券、商品期货期权等各种衍生产品，尝试推出REITs等新基金品种。

公募基金的分类

根据主要的投资标的，可以将公募基金分为股票型基金、混合型基金、债券型基金和货币市场基金几大类。

股票型基金

指以股票为主要投资对象的投资基金，持有的股票资产占基金资产的至少 80%。与投资者直接投资于股票市场相比，股票基金具有组合投资、分散风险、追求长期资本增值的特点，比较适合没有股票投资经验、但是愿意分享股票收益的长期投资者，以及追求高收益的积极型投资者。

混合型基金

可能同时投资于多类不同的金融资产，比如同时投资于股票、债券以及货币市场工具。根据组合中各类资产比例以及投资策略的不同，混合型基金又分为偏股型基金、偏债型基金、配置型基金等多种类型。混合型基金的风险和收益介于股权债权和货币市场基金之间，是一种风险及收益都比较温和的财富管理工具。

债券型基金

指债券资产占基金资产 80% 以上的基金。因此，债券型基金的波动性通常要小于股票型和混合型基金，可以说它是一种风险与收益水平适中的投资理财工具，适合风险偏好适中、追求资产稳健增值，以及有优化投资组合、降低整休风险愿望的投资者。

货币市场基金

投资于流动性较好的现金和银行存款，货币市场基金的收益率一般要高于银行一年期定期存款的利息率，适合厌恶风险、对资产安全性和流动性要求较高的投资者进行短期投资。因为具备申赎便捷、到账时间短、交易费用低廉的特点，货币市场基金在一定程度上可以代替活期存款。大家熟知的余额宝对接的就是天弘基金旗下的增利宝货币市场基金。

同时，根据公募基金的资产管理功能，还可将其分为现金管理产品，如互联网"宝宝类"产品；固定收益类产品，如一级、二级债券基金和保本基金；权益类产品，如混合型、股票型基金，或大宗商品、海外等主题类基金。

公募基金的特点

与银行理财、信托产品相比，公募基金具有以下特点。

表 5-3　公募基金与银行理财和信托产品的对比

	公募基金	银行理财	信托产品
投资门槛	零门槛	5 万元	100 万元
投资标的	二级市场	债券、货币市场、信贷资产、票据资产、股票、基金、结构性产品、黄金、艺术品和其他消费品	金融产品、实业
存续期	存续期长	存续期较短，多为 1 年以内	存续期长短不一
流动性	开放式产品可以做到随时申赎	一般为到期后一次性兑付本金和收益	一般为到期后一次性兑付本金和收益
信息透明	透明	半透明	半透明
盈利模式	多为权益类，浮动收益	隐形刚性兑付	隐性刚性兑付
风险	相对单一，主要为市场风险	相对多元	相对多元

公募基金的发展与中国的财富管理

1998 年，中国的公募基金产业诞生。1998 年以前，大部分居民收入不高，温饱尚且是主要问题，理财也就无从谈起。于是，随着改革开放浪潮先富裕起来的居民的理财意识非常淡薄。人们手中的钱多用来存银行、买国债、买房子，股票刚有的时候炒股票，期货出现之后炒期货。投资工具的匮乏并不利于那个阶段的人们建立正确的投资观，更不要说财富管理了。

1998年3月，在亚洲金融危机的笼罩下，中国的基金业诞生了。专业的财富管理机构出现在投资工具匮乏的市场上，基金以一种新生事物的形态出现在投资者面前，很多投资者将基金当作新股纷纷抢购。哄抢让基金获得大幅溢价，许多基金的单位净值仅为1元，市价却远高于单位净值，这种现象在全球基金市场上十分罕见。但是好景不长，2000年开始股市持续低迷，封闭式基金大幅折价交易，基金的"财富效应"并不明显。为此，基金公司主动求变，纷纷推出开放式基金。开放式基金的一大特点是需要向投资者营销。可大部分投资者对开放式基金认知度不高，销售十分困难。尽管基金公司采取了多种营销手段，但收效甚微。

2006—2007年涨幅超5倍的大牛市掀起了人们追逐财富的狂潮，人们对财富的渴望表现得淋漓尽致。在这场盛宴中，基金抓住了前所未有的历史机遇，凭借优异的业绩广受追捧，实现了规模的"大跃进"。以2007年为例，股票型基金的平均收益率达到128%，而同期的一年期存款利率仅为4.14%。华夏大盘精选基金以226.24%的收益率在所有基金中排名第一。明显的"财富效应"使居民购买基金的热情空前高涨。每逢新基金发行，各大银行就会出现深夜排队的盛况，上百亿份基金瞬间被投资者"哄抢"殆尽。2007年10月15日，上投摩根亚太优势基金发行当日认购资金高达1162.61亿元，创下中国基金史上单只基金一天认购金额突破千亿元的最高纪录，这一纪录也足以傲视全球基金业。据业内人士统计，约1/4的城镇居民家庭投资了基金，规模大约相当于居民储蓄余额的 1/6。基金的大发展促进了居民财富意识的大觉醒，彻底改变了普通百姓的理财观念，基金与国债、储蓄一起成为百姓普遍接受的理财方式。

然而，2008 年史无前例的大熊市令投资者财富急剧缩水，但普通百姓的理财意识已经点燃，于是纷纷投资债券型基金、货币市场基金以及其他理财产品以求财富的保值增值。与此同时，为满足广大投资者的理财需求，其他金融机构纷纷推出各类理财产品，特别是信托、银行理财推出的高收益的刚性兑付产品备受投资者青睐，规模迅速膨胀。以信托为例，2009 年年底，其资产规模为 1.5 万亿元，2013 年年底规模增长至 10.91 万亿元，成为仅次于银行的第二大金融子行业。而银行理财产品也保持着每年十几万亿元的发行规模。

2013 年 6 月 13 日，阿里巴巴联合天弘基金推出余额宝，标志着互联网向基金业渗透。在余额宝推出的大半年里，资产管理规模迅速超过 5 000 亿元，投资者超过 8 000 万，增长速度远超人们的预期和想象。2014 年年初，腾讯公司联合多家基金公司推出微信理财通，考虑到微信使用人数之多（超过 6 亿用户），其发展前景不可限量。短短半年时间，互联网这一新技术工具在基金业的应用就加快了货币市场基金的推广和普及，让成千上万的小储户享受到利率市场化的好处，使得财富管理业由精英时代进入平民时代。互联网的介入已经颠覆了基金业的格局并产生了深远的影响。

公募基金的现状

公募基金作为大资产管理行业的重要组成部分，从 1998 年第一只规范运作的公募基金产品成立算起，已经走过了 18 年的发展历程。根据中国证券投资基金业协会发布的数据，截至 2016 年年底，我国境内共有基金管理公司 108 家，其中中外合资公司 44 家，内资公司 64 家；取得公募基金管理资格的证券公司或证券公司资产管理子公司 共 12 家，保险资产管理公司 1 家。以上机构管理的公募基金资产合计 9.16 万亿元，与 2015 年同期比，规模增加了 9.18%。

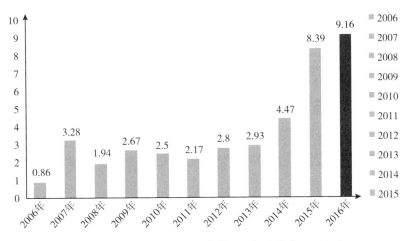

图 5-1 2006—2016 年公募基金总额（单位：万亿）

数据来源：Wind

截至 2016 年 12 月 31 日，市场上的封闭式基金共计 303 只，总 规模 6 340.11 亿元，占比 6.92%；货币市场基金共计 286 只，总规模 4.284 0 万亿元，占比 46.77%；混合型基金 1 707 只，总规模 2.009 万 亿元，占比 21.93%；债券型基金 789 只，总规模 1.423 9 万亿元，占 比 15.55%；股票型基金 661 只，总规模 7 059.02 亿元，占比 7.71%； QDII 基金 121 只，总规模 1 023.96 亿元，占比 1.12%。

表 5-4 公募基金市场数据（截至 2016 年 12 月）

类型	数量（只）	份额（亿份）	规模（亿元）	占比
封闭式基金	303	6 179.14	6 340.11	6.92%
开放式基金	3 564	82 249.17	85 252.94	93.08%
股票型基金	661	6 450.19	7 059.02	7.71%

（续表）

类型	数量（只）	份额（亿份）	规模（亿元）	占比
混合型基金	1 707	18 667.35	20 090.29	21.93%
货币市场基金	286	42730.63	42 840.57	46.77%
债券型基金	789	13 310.59	14 239.1	15.55%
QDII 基金	121	1 090.41	1 023.96	1.12%
总计	3 867	88 428.31	91 593.05	100.00%

数据来源：Wind

2016 年，公募基金的发行体现出明显的迷你化倾向。全年共有 1 151 只基金发行，发行数量较 2015 年增加近 40%，合计募集规模达 1.08 万亿元，但发行平均规模只有 9.41 亿份，达到 2001 年以来的最低点。

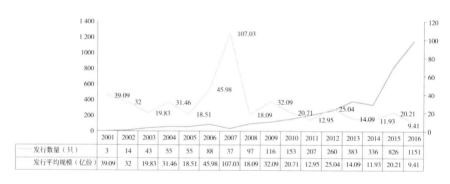

图 5-2　2001—2016 年新基金发行数量与平均发行规模

数据来源：Wind

从类型上看，混合型基金和债券型基金是 2016 年基金发行市场的绝对主力，全年共计发行混合型基金 569 只，募集规模 4 555.05 亿份，债券型基金 407 只，募集规模 4491.93 亿份，两者发行规模的占比分别为 42.08% 和 41.49%。在海外投资潮的影响下，2016 年全年 QDII 基金的发行数量也增加至 25 只，合计募集 139.74 亿份，占比 1.29%；受股市低迷的影响，股票型基金全年仅发行 77 只，发行总规模 455.02 亿份，占比 4.2%；货币市场基金的发行数量有所回升，共计 67 只，发行总规模 1 163.26 亿份，占比 10.75%。

公募基金是我国 A 股市场持股比例最高的专业机构投资者。公募基金个人有效账户数达到 2 亿，85% 的基金账户的资产规模在 5 万元以下。自开放式基金成立至 2016 年年末，偏股型基金的平均年化收益率为 16.52%，超出同期上证综指平均涨幅 8.77%；债券型基金的平均年化收益率为 8.05%，超出现行 3 年期银行定期存款基准利率 5.3%。公募基金已经成为普惠金融的典型代表，为上亿消费者创造了巨大收益和金融便利。公募基金在助力养老金保值增值方面也做出了重大贡献。截至 2015 年年底，全国社保基金资产规模约 1.91 万亿元，成立 14 年来的平均年化收益率达到 8.8%，超过同期年均通货膨胀率 6.4 个百分点，资产增值效果显著。基金管理公司作为全国社保基金最主要的委托投资资产管理人，在 18 家管理人中占 16 席，管理了超过 40% 的全国社保基金资产，在机构投资者中树立了良好声誉。

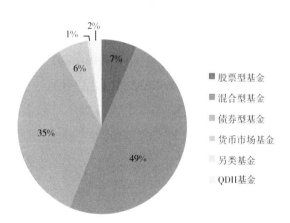

图 5-3　2016 年各类公募基金发行数量占比

数据来源：Wind

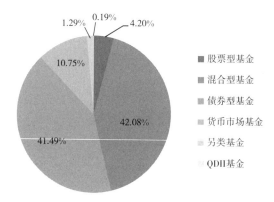

图 5-4　2016 年各类公募基金发行规模占比

数据来源：Wind

公募基金的现存问题

监管部门和业内资深人士对公募基金的问题有非常清醒的认识，现存问题主要有以下几个。

投资工具属性弱化，资本市场买方功能受到削弱

2012 年以来，银行、证券公司、保险公司等各类金融机构的资产管理规模呈爆发式增长，但是，运作最为规范、真正做到"卖者有责、买者自负"的公募基金规模仅有 9.16 万亿元，占比不足 10%。以精选标的为目标的股票型基金规模自 2013 年以来持续下降，与 2012 年年末相比减少了 52.6%（2015 年提高股票型基金的持仓下限也是重要影响因素）。与此同时，混合型基金大量兴起，精选个股、长期投资让位于趋势择时，对投资标的内在价值的关注让位于短期波动收益，投资工具属性弱化。2008 年以来，公募基金持有 A 股总市值的比重持续下降，由历史最高的 7.9% 下降到历史最低的 3.4%。

公募基金的价值投资、长期投资功能严重弱化，无论是作为大众理财的专业化工具，还是作为资本市场的买方代表，公募基金的主体地位远未体现。

资金流入流出波动大，缺少长期投资生态链条

从资金来源看，公募基金以散户化投资为主，一直缺乏长期资金的支持。养老金、保险金等有长期配置需求的资金主要通过专户管理，对公募基金无法起到支持作用。产业链发育不足，过多依赖外部销售渠道，代销关系削弱了公募基金所能发挥的作用，对于销售利益最大化的追求提高了申赎频率，公募基金认申赎总量与资产余额之比达到320%，其中，货币型基金认申赎总量与资产余额之比高达550%。从持有期限看，多数的基金投资者并没有把基金作为长期配置工具，平均持有期短，少于一年的占44%，少于三年的占67%。

投资运作短期化，缺少长期核心价值

当前，短期功利主义是制约公募基金行业发展的重要原因，结构化产品、定增基金、定制基金等短期资金驱动型产品层出不穷，短期化行为突出。公募基金如果不能投资于未来，那么自身也就没有未来。ESG原则即环境保护、社会责任和公司治理，是公募基金投资于未来的重要标准，它由全球诸多有影响力的机构投资者建立，有力地推动了公募基金的发展。我国还停留在探索性实践阶段，缺少系统的、与我国资本市场和经济转型需求相匹配的ESG投资与评价体系。

优秀人才特别是基金经理和资深研究人员不断流失

由于薪酬等激励机制和公募基金管理公司体制等方面的问题，不断有优秀的从业人员"奔私"，或者以其他方式离开公募基金行业。

据统计，截至 2016 年年中，全行业基金经理岗位变动高达 108 次，基金经理平均任职时间仅 3.2 年。[2] 虽然这个行业总体收入水平比较高，不乏新鲜人希望加入进来，但是投研人员变动频繁，不但会影响基金投资策略的延续性，而且会严重削弱基金公司的核心竞争力，不利于基金公司的长期可持续发展。

合规风控仍然较弱

由于部分从业人员缺乏自律，行业在监管方面也没有完全跟上市场的快速发展，近年来各种违规事件不断发生，包括基金老鼠仓、产品虚假宣传、信用违约事件、子公司业务违规等。这些问题暴露了公募基金管理公司管理上的不严格，未来有潜在的重大业务风险。风险管理薄弱已经日益成为影响公募基金行业发展的重要问题。

未来发展的机会

一是大力打造多层次资本市场将带来产品的爆发式增长。为了更好地配合、支持中国的经济建设，中国金融监管当局大力推进直接融资和多层次资本市场的建设，努力构建产品线丰富、涵盖各大类资产的完整的市场体系。这必将丰富资本市场上金融产品的供给，也将为公募基金投资范围的不断扩展创造良好的条件。

二是以社保和养老金为首的长期资金来源增加了资本市场的稳定性。《全国社会保障基金条例》全面扫清了各类养老金市场化投资运营的政策障碍，社保体制的进一步改革也将使大量长期资金通过公募基金等形式进入资本市场。未来如果能够比照较成熟国家的经验开发出养老金个人账户（类似于美国的 401k），对公募基金的资金来源进行供给侧的重大改革，将为公募基金行业的继续发展创造良好的机会。

　　三是公募 FOF 正在大量兴起，未来前途不可限量。在监管部门的支持下，有关公募基金 FOF 的运作指引已经推出，这一个领域的改革加速将指日可待。我国公募基金 FOF 的市场尚处于早期阶段，未来的发展潜力巨大。有研究人员预测，该市场未来可能会以 30% 的年化增长率快速增长。公募基金 FOF 将对公募基金管理公司的资产配置能力提出更高的要求，这也会从供给侧的角度倒逼基金公司提升大类资产配置能力和多资产多策略投资能力，促进整个行业管理水平的全面提升。

　　四是加快促进中国资本市场与国际资本市场对接，为中国财富家庭提供全球资产配置服务，提升中国资本的投资效率。激烈动荡的全球经济变化，为中国财富家庭在全球范围内进行趁低吸纳的资产配置提供了便利。境内投资者为了寻求更好的回报，在风险可控的前提下配置全球资产的需求上升。为了更好地满足这一需求，基金公司通过各种方式提升自己的海外资产管理和配置能力，以满足客户全球配置资产的需求。同时，中国经济的快速发展仍然是全球经济低迷环境下为数不多的亮点之一，全球其他资本市场的投资者对于在中国进行资产配置仍然有浓厚的兴趣。通过各种工具，与所有的国外潜在战略合作伙伴一起，开发国际投资者对中国资本市场的需求，将是中国公募基金管理公司的一个战略机会。

　　五是智能投资顾问为整个财富管理行业带来的机遇和挑战。智能投资顾问极大地降低了服务于财富人群的成本，使得原先主要集中于少数高端财富人群的服务可以更加精准有效地投放到中低端的长尾财富人群。这一市场首先在以美国为代表的成熟市场兴起，并且迅速席卷全球。中国市场在过去两年中至少见证了超过 20 家智能投资顾问机构的诞生。未来，这一市场的发展将继续以高速进行，引领中国资本市场的创新。中国领先的基金管理公司，如嘉实基金管理公司，已经开始在这一市场进行布局。而传统的以"互联网+"作为业务模式的金融科技公司，比如好买网和天天基金网，也已在这一领域获得了长足的发展。

那么，公募基金管理公司应该怎么做？

我们认为，公募基金管理公司应该从以下几方面提升自己的业务技能，应对日益成熟的投资者和资本市场，从而在中国快速发展的资产管理和财富管理市场上继续发挥巨大作用。

在行业快速发展变化中把握自己的核心优势。为了积极应对大资产管理行业的竞争新格局，公募基金应当充分认清自身在资产管理市场中的功能定位，坚持以自己的核心优势为客户提供长久的、可持续的增值服务。公募基金管理公司应该充分研究自己的客户需求，包括财富管理方面的需求，并且利用自己的优势，通过全方位的服务满足这些需求。而重中之重，应该是不断提升自己的研究和投资能力，为客户带来优质的、风险可控的超额回报。同时在力所能及的情况下，通过FOF等各种产品，为客户提供资产配置和风险管理等服务，最终使客户获得最大化的经济利益。

补上资产配置方面的短板。大资产管理时代，各种不同的资产管理和财富管理机构都在通过各种手段提升自己的全面资产管理和财富管理能力。公募基金在传统上擅长对各种资产进行管理，从而获取风险可控下的超额收益率，但从未主动考虑投资组合问题，更不要说站在财富家庭的角度为其量身定做投资组合。随着资本市场不断成熟发展，投资者提出更高要求，不再满足于在单一资产上获得的回报，同时投资者风险收益特征日趋多样，这就需要公募基金管理者能够适时推出符合不同口味的投资者的兴趣、又符合资本市场各种基本原则的优秀的资产组合。

完善产品线。公募基金作为向不特定投资者开放的工具，具有一定的普惠金融特色。中国的财富家庭数量众多，其财富管理需求千差万别。市场上很难找到某种能满足所有人所有需求的产品。为了更好地服务客户，就必须不断创造出新的产品，尽可能实现对客户需求的全覆盖。这一方面，公募基金可以借鉴 FOF 和智能投资顾问的经验，通过现代金融科技实现千人千面的高度定制化的产品组合推荐，更好地服务于不断兴起的、广泛的财富管理和投资需求。

通过积极进取的风险管理，牢牢捍卫合规底线。如前所述，在整个资产管理行业正在经历大变革的时代，从业人员都在经历人性的考验。公募基金管理公司应该设计一套既符合人性又符合市场规律的激励机制，并且在实践中不断完善和磨合，从而形成一套行之有效、可复制可扩展的机制，杜绝违规违纪行为，积极进行风险管控，在风险管理方面为基金行业的大发展保驾护航。

健全制度，完善激励机制，提升员工的激情。最近几年频繁发生的基金行业资深从业人员跳槽事件，凸显了基金管理公司在激励机制和制度设计方面的缺陷。随着证监会出台一系列新的有助于资本市场改革推进的法律法规，基金公司应该积极响应，充分利用有利的政策条件，建立长效的激励和约束机制，从而保证所有的员工都能以相当大的激情投入公司的运作和长期发展之中。

证券公司

证券公司是经过监管部门审批并且领取了工商营业执照的、专门从事有价证券买卖等商业行为的法人机构，可以从事代客买卖、自营买卖、承销发行证券等工作。不同的国家对于证券公司有不同的习惯性称呼，美国人称其为投资银行或者券商；在以德国为首的中欧国家，它们是全能银行的投资银行部门；在以日本为代表的东亚国家，证券公司就是它们的正式名称；而在英国，它们被称作商人银行。

在中国，证券公司是指依照《公司法》和《证券法》的规定设立，并经国务院证券监督管理机构审查批准而成立的专门经营证券业务，具有独立法人地位的有限责任公司或者股份有限公司。证券经纪业务指的是证券公司通过其设立的证券营业部以及交易通道，接受客户委托，按照客户的要求为其代理买卖证券（包括证券产品）的业务。在证券经纪业务中，证券公司不能赚取证券差价，只能按一定比例对客户交易收取佣金（或手续费）。

我国证券市场经纪业务发展历程

发展轨迹

20 世纪 80 年代，随着以建立市场经济新体制为取向的经济改革的展开，国内的资本市场逐步得到政府部门的重视，由此，资本市场迈开新的发展步伐。从最初的萌芽至今，中国资本市场的发展大致可分为 4 个阶段。

20 世纪 80 年代初至 20 世纪 90 年代初：探索阶段

20 世纪 80 年代，中国开始摸索进行股份制改革。1987 年出现了股票的柜台交易，股票市场也自发形成。早期的资本市场因为受到政策的限制，市场功能极为薄弱。当时很多证券，比如国债的发行基本依靠行政手段，按照行政系统分派额度完成发行任务，有时还需要党员干部带头购买。已发行的国债，基本没有二级交易市场。股票虽然有柜台交易的交易市场，但发行受到严格的配额限制。到 20 世纪 90 年代初，随着上海和深圳的股票交易所开市，市场的流动性略有提升。

但是总的说来，当时的证券市场还是处于监管缺失的早期阶段，交易活动也主要以区域性试点为主。在这一时期，虽然市场的力量还比较弱小，但是在广大投资者的热情参与之下，一、二级市场基本形成，证券公司也出现了。

早期的证券公司以经纪业务作为核心主业。在市场的早期阶段，存在严重的信息不对称现象。经纪业务的发展受到交易通道的严重制约。交易通道的重要性导致了卖方市场的出现。令早期的市场参与者记忆犹新的是，委托、清算、交割等整个交易过程，均以手工操作为主要手段。当时很多参与证券市场交易的人，在别人眼中就是不务正业。整个证券经纪业务相对粗放，缺乏完整、统一的制度和流程，具有强烈的区域特征。

20 世纪 90 年代初至 2003 年：成长阶段

从 1992 年开始，《股份有限公司规范意见》《有限责任公司规范意见》《企业债券管理暂行条例》《股票发行与交易管理暂行条例》《公司法》相继出台。到了 1999 年，《证券法》正式生效实施。与之相对应的，财务会计制度进行了实质性改革，更加符合现代资本市场普遍适用的规律。

1992 年 10 月，中国证监会成立，由中国人民银行时任副行长刘鸿儒同志担任第一届主席。这是我国证券市场发展的里程碑事件。在此之后的数十年中，中国证监会在强化监管、保护投资者、规范市场、鼓励创新等方面不遗余力，有力地推进了中国资本市场的快速稳健发展。

制度的建立和完善促进了资本市场的迅猛发展。从 1993 年起，中国的国债市场以每年超过 20% 的速度快速扩张。股票的年发行额也迅速冲破千亿元大关，每年的股票总交易量达到数万亿元。证券投资业务的快速发展也催生了证券投资基金。

在这一阶段，经纪业务获得了长足发展，其基本特征主要表现为：首先，随着统一监管体系的确立，经纪业务的制度、流程逐步明确，逐步规范；其次，随着计算机技术的广泛应用，交易过程逐步电子化，自助委托、电话委托逐步推行，交易效率大幅提升；第三，交易通道不再是阻碍业务发展的主要瓶颈，自动化、咨询化逐步成为经纪业务的核心竞争能力；第四，随着全国性市场的形成，通过合并重组，出现了申银万国、国泰君安、银河证券等一批全国性证券公司，营业网点的多少成为判断经纪业务规模大小的核心指标；第五，整个市场的合规意识不强，挪用客户保证金、操纵市场等违规事件时有发生。

2003 年 10 月至 2013 年 11 月：协调发展阶段

2003 年通过的《中共中央关于完善社会主义市场经济体制若干问题的决定》对发展资本市场做出了战略性安排，资本市场的发展由此进入了一个新的阶段。"建立多层次资本市场体系，完善资本市场结构，丰富资本市场产品"成为中国资本市场进一步发展的基本目标。

这一阶段市场上不仅出现了短期公司债券，相关政府部门还出台了有关资产证券化的制度，而且进行了以解决股权分置问题为主要目标的改革。在波澜壮阔的改革过程中，监管部门和市场相互配合，在解决上市公司股票全流通这一问题的过程中推出了各种创新型的金融产品，包括认股权证和股票备兑权证。同时积极扩大资本市场的参与范围，提升了公司债券、股票以及保险基金投资企业债券的比例，并准许商业银行的基金管理公司和国际金融机构在中国境内发行人民币债券。为了保护有关弱势群体、正确引导市场，监管机构相继推出了《证券投资者保护基金管理办法》等制度。在进一步推进股市产品创新方面，设立了股票指数公司，为股票指数的期货、期权等交易做好了准备。证券公司在传统上依靠佣金，这使得它们在新的环境下已不具备竞争力，经纪业务转型成为当时所有证券公司面临的重大挑战。

2013 年 11 月至今：全面深化改革和全面依法治市阶段

2013 年 11 月，中共中央十八届三中全会审议通过了《中共中央关于全面深化改革若干重大问题的决定》；2014 年 10 月，中共中央十八届四中全会审议通过了《中共中央关于全面推进依法治国若干重大问题的决定》，这标志着中国的资本市场进入了新的发展时期。

行业规模及相关指标

经纪业务交易量

近年来，证券市场快速发展。2006 年之前证券市场的股基交易量每年不足 10 万亿元，而股权分置改革的成功以及一系列的市场创新发展，打开了证券市场的发展空间，加上中国宏观经济的快速发展，促进了证券市场规模的扩大和投资者队伍的壮大，带动市场交易量规模不断迈上新台阶：2007—2014 年间中国证券市场的股基交易量一直在 30 万亿—100 万亿元之间震荡；2015 年证券市场股基交易量迅猛增长，全年实现股基交易量 262.33 万亿元，是 2014 年全年交易量的 3.5 倍，日均交易量高达 1.08 万亿元，创出历史最高水平；尽管 2016 年市场行情回落，但全年的股基交易量预计也在 169 万亿左右。

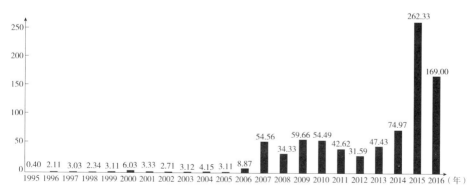

图 5-5　1995—2016 年市场股基交易量趋势图（单元：万亿元）

数据来源：Wind

证券托管市值

2015 年，证券行业托管市值亦创出历史最高水平，达到 53.13 万亿元，较 2014 年增长 43%。虽然市场规模增长迅猛，但考虑到中国经济的较快发展和未来 IPO 注册制的放开，未来证券市值规模仍会保持快速增长。2015 年证券市场证券化率（证券托管市值与 GDP 之比）为 79%，较美国、中国台湾等成熟市场 130%—140% 的证券化率仍有很大的提升空间。

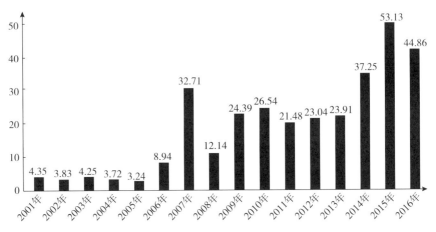

图 5-6　2001—2016 年证券行业托管市值（单元：万亿元）

数据来源：Wind

佣金率

自 2002 年佣金浮动制正式实施以来，佣金战愈演愈烈，而近年来网点新设政策和一人一户制度的放开以及互联网金融的跨界发展，使行业竞争进一步加剧，行业佣金率持续快速下滑。截至 2016 年 6 月，佣金率已从 2007 年的 1.522‰ 下滑至 0.385‰，跌幅达 75.00%，已接近证券公司的成本线。

经纪业务收入

随着佣金率的快速下滑，证券经纪业务面临巨大挑战，经纪业务收入在证券公司营业收入中的占比出现了一定程度的下滑。但由于证券公司其他业务板块还处于成长的初期，对于总体收入的贡献较为有限，经纪业务收入仍然是证券公司目前最主要的收入来源，2015 年证券公司代理买卖证券的净收入在总体收入中的平均占比为 47%。

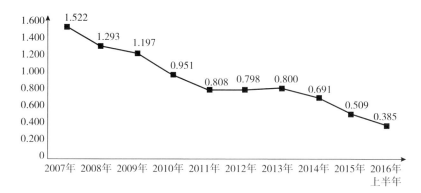

图 5-7　2011—2016 年上半年市场佣金率走势图（单元：‰）

数据来源：中国证券业协会

图 5-8　2011—2015 年证券公司收入结构图

数据来源：中国证券业协会

证券投资者数量

证券投资者规模快速扩张，1990—2014 年的 24 年间，我国证券市场共积累了 7 217 万投资者，2015 年全年新增投资者 2 622 万户，2016 年上半年在行情不理想的情况下仍新增投资者 890 万户。截至 2016 年上半年，我国证券市场投资者数量已达到 1.07 亿，较 2014 年年末增长 48%，换句话说，目前平均每三个股民中就有一个是 2015 年以来新入市的投资者。但投资者总数量在人口总量中的占比仍然偏低。可以预计，今后几年市场上的新投资者数量仍然会保持较快的增长速度。

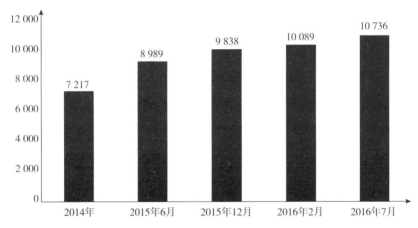

图 5-9　2014—2016 年证券市场期末 A 股投资者数（单位：万户）

数据来源：中国登记结算公司

我国证券经纪业务行业发展趋势

寻求新模式

截至 2016 年 12 月 31 日，我国证券公司总数为 129 家，市场集中度偏低，市场竞争激烈。而作为证券行业主要收入来源的经纪业务，在金融产品和金融工具相对较少的情况下，同质化程度较高。随着新设营业部政策的放开，特别是2013年开始取消证券公司设立分支机构的数量、区域限制，近三年来证券公司营业网点数量快速增长，由2013年的5 796家增长至2016年的8 423家，两年内增长了45.32%。各家证券公司积极跑马圈地，抢占市场，将证券公司间的竞争进一步推向高潮。2015年4月13日，A股市场全面放开一人一户限制，自然人与机构投资者均可根据自身实际需要开立不超过20个深A股、沪A股账户和封闭式基金账户，实质上实现了证券用户的全行业共享，客户的流动速度明显加快，更加剧了行业的佣金价格战。另外，互联网金融的快速发展，在降低证券公司边际成本的同时，使客户、金融资源突破了地域限制，也进一步加剧了证券行业的价格战。在这些因素的影响下，佣金率继续寻底，传统经纪业务收入持续摊薄，这将迫使证券公司探索新的服务和盈利模式，证券公司的转型升级势在必行。

证券公司格局分化，部分证券公司通过差异化发展初步确立了行业领先地位

中国证券行业在经历2004—2008年三年综合治理后整体进入快速成长期，无论是在资本实力还是创新业务布局上，证券公司的业绩开始分化，部分优秀公司初步确立了行业领先地位。另一方面，部分证券公司通过业务模式或管理模式创新，通过差异化发展，确立了一定的优势。如中信证券转型为全功能型证券公司，华泰证券充分利用低佣金和移动应用程序逐步转型为O2O（线上到线下）模式，在行业内确立了领先地位；一部分中小证券公司转型为低佣折扣型证券公司，如国金证券、中山证券；还有一部分通过与互联网公司合并或合作转型为互联网证券公司，如西藏东方财富证券。可以说证券公司经纪业务的差异化发展格局正在逐步形成。

投资者规模过亿，新增投资者持续快速增加

随着未来居民财富的进一步增长和财富管理意识的增强，居民投资结构将由以储蓄、存款、房产为主逐步转向以证券、基金为主。投资者规模不断迈上新台阶，但目前仅占中国 13 亿人口的 7.97%（2016 年 7 月），相比成熟市场仍有较大上升空间。预计 2018 年我国证券市场投资者数量将超过 1.5 亿，即 4 年时间（2015—2018 年）我国证券市场投资者数量将实现翻倍，4 年间新增的投资者相当于过去 20 多年累积的投资者。

金融创新频繁，产品种类日益丰富，新业务、机构业务比重增加

随着金融市场的成熟和监管政策的放开，交易品种逐渐丰富，期货、期权、远期、互换等金融衍生品交易日益活跃，证券公司进一步自我研发和创新不同的金融定制产品，传统通道业务以外的交易占比将大幅提升。新三板、主经纪商业务、资产证券化等机构业务快速发展。考虑到机构业务的发展仍处于初级阶段，随着证券市场的创新发展，机构业务对经纪业务的贡献将会大幅提升。

客户服务纵深推进，向财富管理转型的趋势形成

随着高净值客户数量的增加，以及中国逐渐步入老龄化社会，客户对财富管理的认识加深、需求增加。同时居民投资意识增强，居民资产配置中房产的占比呈现下降趋势，未来将会配置更多的金融产品，于是客户的理财需求将从单纯的股票交易逐步延伸至资产配置等综合解决方案。除理财产品外，客户还将寻求交易、投资、融资、产品理财、资产配置、投资顾问等服务，证券公司应配备专业人才为客户提供财富管理服务，同时提供丰富的财富管理产品满足客户的多元化需求。

拥抱互联网，深入探索互联网金融转型创新

互联网具有边际成本低、用户多、传播速度快等优势，2013 年国金证券与腾讯公司的合作，标志着互联网金融的真正开始。之后，国内迅速掀起了互联网金融的热潮，各证券公司纷纷开启互联网金融探索之路，如开设互联网商城、与互联网门户网站合作、深入移动终端开发等，但目前多停留于简单的流量导入和产品销售等初级阶段。未来"互联网＋证券"将走向深度融合，具体表现如下：

渠道的线上化和移动化是必然趋势，互联网首先是渠道和工具，用户体验和场景适配才是成功的关键；

产品设计趋向平民化和个性化，大数据精准匹配使之成为可能；

投资服务的专业化和社交化将会严重影响用户的获取与维系；

管理和组织扁平化，扩大管理和组织边界，减少组织层级，有利于大幅提升组织效率。

证券公司财富管理的业务模式

长期以来，证券公司的财富管理业务主要集中于产品配置。随着中国财富管理市场的转型升级，未来证券公司的财富管理业务将会逐渐向财富管理咨询服务和针对高端客户的综合金融服务转变。目前，主流的证券公司基本通过三种模式提供财富管理业务：管家服务、独立财富管理以及投资银行服务。

管家服务

国内最早从事相关业务并且在业内具有重要示范作用的机构是广发证券。这家机构得风气之先，早在 2010 年即成立财富管理中心，为净资产超过 1 000 万元人民币的高净值客户打理财富业务。广发证券为了更好地全方位服务财富客户的各种需求，从成立之初就将财富管理中心的功能和业务作为核心。在具体业务流程上，一线的财富管理业务人员负责汇总财富客户的需求，并将相关需求提交财富管理中心，中心整合整个证券公司内部的投资银行、资产管理及研究等各业务链条的资源，集全公司之力，为高净值客户提供精准服务。因为其成本较高，服务人群的门槛也较高。

独立财富管理

在这项业务上，国内比较有代表性的机构是国海证券。国海证券将其财富管理中心设置成独立于各类中介机构的第三方财富管理机构，它会对各类第三方理财产品给出独立评级，并且充分与客户讨论其具体需求，在此基础上提供独立的财富管理咨询意见。这样做的好处是，客户在这里享受到的财富管理服务，不会受到客户其他业务的潜在可能影响，证券公司完全是以客户的财富管理需求为出发点，而不是考虑为整个机构的其他部门获得其他的好处。

投资银行服务

以中信证券为代表的证券以司，在财富管理业务的开展上采取了类似于国际投资银行的私人银行服务模式。在这种模式下，证券公司为营业部大户的一级市场投资需求提供全方位的产品服务支持。

保险公司

我国保险业的发展现状

保险公司，是采用公司组织形式的保险人，主要经营保险业务。保险关系中的保险人，拥有收取保险费和建立保险费基金的权利。当保险事故发生时，保险人有义务向被保险人赔偿经济损失。[3] 在中国，保险公司需由中国保险监督管理机构批准设立，并依法登记注册，主要分为直接保险公司和再保险公司两种。

随着人们收入的增长，健康、养老等安全保障方面的支出成为人们日常消费中不可缺少的部分，并在消费结构中占有越来越重要的地位，人们对于生活品质的要求越来越高，风险管理和保障意识也逐渐加强，这对于保险行业的发展将起到促进作用。

保险行业的收入主要来源于保费收入、企业养老金收入和资产管理业务的投资收入。保费收入包含人寿险保费收入、财产险保费收入、投资连结险保费收入等三个部分；企业养老金包含企业养老年金收入、个人养老保险收入两个部分；资产管理业务的投资收入包含银行存款利息收入、债券投资收入、股票和证券投资基金收入和非标专项资产管理计划投资收入。

据中国保监会统计，2016 年全国保费收入达到 3.1 万亿元，同比增长 27.5%，有望超过日本跃居世界第 2 位。保险业总资产达到 15.1 万亿元，较年初增长 22%，净资产达到 1.72 万亿元。关系国计民生的大病保险、农业保险、责任保险等，以及与实体经济联系密切的首台（套）重大技术装备保险、出口信用保险、小额贷款保证保险等，实现了快速发展。责任保险实现保费收入 362.4 亿元，同比增长 20%；健康险实现保费收入 4 042.5 亿元，同比增幅为 67.7%。我国保险业呈现出朝气蓬勃的发展气象。

理财保险的优劣势

理财保险是既有保障功能又有投资功能的保险产品，属于人寿保险的创新险种。经营投资类保险的保险公司充分利用其规模投资优势及投资专家为保户争取最大的投资利益。通过保险理财，是指通过购买保险对资金进行安排和规划，在防范和避免因疾病或灾难等对财务造成突发性的冲击的同时，使资产实现理想的保值和增值。常见的理财保险有4种，分别为年金保险、分红保险、投资联结保险和万能保险。这4种保险各有优劣，对应的投资理念和投资目的也不一样。

表5-5 常见理财保险的对比

	年金保险	分红保险	投资联结保险	万能保险
定义	顾名思义，每年发放一笔钱，适用于教育金、养老金等。	从本质上讲，就是把钱交给保险公司，保险公司根据每年收益进行分红，国内普遍的分红比例为70%。	可以理解为保险公司的基金产品，只是增加了一个身故保障。	万能的保险账户，灵活存取（部分产品进出有手续费）。
优势	锁定长期固定利息，每年定时返还，保障现金流。	保险公司保证本金无风险，分红率根据实际情况而定，最高可以超过10%。	保险公司投资专业能力强，相对个人投资的绝对收益略高一些。	与灵活操作的理财账户类似，结算利率较高（5%—8%），拥有保底收益（1.75%—3.5%）。
劣势	存本取息，本金流动性较小。	收益可高可低，相对不固定，70%的分红比例较低，收益不稳定。	本金有亏损的风险，收益不确定。	无法避债避税。

在了解了这几种保险的特点和优劣势之后，我们再来分析一下这些理财保险在理财规划方面的应用。

　　首先来看收益浮动的分红保险和投资联结保险。从本质上讲，保险公司是毫无风险的，投资收益的好坏都由客户自己承担。但相较于市面上的基金类产品，它们的风险较低，投资门槛也低，对于那些没有投资能力、只把钱放在银行的客户来讲，这两类保险是可以考虑的。

　　收益固定的年金保险一般分为分红型和固定收益型。分红型年金保险也会有一个固定收益率，约为1%—1.5%；而固定收益年金保险产品，目前的普遍收益率根据保监会规定的最高预定利率而定。

　　因为年金保险的预定利率设计是终身的，那就代表这笔保险金带来的收益始终固定，不会受到任何风险的干扰，不会产生任何的波动，存在隐形的刚性兑付。在可以预见的未来，银行利率不断下降，各种投资风险越来越大，目前可能不是很耀眼的固定收益率为4%的产品，将来可能会非常畅销。保险公司可能因为投资收益率小于4%而出现收益倒挂的现象，但保户的收益是终身不变的。

　　在1995—1996年，中国平安、中国人寿等几家保险公司曾经推出过几款预定利率为8.8%的产品，当时的银行一年期存款利率为10.98%，而如今银行的一年期存款利率仅为1.5%，这几款产品仍然以8.8%进行收益结算。许多保民直呼当时买少了，而保险公司则是含着热泪、默默地盼望客户早点退保，减少公司的损失。

　　万能保险是最近几年最火爆的险种之一，它以结算利率高为主要卖点。一些大的保险公司，如平安和国寿，结算利率在5%左右；而一些相对中小型的保险公司，如华夏和天安，部分万能保险的结算利率在6%以上，最高时达到7.2%，但这部分万能保险往往捆绑年金保险一并出售，只有少数保险公司如前海人寿，直接发行结算利率 7%以上的万能保险。

万能保险的灵活收益之高，甚至一度冲击"宝宝类"产品市场，部分客户将余额宝资金直接搬入万能保险账户。

虽说过去一年关于万能保险的争议不断，利用万能保险资金入市进行野蛮人举牌的事情一度闹得沸沸扬扬，保监会发文警告 8 家万能保险大户公司，同时禁止 2 家公司销售万能保险，但实际上，投资这些中短期万能保险的客户确实获得了较高的回报。

其实许多客户购买万能保险产品，看中的并不是近年来高企的万能保险收益，因为当下的结算利率只是一时的收益，并不代表未来收益也会如此之高，他们看中的是万能保险合同约定的最低收益。目前市场上万能保险合同约定的保底收益最高的是 3.5%。曾有一段时间，余额宝的收益率徘徊在 2.6%，而万能保险 3.5% 的保底收益率，是绝对有竞争力的。2017 年 4 月 1 日起，保监会规定万能保险的保底收益率不得超过 3%，超过 3% 需要保监会特批。但这个保底收益同样是伴随终身的。

保险在私人银行财富管理中的功能

人寿保险在资产保全上的运用

提供私人银行财富管理服务时，不仅要考虑客户的投资目标，还要顾及客户其他的非投资性需求，如财产保护、赠予传承、子女教育等。保险作为一种长期、安全的风险转移和资产保全工具，其满足客户非投资性需求的价值正在被越来越多的私人银行和财富管理机构认可。

基础保障

保险的基本功能是实现风险转移和价值补偿。通过投保适当的险种，可为客户提供诸如身故、重疾、退休养老、健康医疗、家庭财产、企业生产安全、工程责任等风险的防范，为客户的家庭和企业保驾护航。另外，目前流行的新型人身保险，如分红保险、万能保险等还具有保值增值的作用，在提供长期保障功能的同时，财富亦可实现一定的增长。

阿夏文·查尔布拉于2004年提出的综合财富配置框架理论，将客户承受的风险划分为三个层次：保障性风险，即无法保证最基本生活水平的风险；市场性风险，即无法维持现有财富水平和社会地位的风险；成就性风险，即渴望打破财富瓶颈并提升生活水平的风险。任何客户都需要首先防范保障性风险，然后才是保持财富的平均增长和财富等级的跃升。而保险作为财富配置中最基础的环节，是应对第一个层级即保障性风险的主要配置之一。因此，即使是私人银行客户，也应该进行适当的保险配置。

财富传承

除了基础保障功能外，大额人寿保险还具有财富传承的功能。为什么人寿保险可以实现财富传承？人寿保险的投保人、保险人以及受益人，可以依次对应信托的委托人、受托人以及受益人，因此也具备财富传承的架构。另外，可以通过投保时机选择、保险金给付方式等个性化设定，实现财富传承方式的定制化安排。如果需要撤销或变更财富传承安排，则可以通过保单退保、更改受益人等方式进行。如果中途需要用钱，还可以通过保单贷款这个便捷通道进行融资，兼顾流动性。可以说，借助保险这个工具，可以方便、快捷地将现金类资产顺利分配给家庭成员，最大化地避免家族资产纠纷和流失，协助客户实现财富的平稳传承。

资产隔离

研究报告显示，国内私人银行客户 70% 以上都是企业主，其中又以中小企业主为主。这些企业普遍存在的问题就是公司治理结构不健全，财务制度不规范，公司财产和家族财产没有严格的界限。因此一旦企业经营出现问题，很容易波及家庭财产。而通过人寿保险的财产转移功能和人身依附属性进行提前安排，可以大大降低这部分资产被追偿的风险，相当于在企业资产和家族资产之间建立一道防火墙，增强了财富的安全性和稳健性。

人寿保险的代位求偿的阻断功能

假设乙欠了甲 10 万元，但是乙没有钱还，而丙又欠乙 12 万元，但是乙没有向丙要，《合同法》规定甲可以越过乙向丙索要 10 万元欠款，这就叫代位求偿权。假如一个人欠了银行 10 万元，但他在一次事故中不幸摔伤，保险公司向他赔付 12 万元的保险金，但是银行不能要求保险公司直接偿付 10 万元，因为领取保险金是受益人专属的权利。所以人寿保险具有代位求偿的阻断功能。

投保设计模型 1：父亲欠下个人债务，他可以选择年金型人寿保险隔离债务。投保人为父亲，被保险人为母亲，受益人为儿子，母亲每年领取 10 万元的生存年金，从而隔离父亲的债务。

投保设计模型 2：父亲有 2 000 万元的资产，想转移给儿子 500 万元，可以选择年金型人寿保险。投保人是父亲，被保险人是儿子，受益人也是儿子，儿子每年领取 20 万元的年金，万一父亲未来产生债务，银行无权利冻结儿子的账户。

婚姻资产保全

人寿保险还可以用来防止婚姻问题导致的家族资产流失。人寿保险具有财产隔离和转移的功能，通过保单约定明确的受益各方，以此明确划定和保护婚姻双方各自的利益。例如，在没有婚内财产协议或财产公证的前提下，婚前的现金类资产在婚后极易发生混淆而转化为共同财产。但提前投保人寿保险，可以清楚界定这部分财产的属性，从而避免被分割。另外，父母对子女一方的赠予，如果是现金形式，也极易混为子女的婚内财产，通过人寿保单可以很容易地进行界定，保护这部分财产。

降低税务负担

《中华人民共和国个人所得税法》对于保险赔款免税做出了明确的规定，保险赔款免纳个人所得税。但是对于保险的其他利益，如满期金、红利、账户价值增值，在法律上的规定比较模糊，而在司法实践中也尚未涉及。私人银行客户更为关心的遗赠税，目前我们国家并没有开征，但通过人寿保险的提前安排，可以降低大额税务风险。根据《最高人民法院关于保险金能否作为被保险人遗产的批复》（[1987]民他字52号），人寿保险金是否列入遗产，取决于是否指定了受益人，如果没有指定受益人，则要列入遗产；如果指定了受益人，则付给受益人，不列入遗产范围。

家族信托 + 保险，未来高净值人士财富传承新模式

"一个稳妥的家族财富传承方案，应该是根据个人意愿，通过家族信托、保险、遗嘱相结合的做法实现。"业内人士称，高净值人士为了实现财富保障和风险分散的目的，一个主要的方式就是选择保险类产品，而且倾向于额度较大的保单。

此外，寿险产品也常常成为富豪避债的工具之一。如果发生债务纠纷，保险产品能为受益人留下一部分资产。

于是，顺应高净值人群的需求，"家族信托＋保险"的传承新模式横空出世。某银行首席顾问介绍，财富所有者可以将部分财产放入私人信托，尤其是无法用于购买保险的不动产或者股权，同时将另外一部分金融资产用于购买人寿保险，约定未来的保险赔偿金放入私人信托。

国内高净值客户在香港投保的财富规划实践

对于财富人群来说，选择离岸财富管理的主要动因是对于财产安全、隐私保护、投资多样性、风险管理等因素的考虑。离岸理财方式无疑拥有众多先天优势，离岸财富管理账户可以有效规避境内法律和政策变化带来的风险，提高资金自由调配的可能性。通过离岸账户，金融资产可以追求跨地区最佳投资配置。随着国际转口贸易业务的开展，中国企业越来越需要融资和结算等配套服务，而离岸账户可以有效帮助他们提高资金的周转效率，同时防范利率和汇率波动等市场风险。

据香港保险业监理处 2016 年 8 月 31 日公布的数据，2016 年上半年内地客户赴香港投保的保费高速增长，达到创纪录的 301 亿元港币，占个人业务的总新造保单保费 (815 亿元港币) 的 36.9%，接近 2015 年全年的 316 亿元港币，而在 2010 年这一数据仅为 44 亿元港币。2016 年第一季度内地客户的新造保单保费为 132 亿元港币，第二季度为 169 亿元港币。如此惊人的增长，让我们不禁思考香港保险的魅力何在？

在香港投保的中国高净值人士通常的保额是 1 000 万美元，即使从世界范围来看，这也是很高的标准。而对于大陆地区的新兴财富阶层来说，在香港投保的最大吸引力莫过于以下几点。

保费低

同类型的保险，香港的购买价格可能低至内地购买价格的 7 折左右，也就是说在内地需要 1 万美元才能购买的保险，在香港 7 千美元就能搞定！

为什么香港的保费这么低？

香港居民平均寿命全球第一，女性 86 岁，男性 82 岁，远远高于内地男女 72 岁的平均寿命，也就是说，相同年龄的死亡率，香港比内地低很多，因此保费就便宜。另一个重要原因是，香港保险业历史悠久，世界顶尖保险公司均在香港设立公司，为客户提供便捷而且多元化的产品，在高度市场化的环境下，香港保险业竞争非常激烈，因此价格相对更便宜。

分红高

香港作为全球金融中心，保险公司的分红水平普遍高于内地，可以给客户带来 4%—7% 的稳定回报。甚至一些保障型保险，比如重疾险的分红水平也是非常可观的，言外之意，即使您不生病，重疾险的人寿储蓄功能也是非常令人满意的。香港的保险产品设计合理、功能明确、定义规范。

重隐私

香港的保险公司受到当地政府的严格监管，法律中的"个人隐私条例"也要求保险公司对投保人的投保及个人资料绝对保密，这对于追求低调与私密性的大陆财富拥有者来说亦是重要考量因素。

离岸资产

对于中高净值人群来说，在香港投保的最大优势在于可以把人民币资产转化成为美元资产或者港币资产，实现全球化资产配置。同时，香港保险还具备避税、避债、财富传承等基本功能。在目前很多人担心人民币贬值的情况下，财富人群自然对离岸资产兴趣极高，配置美元资产刻不容缓！

香港的大额保单连接银行信贷的模式

假设购买 1 000 万美元的保险，需要一次性支付 300 万美元的保费，在这种模式下，投保人可以通过香港的银行贷款 200 万美元，每年利率低于 2%，自己实际仅需支付 100 万美元，在受益人获得保险金之前只需支付利息。这样高达 10 倍的保险杠杆，无疑满足了对于资金效率最大化的追求。而那些自付全款的投保人，可以将保单作为抵押，以低利率向银行借款，去进行一些回报更高的离岸投资，或者用于企业经营，同时又能够继续享有大额的保障。（需要注意的是，放大杠杆属于专业操作，而且能够借贷投保的保单一般属于万能保险产品，保障成本扣除问题需要专业的测算和规划，同时保单抵押融资成本各渠道差别较大，购买香港大额保单时，请注意机构的选择。）

除了传统类型的大额人寿保单以外，香港的投资相连寿险也日渐受到中国高净值人群的青睐。因为这种保障实际上可以让大陆人士投资全球金融市场，拓宽海外投资渠道。在开设离岸账户之后，投保人就可以在平台范围内自由投资全球基金，基本涵盖世界上所有重要的细分市场。与直接在银行开设基金账户不同的是，投保人可以在投资相连保险平台上任意转换基金而不收取手续费，从而极大地提升投资自由度。

P2P

什么是 P2P ？

P2P，即点对点借贷，国内俗称其为"网贷"，是一种将众多小额资金投资人的资本聚集起来借贷给有资金需求的人或项目的民间小额借贷模式。同时因为它借助互联网、移动互联网技术在网络环境下实现信贷及相关金融服务，所以也属于互联网金融的范畴。

P2P 以满足个人资金需求为主要目的，同时有利于发展个人信用体系和提高社会闲散资金的利用率。P2P 由具有资质的网络信贷公司（第三方公司、网站）作为中介平台，借助互联网、移动互联网技术把借贷双方对接起来，实现各自的借贷需求。例如，A 在 P2P 平台发布借款信息，投资者以竞标的形式向 A 放贷，最终费率依借贷双方自由竞价的结果而定，平台只负责借贷双方的撮合。整个过程全部通过网络技术实现。P2P 是技术革新与民间借贷需求相结合的产物，是一种便捷创新的金融模式。

P2P 行业在中国的现状

互联网金融起源于 2005 年，随后全球 P2P 业务兴起，并在 2011—2013 年进入了高速发展期，中国 P2P 平台的数量增长速度最为显著。在接下来的 3 年里，中国 P2P 行业进入了井喷式的发展阶段，并在全球占据了主要地位。但在高速增长的同时，中国 P2P 行业还面临着信用风险不断暴露、行业竞争加剧以及监管趋严的现状。

P2P 最大的优越性是使传统银行难以覆盖的借款人能够在虚拟世界里充分享受贷款的高效与便捷，但这一特点也使整个行业的发展良莠不齐，平台跑路、倒闭、坏账风波屡屡出现。原因在于监管缺位，线上线下的入市成本较低，出资者的权益往往得不到保障。平台建立初期违约率极低，随着风险积累、资金链断裂，P2P 平台或难以兑现支付或直接网上蒸发，而 P2P 平台的虚拟性质导致其背后的操盘手难以被追责。

P2P 行业的乱象，迫使监管跟进并形成刚性的制度约束。2015 年 7 月，人民银行等 10 部门联合发布《关于促进互联网金融健康发展的指导意见》；央行发布《非银行支付机构网络支付业务管理办法》；2015 年 12 月，银监会等部门共同研究起草了《网络借贷信息中介机构业务活动管理暂行办法（征求意见稿）》。[4] 出台监管政策的目的是将那些处于灰色地带的 P2P 公司尽快从市场中清理出去，净化行业环境，降低金融风险。而在优胜劣汰的大环境下，不符合监管要求的、业务违规的、实力薄弱的平台将会出局。在历经数年的井喷式发展之后，P2P 行业正进入一个调整的新时期。2016 年 8 月，银监会下发了《网络借贷资金存管业务指引（征求意见稿）》，不仅对开展存管业务的银行提出了一定的资质要求，对于接入的平台也提出了 5 项要求。最受业内关注的一项是，有关银行应对客户资金履行监督责任，不应外包或由合作机构承担，不得委托网贷机构和第三方机构代开出借人和借款人交易结算资金账户。2016 年 10 月，国务院办公厅发布《互联网金融风险专项整治工作实施方案》。

P2P 的火爆发展，也吸引了越来越多的强背景企业涌入 P2P 行业。一方面，互联网系主力军持续加码，除百度、阿里巴巴、腾讯三大巨头外，京东、小米等公司动作频频，已经开始深耕互联网金融领域；另一方面，传统金融机构加快创新转型，自建互联网金融平台或牵手互联网巨头，部分实业企业也以供应链金融模式参与互联网金融。此外，金融云、第三方评级、金融社交等机构也开始涉足其中。随着参与者的剧增，互联网金融企业在资源有限的情况下，获客成本不断升高，实力薄弱的平台的生存空间越发狭窄。而且随着互联网金融市场的细分化，互联网金融企业之间的竞争日益激烈。从 P2P 公司的股东背景来看，可以将 P2P 分为银行系、上市公司系、国资系、民营系和风投系。

表 5-6　不同股东背景的 P2P 对比

	银行系	上市公司系	国资系	民营系	风投系
优势	1. 资金雄厚，流动性充足； 2. 项目源优良，大多为银行原有的中小型客户； 3. 风险控制能力强，可以利用央行征信数据。	1. 资本实力雄厚； 2. 甄别优质项目的能力较强，从而保证融资安全。	1. 业务模式较为规范； 2. 从业人员金融专业素养较高。	1.门槛极低； 2. 投资收益率具有吸引力，在 P2P 行业处于较高水平； 3. 产品创新能力强，市场化程度高。	风投在一定程度上能够为平台增进信用。
劣势	1. 收益率偏低，略高于银行理财产品，但在 P2P 行业处于较低水平； 2. 创新能力不高、市场化运作机制不够完善。	与同行相比，收益率和对投资人的吸引能力相对中庸。	1. 缺乏互联网基因； 2. 起投门槛较高； 3. 收益率不具有吸引力； 4. 层层审核的机制严重影响了平台运营效率。	1. 鱼龙混杂； 2. 资本实力与风控能力偏弱。	风投的引入导致 P2P 平台急于扩大经营规模而放松风险控制。

P2P 在全球的发展

从全球范围来看，P2P 已经从最早的消费信贷模式向业务多元化发展，逐步衍生出中小企业贷 [如 P2B（个人对企业）或者 B2B（企业对企业）模式]、房车抵质押、票据应收账款抵押、供应链金融、电商消费金融结合、保险结合、医疗贷等多种模式。消费金融也开始分化出专门的学生贷、白领贷、工薪贷等细分领域。First Circle 是菲律宾的一家中小企业借贷平台，其服务对象包括了全菲律宾 99% 的企业。印度的 ZipLoan、Indifi、Loan Frame 等也都是这种性质的企业。

另一方面，除了中国的开鑫贷涉猎票据借款外，美国的 Fundbox、英国的 Market Invoice、印度的 KredX 也涉及此类业务。此外，美国的 SoFi 甚至开始涉及个人住房抵押贷款。

2016 年，全球的科技金融融资总额为 174 亿美元。IDG 资本、红杉、真格、黑石等海内外著名风险投资机构纷纷看好 P2P 的行业前景并进入其中。高盛曾作为资金合作方，为爱尔兰的一个专门为欧洲高校本科学生提供学费和生活费贷款的平台 Future Finance 提供了高达 2 500 万英镑的贷款。此外，高盛还建立了自己的 P2P 平台 Marcus，该平台于 2016 年 10 月正式上线。而定位为学生助学贷款平台的 CommonBond 的投资人中则有花旗银行的身影。

在引来众多投资者青睐的同时，P2P 也逐渐成为重要的基金资产配置手段之一。美国首家 P2P 投资基金 Prime Meridian Income Fund 和专注于 P2P 债权项目的 Blue Elephant Consumer Fund（贝莱德集团主管加盟）均采用有限合伙形式发售了基于 P2P 项目的投资基金，而第一家全球化的 P2P 投资基金 Symfonie Lending Fund 在美国证券交易委员会进行了注册，非美国的外国投资者也可以投资。第一个上市的 P2P 投资基金是英国的 Global Investments Fund：2014 年 6 月，Global Investments Fund 进行了 IPO，公开发行 2 000 万股普通股，募集资金 2 亿英镑，并在伦敦股票交易所上市，代码就是"P2P"，由此它成为第一只在交易所挂牌交易的 P2P 投资基金。此外，英国第二个进入基金领域的 P2P 大平台 LendInvest 获得了信用评级机构 ARC Rating 的 SQ1 评级（最高评级）。

伴随着 P2P 的兴起与迅猛发展，以 P2P 为核心的衍生生态圈也逐步形成，如智能选标投标工具、记账工具、专门的论坛博客等社交网站、P2P 平台门户网站等衍生行业也迅速发展起来。其中智能选标投标网站如美国的 Orchard 和 Lending Robot、英国的 Crowdsurfer，还有中国的星火智投，通过特定的选标模型和指标体系，帮助用户进行智能化选标和投标。然而，P2P 投资的分散性给账户管理带来了很大麻烦，因此诸如美国的 Lendingmemo 和中国的多赚、贝多多等记账工具软件相继问世。在投资交流上，英国的 Wiseclerk、美国的 P2P Independent Forum、波兰的 Soclen.pl 等社交网站或 P2P 专区的出现，使投资人可以进行有关投资的相互交流和在线学习。由于中国 P2P 平台数量众多而且种类庞杂，网贷之家、网贷天眼、星评社等专门的 P2P 门户、资讯、评级网站相继出现，而与之配套的、用于风险预警和监测的大数据分析工具或者软件将成为下一个热门的 P2P 行业的衍生行业。

P2P 借贷是实现普惠金融的一个必要手段，与传统金融相辅相成，是金融业横向发展的趋势。P2P 不仅能解决中小企业"融资难"的问题，而且其高效快速的特性是传统贷款业不能相比的。全球 P2P 行业的兴起和发展顺应了金融民主化的潮流，这一趋势终将延续。

P2P 在中国的发展趋势

80 后、90 后——催生现金贷需求

80 后、90 后是与计算机、互联网共同成长起来的一代人，是目前互联网上活跃度最高的群体。不仅如此，他们的消费观念也随着金融环境的发展而改变，借贷消费、提前消费被这一代人高度接受。随着 80 后、90 后逐渐成为社会的消费主体，消费认知的转变极大促进了消费金融的崛起。目前比较火的现金贷行业，20—29 岁的借贷人群占比达到 28%，30—39 岁的借贷人群占比达到 50%，这两个年龄段的借贷者在现金贷借贷人群的占比达到 78%。

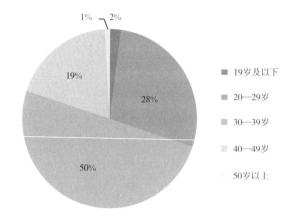

图 5-10　现金贷人群属性画像

数据来源：百度指数、盈灿咨询

以 2012 年 12 月上线的 P2P 平台 PPmoney 为例。目前，PPmoney 的累计成交额达到 775.2 亿元，累计借款人达到 308.77 万人，从其借款人画像可以看出，PPmoney 的主要借款人是 80 后和 90 后，二者在 PPmoney 的全部借款人中的占比之和超过 80%，人均累计融资额达到 4 960 元，其中男性借款人占比为 71.73%，而女性借款人的占比只有 28.27%。不仅仅是 PPmoney，其他的 P2P 平台例如拍拍贷、爱钱进、微贷网等的借款人都以 80 后、90 后为主。[5]

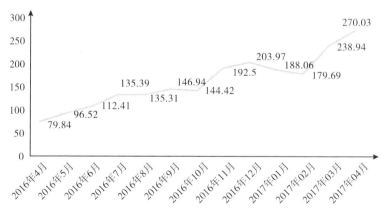

图 5-11　2016—2017 年 4 月 P2P 行业活跃借款人数量（单位：万人）

数据来源：网贷之家、盈灿咨询

2016 年 4 月，P2P 行业的活跃借款人只有 79.84 万人，但是 2017 年 4 月，P2P 行业的活跃借款人达到 270.03 万人，是 2016 年 4 月的 3.38 倍。专项整治的一年里，P2P 行业活跃借款人平均每月增长 19.85%，借款人数大幅上升。

居民理财意识提升 —— 寻求多元投资途径

根据国家金融与发展实验室发布的国内首份《国人工资报告》，2005—2016 年，我国居民工资理财规模 (工资理财规模即工资中主动理财的支出额占可支配收入的比重) 增长接近 10 倍，而同期国人工资增长不足 3 倍，工资理财规模增长超过工资增长 3 倍。

对于大部分中等收入阶层以及低收入群体来说，人们熟悉的投资工具如房地产、股市等不仅需要一定的或者较大的资金量，而且各地房地产政策的收紧、股市近年的大幅波动，也使得这些投资工具不适合普通居民。而 P2P 行业较低的进入门槛和相对较高的投资收益正好迎合了大部分人的理财需求。从整个 P2P 行业近一年的活跃投资人数来看，在专项整治的一年时间里，虽然每个月都有平台跑路或者停业整顿，但是 P2P 行业的投资热情依旧不减。2017 年 4 月，P2P 行业的活跃投资人达到 405.48 万人，而 2016 年 4 月的活跃投资人仅为 298.04 万人，同比增长 36%，总体上呈现稳中有升的上升趋势。

以 2011 年 6 月上线的 P2P 平台你我贷为例。目前，你我贷的累计成交量达到 487.9 亿，累计交易人次为 3 941.3 万，累计注册用户数为 1 862.5 万。2016 年 8 月，你我贷的单月投资人为 10 万人左右，之后，你我贷的单月投资人大体呈现稳定增长的趋势。其中，从 2016 年 10 月开始，你我贷的单月投资人数连续 6 个月保持在 16 万人以上，远高于行业平均水平，其中男性投资人占比为 52.3%，女性投资人占比为 47.7%。其他的 P2P 平台例如宜人贷、拍拍贷、开鑫贷等的投资人都呈现快速增长趋势，并且部分标的经常上架就售空。居民理财意识的普遍觉醒给 P2P 平台带来了良好的发展空间。[6]

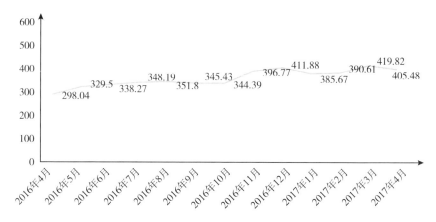

图 5-12　2016—2017 年 4 月 P2P 行业活跃投资人数量（单位：万人）

数据来源：网贷之家、盈灿咨询

监管与行业共同成长

与需求增长相伴而来的，是对行业未来提出的更高的要求。2016 年被称为 P2P 行业的监管元年，在一年的治理期里，监管层出台了大量的监管政策，P2P 企业的合规成本越来越高。2016 年 4 月，正常运营的 P2P 平台数量为 3 274 家，之后逐月下降，到 2017 年 4 月，正常运营的 P2P 平台数量只有 2 214 家。2016—2017 年间，大量的 P2P 平台主动或者被动退出 P2P 市场，正常运营的平台数量也减少了 1 060 家，但是行业中乱象丛生的现象逐渐消失，行业逐渐回归理性。2017 年 4 月，问题平台只有 18 家，其中跑路平台 4 家；主动停业及转型的平台有 55 家，这也说明前期的"泡沫"和"非理性"在逐渐弱化。预计 2017 年可能还会有平台退出 P2P 市场，但是绝大部分将是主动退出，而留下来的基本上都是合规性比较强的平台。另外，受限于较高的合规成本，不良平台再想进入这个行业难度比较大。

随着行业的快速发展、平台数量的增多以及机构投资的加入，垂直细分型 P2P 平台开始出现。这种细分主要体现为各子行业内的细分、投资者人群的细分以及相应的需求细分等方面，例如中小企业贷款、房地产贷款、票据贷款、学生贷款等。《网络借贷信息中介机构业务活动管理暂行办法》中关于借款金额的限制，将对以企业贷款为主要业务的互联网金融平台影响较大，可能导致平台集中转型，转向更小额的分散资产。如此一来，小额抵押贷、消费金融等具有小额特点的资产市场势必会迎来激烈竞争。

P2P 平台和第三方财富管理机构的区别

同属于新兴金融市场的 P2P 平台与第三方财富管理机构，经常会被人们拿来比较，两者到底有什么不同？不都是在做理财产品销售的事情么？如果你已经看过我们之前对第三方财富管理机构的介绍，可能对此有相对明确的认识。但是，鉴于中国财富管理市场目前的业态，我们认为还是有必要在此进行一下对比。

首先，从概念上看，第三方财富管理机构是指独立的中介机构，它独立于银行、保险等传统和非传统的金融机构，主要通过挖掘客户的需求，并根据其财务状况和所处的生命周期阶段，向客户提供综合性的理财规划和财富管理服务。作为独立机构，第三方财富管理机构不代表任何产品端的利益，而是站在绝对公正的立场上，对于客户的实际情况，包括金融与非金融的情况，进行严谨专业的分析，并结合客户的理财需求，运用大类资产配置或风险分散等理论或通过各公司内部的财富管理模型向客户提出科学的财富管理方案。

P2P 平台从性质上看与第三方财富管理机构相似，都属于中介机构，而它主要借助互联网、移动互联网技术提供信息发布和交易实现的网络平台，把借贷双方对接起来，从而实现各自的借贷需求。依照这个逻辑，它应该是相对独立和中立的。但是，P2P 平台最重要的能力是风险甄别，它需要通过模型和数据搜集，完全了解借贷双方的实际情况，在把控风险的同时，做好风险定价和匹配。这与第三方财富管理机构需要的财富规划和资产配置能力还是相差甚远的。

第二，从监管的角度看，独立的第三方财富管理机构配置的产品，私募类由证监会监管、信托类由银监会监管、保险产品由保监会监管。虽然有各方面的监管机构参与，但主要监管机构的不明确还是给第三方财富管理机构在国内的发展带来了一定的风险和限制。

我们前些年看到的频繁发生的 P2P 平台消失、跑路等影响社会秩序、危害老百姓利益的事件，也是由于缺乏监管。作为一般的监管机构，工商部门对 P2P 平台的核心业务和商业模式起不到强监督的作用。而行业中丛生的乱象，使得有关部门在 2016 年全年对 P2P 行业进行了严打，清理了近千家 P2P 平台。我们期望在监管逐步完善的过程中，P2P 行业将会逐步回归理性，实现自律。

从经营范畴的角度看，第三方财富管理机构主要从事财产规划、理财产品的研究、开发和技术管理，以及投资咨询；而 P2P 平台进行的则是实业投资、投资咨询（除证券、期货）和投资管理。

从安全性的角度看，独立第三方财富管理机构的客户资金一般由第三方托管（银行、证券公司），每一笔资金的用途都受监管，虽然也有一些不规范的借贷平台存在自我融资之嫌。我们还可以将独立第三方财富管理机构和银行做个对比。同样是做财富管理，独立第三方财富管理机构向客户端收取管理费，而银行向产品端收取销售佣金。譬如，在当前市场中，因为信托额度锐减，银行很难拿代销信托，但能拿到一些储蓄型的低收益的保险产品，这时银行就会大范围地夸大这个产品的作用和好处。而国内的第三方财富管理机构正逐步成为多个理财产品的代销主流，一般来说，第三方财富管理机构可以代销几乎所有的理财品种，产品选择面较广，而且第三方财富管理机构非常重视与客户长久的合作关系，所以它们会自律，站在中立的角度帮客户选择合适的产品。

相比之下，P2P平台的资金托管就有些模糊了。虽然从政策角度看有资金存管的要求，但是资金托管与资金存管的区别在于是否有监管行为，即是否对项目资金的真实性走向进行核实，包括核实借款人信息和借款合同的真实性、跟踪监督资金进入借款人账户后的具体流向。从征信角度、对于P2P借款人和项目真实性的判断，以及银行对于托管P2P资金的谨慎态度来看，P2P行实现真正的资金托管的难度非常大。

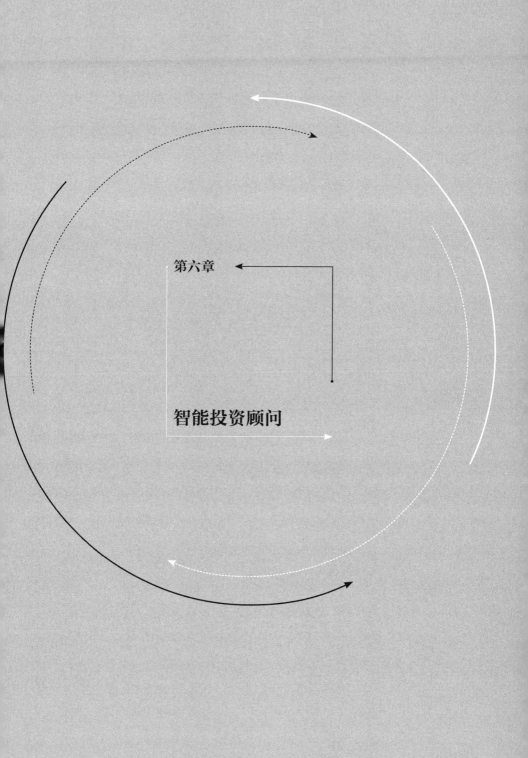

第六章

智能投资顾问

2016 年是中国的"智能投资顾问元年",各种主动型、被动型智能投资工具如雨后春笋般出现在人们的视线里。2016 年 6 月,广发证券推出"贝塔牛";同年 10 月,华泰证券以 7.68 亿美元并购美国资产管理软件生产商 AssetMark;在之后的 12 月,招商银行推出"摩羯智投",在业界轰动一时,成为大型传统金融机构进军智能投资顾问的一大旗帜。

实际上,早在 2014 年前后,国内就已经有机构开始涉足智能投资顾问领域。在短短两三年的时间里,市场上涌现出超过 20 余家以智能投资顾问为主业的金融机构,还有很多其他机构跃跃欲试准备进入这一行业。行业的快速发展,得益于技术、政策、投资者对智能投资顾问的逐步的认知与认可。

什么是智能投资顾问?

智能投资顾问,英文叫作 Robo-Advisor,简称 RA,直译过来是机器人投资顾问,是指虚拟机器人基于客户自身的理财需求,结合现代投资组合理论，通过算法和产品搭建一个数据模型，从而完成以往由人工提供的理财顾问服务。具体实施上，智能投资顾问通过各种方式，包括在线调查问卷，获取投资者关于财务状况、投资目标、投资期限、收入、资产和风险等方面的信息，了解投资者的风险偏好以及投资偏好，从而通过已搭建的数据模型和后台算法，例如使用马克维茨的投资组合理论，为投资者提供个性化、低成本、高效率的理财建议。

智能投资顾问起源于美国，而其在执行过程中应用的各种技术并不是什么新概念。为什么这么说呢？根据美国金融业监管局的定义，数字化投资顾问是智能投资顾问的广义概念。数字化投资顾问是指用机器代替人工投资顾问，来完成投资咨询过程中的一项或多项核心环节，例如信息的获取及分析、形成投资方式与策略、监督交易执行等。

具体来说，智能投资顾问服务包括客户分析、大类资产配置、投资组合选择、交易执行、投资组合再平衡、税收规划、投资组合分析等。美国金融业监管局对每一项具体服务都进行了区分。

客户分析：大部分投资机构在提供投资顾问服务时的第一步是分析投资人的风险偏好。然而在实践中，投资人的风险偏好并非是一成不变的。随着时间的推移和市场的变化，或特殊事件的发生，客户的风险偏好在很大程度上会发生改变。因此，往往很难建立一个统一的标准测量客户的风险偏好。智能投资顾问服务将其作为研究方向之一，期望建立一个动态的、覆盖多影响因子的模型，用来分析客户的风险偏好。

大类资产配置：根据现代资产组合理论，在确定性收益的前提下存在最优投资。大多数智能投资顾问服务都依据此原理建立了分散的投资组合，并且依据不同的商业模式做了优化。

投资组合选择：客户分析是得出风险偏好参数，大类资产配置是形成不同风险偏好的资产组合，而投资组合选择正是将前两步的结果进行一一对应。在实践中，投资组合主要分为两种，一种是根据风险等级选择不同的投资组合，而另外一种是根据投资风格选择不同的投资组合。

交易执行：大多数智能投资顾问的交易执行在本质上没有区别，基本上都是通过技术，利用自有的证券公司或与证券公司合作提供顺畅的交易执行服务，没有过多的创新。

投资组合再平衡：随着市值的变化，如果资产投资配置偏离目标资产配置过大，投资组合再平衡可以实施从动态资产配置向静态资产配置的重新调整，而不是单纯地指资产配置的动态调整。

税收规划：主要是针对美国市场的一项增值服务。虽然税收规划不是智能投资顾问价值链中的一项基础服务，但是其在美国市场使用广泛。税收规划主要是指智能投资顾问分析税收的特征和结构，优化资产配置，使客户获得最多的税后投资收益。因为没有资本利得税，我国证券投资在税收规划方面的需求略低，但红利税和利息税的影响还是需要纳入考虑。

投资组合分析：智能投资顾问与传统的投资工具最大的区别在于，除了业绩展示、组合描述性统计分析、回测和模拟等，还会向客户提供业绩归因、风险因子分析。

智能投资顾问的价值

与传统的数字化投资工具相比，我们可以看出智能投资顾问具有全流程统筹的特点。其两大核心要素分别是用户画像（即通过算法自动挖掘客户的金融需求）和智能资产配置（即利用现代金融理论和客户参数进行投资组合分析）。随着大数据、互联网和移动互联网等技术的不断进步，智能投资顾问可以更好地帮助传统投资顾问深入地挖掘客户的金融需求，更贴近客户的个性化需求，弥补投资顾问在深度了解客户方面的不足。在了解客户的金融需求之后，智能投资顾问利用现代投资组合理论设计投资引擎，为客户提供金融规划和资产配置方案，设计更智能化、定制化的理财产品，并在与客户的反复交流中不断改进方案，从而大大提升投资效率。

将传统投资顾问和智能投资顾问相结合，可以服务更多普通投资者，突破传统"一对一"的人工投资顾问形式，使之成为"一对多"、相对标准化、可大规模复制的服务。另外，这种结合还可以提供更多细分环节的服务，突破传统投资顾问服务领域狭窄的局限，深入投资决策的每个环节。其次，引入大数据及人工智能，可以避免投资决策过程中非理性因素的影响，或因投资经验不足及失误引发的问题。

智能投资顾问的出现，有助于打破"投资顾问仅是高净值人群的专利"这一刻板印象，揭开原先高不可攀的财富管理的神秘面纱，在传统投资顾问的基础上带来质和量的双维度升级。

智能投资顾问在美国的发展

在美国的财富管理行业中，独立理财师的占比为70%，这些人拥有注册投资顾问牌照。理财师的基本工作就是通过和客户的面对面沟通，帮助客户完成全面的资产配置，并且收取顾问费，这也是理财师收入的主要来源。20世纪90年代末，随着在线投资分析工具技术水平的提升，以及适用领域不断扩大，部分公司开始提供在线投资顾问服务。2005 年，证券自营商被允许将投资分析工具直接给投资者使用后，在线资产管理服务规模迅速扩大。2008 年，以 Wealthfront、Betterment、Future Advisor 为代表的"机器人投资顾问"公司出现，为客户直接提供各类基于机器学习的机器人投资顾问工具，部分传统证券公司自行开发或通过并购涉足该领域。业界享有盛名的 Betterment 和 Wealthfront 公司从 2011 年开始向个人理财用户推出基于互联网技术的财富管理模式，通过调查问卷在线评估用户的风险偏好和风险承受能力，为用户定制个性化投资方案，提供资产管理组合建议，包括基金配置、股票配置、股票期权操作、债权配置、房地产资产配置等，实时监控投资组合的动态，并对投资产品组合进行优化调整，以实现用户投资利益的最大化，从而开启了机器人投资顾问的新时代。随着大数据、云计算和深度学习等技术能力的提升与实践，2015 年至今，人工智能再次取得突破性进展。目前，越来越多的公司开始尝试开发能够完全脱离人工参与的智能投资系统，如 Wealthfront 公司等。

Betterment 的投资回报

与传统的投资顾问相比，成本低、收益稳定的智能投资顾问显得物美价廉。而与同样价廉的被动指数基金相比，智能投资顾问的优势在于其对投资组合的积极管理。图 6-1 比较了 Betterment 投资组合与一个被动投资组合（由标普 500 指数和美国债券组成）的有效边界。

图中的 A、B、C 与 D、E、F 点分别表示被动投资组合与 Betterment 投资组合中股票占比为 0%、50%、100% 时的情况。可以看出，在波动性相同的情况下，Betterment 投资组合的回报率略高于被动投资组合（图中阴影部分）。这部分额外收益，主要是通过投资组合的细致挑选和事后的不断优化得到的。

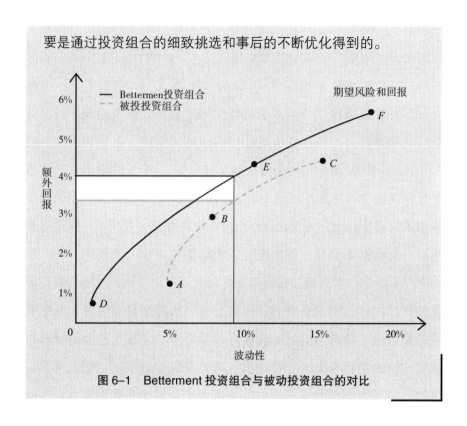

图 6-1　Betterment 投资组合与被动投资组合的对比

智能投资顾问的发展及现状

截至 2016 年一季度，Betterment 的资产管理规模超过 50 亿美元，Wealthfront 的资产管理规模近 30 亿美元，是 2015 年年初的两倍。就整个行业而言，从事智能投资顾问的金融科技企业越来越多，又涌现了 Personal Capital、Schwab Intelligent Portfolio 等企业，行业规模也水涨船高。国外一些大型金融机构通过开发或收购智能投资顾问产品，加紧在该领域的布局：世界最大的资产管理公司贝莱德集团在 2015 年 8 月收购了 Future Advisor——一家低调的智能理财初创公司；2015 年 12 月，德意志银行推出了机器人投资顾问 Anlage Finder；2016 年 3 月，高盛宣布收购线上退休账户理财平台 Honest Dollar。贝莱德是第一家全资收购一家智能资产管理创业公司的传统资产管理公司，收购原因实际上也比较明显——需要在千禧一代的身上找到业务增长的空间。这批年轻人并不是没有理财需求，只是需要门槛更低、更便利、更互联网化的解决方案。

根据统计公司 Statista 于 2017 年年初发布的数据，按资产管理量排名，靠前的智能投资顾问资产管理公司均为美国公司。其中 Vanguard 集团以 470 亿美元的资产管理量一马当先。Schwab Intelligent Portfolios 和 Betterment 分别以 102 亿美元和 73.6 亿美元的资产管理量位列第二、第三。详情见图 6-2。

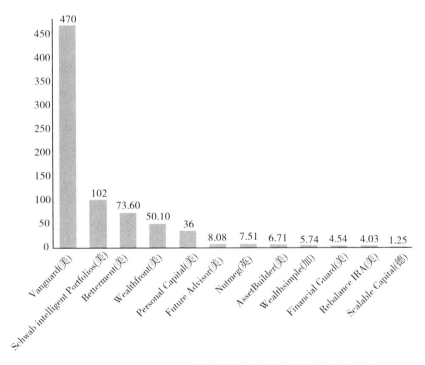

图 6-2　智能投资顾问公司的资产管理量排名（单位：亿美元）

按照 Statista 的预计，2017 年智能投资顾问管理下的资产为 2 713.8 亿美元；管理资产年增长率预计（2017—2021 年的复合增长率）为 103.8%，2021 年管理资产总额将达到 4.6 万亿美元。市场调研公司 BI Intelligence 给出了更加刺激人心的数据，预计到 2020 年，全球智能投资顾问管理的资产份额将占到资产管理行业的 10% 左右，接近 8 万亿美元。波士顿咨询公司 2015 年发布的全球财富报告显示，全球个人可投资资产规模达 164 万亿美元，预计未来 5 年将实现 6% 的年均复合增长率，到 2019 年年底，总规模将达 222 万亿美元。如果未来智能投资顾问市场在可投资民间财富中的占比能够达到 5%，则预计未来智能投资顾问的市场空间将达到近 10 万亿美元。

识别智能投资顾问的标准

收入、年龄、性别、心理特征的差异会使不同客户形成不同的风险偏好和风险偏好的变化轨迹，这就要求智能投资顾问做到千人千时千面。因此识别智能投资顾问有以下 4 个标准：

通过大数据获得用户个性化的风险偏好及其变化规律；

根据用户个性化的风险偏好，结合算法模型制定个性化的资产配置方案；

利用互联网对用户个性化的资产配置方案进行实时跟踪调整；

不追求不顾风险的高收益，在用户可以承受的风险范围内实现收益最大化。

智能投资顾问的技术创新

客户数据分析——大数据 + 机器学习

近几年，大数据在数量、处理速度及数据种类三方面都实现了巨大的进步，而从噪音信息中分拣有价值的信息正是机器擅长的工作。

传统的数据终端只解决了信息和数据的提供问题，却无法完成信息过载后的整理和分析工作。整理分析海量数据需要研究人员投入大量时间和精力。而利用结合了大数据与机器的人工智能技术，辅以人为设置的规则及逻辑判断，可以大幅提升工作效率。

能够利用人工智能技术完成的数据分析工作具体分为两类：一类是收集并处理大量数据，主要是提供搜索服务，从大量噪音信息中快速且准确地找到有价值的信息，提高信息的获取及搜索效率；另一类是利用数学模型，从大量数据中分析并预测结果，通常是通过机器学习、自然语言处理和知识图谱，分析宏观经济、公司业绩、网络舆情等数据，判断事物之间的关联性，提供细分金融投资咨询服务，如推荐股票、预测公司收入等。

机器学习：依据历史经验和新的市场信息，不断修正分析模型，预测信息与资产价格之间的相关性。

自然语言处理：在数据的基础上引入文本，分析新闻、政策及社交媒体中的信息，结构化信息与数据，进而寻找市场波动的原因。

知识图谱：人为设置规则，帮助机器排除无经济关联事件及黑天鹅事件的影响，进一步修正变量、关系与规则之间的关联性。[1]

投资策略——被动量化投资

通常来讲，量化投资分两类，一类是被动量化投资，目标是提供多样化风险特征的投资产品，如 ETF、分级基金等；另一类则是主动量化投资，目标是通过主动寻找市场上证券的定价偏差以实现超额收益或者绝对正收益，如量化对冲基金等，是把主动投资的策略（投资逻辑和经验等），通过计算机语言编写成代码，作为量化策略。而智能投资顾问，主要是平台采用被动投资方式，关注各市场或各大资产类别的整体表现状况，从而获取系统性风险补偿，即以市场波动性收益为目标的长期投资方式。通过复制市场组合实现，费用相对较低，标的资产规模大。目前，各大智能投资顾问主要的投资标的为 ETF 及公募基金，部分平台也将大宗商品、黄金等包含在投资范围内。

表 6-1　量化策略投资与智能投资顾问

	量化策略投资	智能投资顾问
概念	利用数据和模型获取预期收益的投资方式	利用机器人提供咨询服务
强调重点	数据、概率、模型	机器人、自动化
二者的关联	符合客户需求的量化投资策略可作为智能投资顾问在服务过程中向客户提供的最终投资建议之一；除了传统的量化策略生成方式，智能投资顾问提供的量化策略更多地利用机器学习、知识图谱等人工智能技术。	

智能投资顾问的理论基础

现代资产组合理论

　　成熟市场中广泛使用的投资顾问服务，其金融理论基础是诺贝尔经济学奖得主马科维茨于 1952 年提出的现代资产组合理论。这是所有资产配置模型的先驱，后来通过另一位诺贝尔经济奖得主夏普的发展，以及业界的不断实践，形成了一套完整的体系，今天被各个金融专业机构普遍使用。它的最基础的理论可以用图 6-3 表示。图中的每一个灰色的点都是一种可能的资产配置组合，横轴代表这些组合的平均风险或者预期波动性（以方差来衡量），而纵轴代表这些组合的平均收益率。

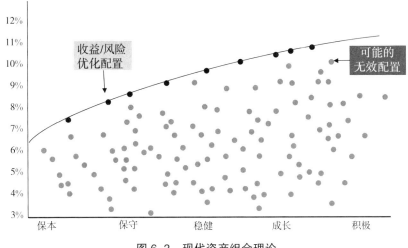

图 6-3　现代资产组合理论

马科维茨从数学上证明了所有的资产配置的可能性如图 6-3 中的所有灰点所示。这些可能性共同组成了一块区域，而区域上面的那条向上凸起的边界线被称作有效前沿线。有效前沿线上的每一个点都代表了一种可以实现的资产配置，而且，从纵向的角度看，它是在某一个给定风险水平上使投资者能够取得最好的预期回报的资产组合配置。这是因为在它的正下方还有很多其他的也可以实现的资产组合配置，即图 6-3 中的灰点。但是这些组合可预期的回报都小于有效前沿线上的点所对应的组合，而在有效前沿线上方的任何组合都是不可以实现的。任何一种基于现代资产组合理论设立的资产配置模型，都会想办法帮助自己的投资者在某一个给定的风险水平下，选择最优的配置方案，从而实现最大的预期收益率。在智能投资顾问出现之前，这样的资产配置模型，在实践中往往不能给出非常精确的答案，而只是一个近似的、模糊的概念，因为精确答案的取得需要大量的计算。智能投资顾问使得基于现代资产组合理论进行精准的资产组合设计在实践中成为可能，从而使现代资产组合理论能够在实践中得到广泛应用。

分散风险原则

现代投资理论从数学上证明了我们的很多直觉，比如不会将所有的鸡蛋放在同一个篮子里。各种不同的投资产品存在不同的风险，有可能会出现价格此消彼长的情况。如果投资者把所有的资金投放在同一个产品上，风险就会变得很大。反之，如果投资者将资金分散在不同的投资产品上，让各种产品之间的风险互相抵消，那投资组合的投资风险就会小得多。通过合理的资产配置模型，可以计算出如何科学地把资金分散在不同资产上，从而获得一定风险承受能力下的最大预期收益，使投资者的投资能够持久获利。这种通过形成资产组合抵消部分风险从而在长期提升组合收益的做法，被马科维茨以及夏普认为是金融界不多的"免费午餐"之一。

智能投资顾问的监管

在美国，如果一家智能投资顾问机构已获得注册投资顾问牌照，就会受到相关法律的监管。在美国，只要获得注册投资顾问牌照，即可向客户同时提供投资咨询和资产管理服务，在用户设定的目标下直接执行对应的投资组合管理。

2016年3月，美国金融业监管局发布了一份数字化投资顾问的创新监管指引——《对数字化投资顾问使用的指导意见》，阐明了其在三个方面的监管重心：①数字化投资顾问工具中嵌入的算法；②客户身份审核，主要是客户风险承受能力评估；③如何利用数字化投资顾问工具为客户创建投资组合，以及避免这些组合引起的利益冲突。

美国金融业监管局的政策一方面认可了金融创新和新的商业模式，另一方面要求投资顾问平台需要充分了解其使用的算法及其背后的假设是否存在偏差和合理性，采用技术中性立场，对于投资管理服务的未来发展提供了更广阔的政策空间。美国作为智能投资顾问的先行者，行业监管逐渐明晰，对中国的智能投资顾问行业有很大的借鉴意义。

智能投资顾问在中国

国内智能投资顾问现状

据统计，目前公开表示具有或正在研发智能投资顾问功能的互联网理财平台已经超过 20 家，但智能化程度参差不齐，与美国同类企业相比仍有差距。部分互联网金融企业以智能投资顾问为噱头，并非真正实现了智能化。一些 P2P 企业仅对用户进行简单的风险偏好测试，根据用户偏好推荐相应理财产品，更多的属于分散化投资，并未使用先进的数据算法优化投资模型。国内现有的智能投资顾问参与者可分为以下 4 类。

网上金融超市

由传统的投资管理人员（基金经理）主导，目标是创造高收益，宣传点也是高收益。这种智能投资顾问实际上是把传统的基金公司转移到互联网上，可以理解为一种以互联网作为发行载体的基金。

独立建议型

以传统的销售人员为主导，主要卖点是资产多元化，形成投资组合。可以理解为一种组合销售。虽然这类产品往往通过用户画像进行用户风险分析，但在实际操作中，多元化只是一种手段而不是目的，因此往往流于表象，实际上并不能为不同用户提供千人千面的不同产品。

混合推荐型

以终端市场（股票、债券，甚至是期货等）为投资标的，以跟投或者指导投资为主，是传统的"带头大哥"投资模式的变种。投资标的有两种，一种是量价极其敏感的品种，比如股票、债券以及期货。只要买入量够大，价格必然会被推高。所以针对这一品种标的的任何投资策略，从理论上讲都没法做到大量的资金投入，也就是说规模扩展化有限。第二种是量价不敏感的品种。无论投资者买入多少，其价格不变。比如基金，基金是以净值成交的，基金的净值是它实际持有资产的总额，买入的量多量少都不会使基金的净值改变。但是实际上，当一种基金的投资规模膨胀得太厉害，也会导致业绩下滑。

智能投资顾问的雏形

致力于模仿 Wealthfront 的创业机构，基本实现了智能算法模型的搭建，使用数字化手段提供投资咨询服务。

当前，国内更多的智能平台应该定位为"半智能投资顾问"。这种模式主要依托传统金融机构的平台资源和客户渠道，在进行投资策略匹配的过程中无法完全脱离人工操作，尚未达到纯智能化的程度，不能算是真正意义上的智能投资顾问。

智能投资顾问的核心是投资顾问，而智能只是实现手段。虽然我国金融市场不如美国金融市场层级完整、产品丰富——例如美国智能投资顾问主要的投资标的是 ETF，品种繁多、五花八门，涵盖所有细分行业，而目前我国市场上的 ETF 只有 200 多只，可投资标的产品丰富性不足，市场成熟度不够——然而借助智能手段为投资者普及资产配置和组合投资理念，正是中国智能投资顾问区别于发达国家市场上的智能投资顾问的独特机会。

国内发展智能投资顾问的市场机遇

证券行业变革为智能投资顾问带来发展机遇

互联网证券兴起，佣金率下行倒逼证券公司探索新的盈利点。以智能投资顾问为代表的增值服务能够有效提升客户体验，满足个性化需求，同时充分发挥证券公司在投资研究、产品设计等方面的专业优势，有助于实现经纪业务的转型升级，开拓新市场空间。

互联网证券对智能投资顾问的推动作用体现在两方面。首先，为智能投资顾问的用户扩张奠定基础。智能投资顾问的发展主要依赖线上渠道进行，目前中国网民人数已近 7 亿，互联网普及率达到 50.3%，互联网证券在过去几年通过线上渠道有效扩展用户规模，为智能投资顾问的进一步发展聚集海量线上用户。其次，有效降低获客成本。与传统的线下营业部相比，互联网渠道能够以低成本获取海量客户资源，从而大幅降低智能投资顾问的成本，尤其对众多区域性的中小证券公司的吸引力更大。

社会资产配置结构变化推动智能投资顾问发展

千禧一代更易接受互联网化的智能投资顾问。千禧一代与个人电脑差不多同时诞生，在互联网的陪伴下成长。目前他们日益成熟，逐步成为社会的主流消费人群。从使用习惯来看，更互联网化、更个性化、更便宜的智能投资顾问模式将受到新一代人的追捧。

同时，我国居民资产配置逐步由非金融资产（以房地产为主）向金融资产转移。居民金融资产配置需求的提升呼唤更好的理财服务。

2014 年年末，居民金融资产配置比例为 40.7%，较 2005 年的 32.6% 有明显提升。但目前存款和房产投资仍然是中国居民的主要投资理财方式，其中存款占比为 40%，不动产投资占比为 35%，其他非存款类的理财如股票投资、债券投资等的占比相加不足 20%。由于 2015 年资本市场经历牛市行情，预计目前理财资产配置的实际比重会高于统计数字。尽管如此，与欧美发达国家相比，我国居民金融资产配置比重明显偏低，例如在金融市场发达的美国，2014 年年末居民金融资产配置比重高达 70%，而英国居民金融资产配置比重亦高达 53%。

根据招商银行和贝恩公司共同发布的《2015 年中国私人财富报告》中针对我国高净值人群进行的有关未来投资趋势的采访，超过 50% 的受访者预计，未来 1—2 年内会考虑增加金融投资，另有 43% 的受访者表示会保持现有的金融投资规模，同时，分别有 24% 和 15% 的受访者表示会减持实业投资和房地产投资，与金融投资的增长趋势形成鲜明对比。未来中国居民的资产配置预计会向多元化、合理化方向发展，从原来的不动产、固定收益类投资项目逐步向私募基金、期货、期权以及各种金融衍生工具拓展。随着固定资产向金融资产转移，居民的金融理财、资产配置及投资咨询等需求将显著增长，未来智能投资顾问有望充分受益，更好地满足居民资产配置方面的需求。

经济发展带来巨大理财需求

经济发展带来了巨大的理财需求，但投资渠道匮乏。《2015 年中国私人财富报告》显示，2014 年中国个人持有的可投资资产总体规模达 112 万亿元，2012—2014 年的年均复合增长率达到 16%，远高于同期的 GDP 增速，预测 2015 年可投资资产将继续增至 129 万亿元。然而，目前我国投资渠道依旧匮乏，大部分投资资产集中于银行、基金以及信托等机构发布的理财产品。

长尾客户的潜在市场空间巨大。以余额宝、P2P 为代表的快速崛起的互联网金融在短短两三年内不断侵蚀传统银行业务，令人们意识到长尾客户巨大的蓝海市场。智能投资顾问，便是下一个加强覆盖长尾客户的子领域。零壹财经院发布的《中国个人理财市场研究报告》称，目前我国参与互联网理财的人数在 3 亿以上，占全部理财人群的 60%—75%。根据《2015 年中国私人财富报告》，2014 年，可投资资产在 1 千万元人民币以上的中国高净值人士数量仅约 104 万人，在总量中的占比不足 1%，足以看出长尾客户的潜在市场空间。

泛资产管理时代下权益类资产比重提升

我们正处在低利率环境导致的资产荒时代，随着各类资产收益率持续下行，居民对高收益理财投资的需求日益增长，泛资产管理时代来临。根据波士顿咨询公司的预测，2020 年中国资产管理总规模有望达到 174 万亿元，其中非通道业务达到 149 万亿元，巨大的资产管理规模代表着智能投资顾问的潜在市场需求。

随着人口结构、资本市场发展状况的改变以及投资产品的不断丰富，投资者资产结构配置比例发生变化。根据波士顿咨询公司的预测，股票类投资和平衡 / 混合型投资占比有望达到 8%、9%，较 2015 年分别提升 3 个和 2 个百分点，由于股票投资中选股、择时、投资组合跟踪调整等环节会对投资收益产生重要影响，而平衡 / 混合型投资产品（如混合型基金）品种纷繁复杂，未来智能投资顾问有望对于资产组合配置发挥重要作用，帮助投资者做出正确的投资决策。

国内发展智能投资顾问的制度环境

在国内，传统的投资顾问业务主要受《中华人民共和国证券法》

和《证券投资顾问业务暂行规定》的监督和约束。证监会为了保护投资者的合法权益，同时维护证券市场秩序，限定投资顾问只能提供投资建议，不得进行全权委托管理。这就使得相关智能投资顾问业务在国内主要限于投资推荐，而且因为不能以机构为主体或受客户委托在二级市场上直接交易，通常只能将购买门槛极低的公募基金作为资产配置的主要标的。

在传统监管框架下，智能投资顾问的定位是具备证券投资顾问和资产管理资质的公司，然而监管制度规定，这两项业务应该分开管理，并适用于不同的法律法规。证券投资咨询机构只能为客户提供咨询建议，交易环节必须由客户亲自完成，不能代为执行，即不能开展资产管理业务。监管制度的创新为这一问题的解决带来了希望。2015年，证监会发布了《账户管理业务规则（征求意见稿）》，其中明确提出，取得相应资格的机构可以接受财富客户的委托，就各种主要金融产品的投资或交易做出价值分析或投资判断，并且可以代客户执行有关交易。

国内的金融监管部门正在密切关注智能投资顾问的发展，同时参考相应的国际金融监管操作惯例拟定监管措施，其中包括三大监管原则：一是监管一致性原则，防止监管套利；二是渐进适度原则，在控制风险与鼓励创新之间寻找平衡点；三是注重消费者保护与合规销售。智能投资顾问同样具有金融风险的隐蔽性、传染性、广泛性和突发性等特征。要透过表象看清业务实质，从业务模式出发进行穿透式监管。

在对智能投资顾问实施具体监管的过程中，有以下难题。

第一，智能投资顾问较高的技术门槛使得机构相对于散户拥有技术优势，获取市场机会的能力进一步增强。这将导致机构与散户间的信息不对称问题更加严重。在智能投资顾问时代，若散户的投资行为不变，那么机构套利的机会将增多，小散户被"割韭菜"的概率可能会加大，甚至可能演化成社会事件。

第二，对于智能投资顾问的监管过重或过轻都会带来问题。监管过重会将创新扼杀于摇篮之中，不利于国内中等收入阶层的资产配置和多层次资本市场的发展；监管过松将导致市场上出现各种"偷换概念"的商业现象，比如一些P2P企业乔装成智能投资顾问公司以规避严苛监管。

第三，人工智能算法从输入到输出是一个"黑箱"过程，而且其结果具有一定的偶然性。智能投资顾问专家知道算法输出正确结果的概率，但是对任何一个结果的实现都没有百分之百的把握。换句话说，一个不理想的投资结果，可能因为算法本身的缺陷，也可能只是一次很不走运的偶然事件。没人能够准确判断算法为何失效。这可能会给监管带来障碍。

国内智能投资顾问面临的挑战

技术和利益不一致问题

智能投资顾问的核心算法一般是不公开的，其效果也需要较长的周期来检验。算法有效性的不断改进依赖于数据的积累和技术能力的提升。当前的人工智能还处于低级阶段，投资顾问领域的应用更是新兴事物，智能投资顾问想要达到预想的效果，需要不断地积累数据，提升数据分析能力，不断改进和提升算法。这可能是一个比较长期的过程，而且存在一些技术上的问题，比如基础数据的采集。目前，国内政府各部门、银行、借贷平台、征信机构等各自为营，互相之间没有共享数据的渠道，缺少有效流转和整合数据的商业模式。客户数据的缺失，给智能投资顾问公司带来很大挑战，使其难以做到个性化管理。数据库对于互联网金融的发展至关重要，也是体现智能投资顾问时间积淀的关键指标。

同时，智能投资顾问也可能带来利益不一致的问题。如果智能投资顾问平台既推荐自家的产品也推荐其他家的产品，不可避免地会使用户对于智能投资顾问的客观性和独立性产生怀疑。一些平台可能在投资建议中更多地推荐自家的金融产品，以"智能""大数据""算法"的名义对产品进行包装销售。这些行为都会损害用户利益，也会影响用户对于智能投资顾问行业的信心。

难以降低交易成本且资产种类有限

欧美等成熟市场上的智能投资顾问有一个很重要的优势——其成本远低于同等水平的传统投资顾问服务。无论是交易成本、管理费用还是流动性管理，智能投资顾问的成本都非常低廉。比如美国较为知名的智能投资顾问服务商 Wealthfront 和 Betterment，其平台管理费用分别是 0.225% 和 0.15%—0.35%，Charles Schwab IP 甚至提供免费服务，算上 ETF 的管理费用，年化总成本一般也仅有 0.5% 左右。

然而我国当前市场上的一般智能投资顾问均是以公募基金为资产标的，认购、赎回、托管成本和管理费用的总和通常高达 1%—2%，是国外智能投资顾问的 2—4 倍。国外的智能投资顾问均是以 ETF 等作为投资标的，交易实时方便，而我国公募基金的申购期通常是 T+1 日，赎回期则长达 T+3 日。一些 QDII 基金的认购或赎回期更是长达 T+7 日。

在投资品类上，国外的智能投资顾问覆盖的品类非常全面，既有各种类型的股票和 ETF，又有全球各个地区的债券资产，甚至还有很多另类投资资产，能够真正实现立体化智能资产管理的效果。然而在我国，由于证券市场发展时间较短，可投资的产品类别还十分有限。尤其是 ETF 市场，整个市场上的 ETF 与 LOF（上市型开放式基金）也不过 300 余只，属于市场上的边缘性产品。可以说，如果智能投资顾问经过监管审批可以直接进入 ETF 市场，那么我国的 ETF 将迎来一次"改革开放式"的发展，这不仅可以帮助投资者降低交易成本和扩充投资范围，还可以降低市场波动，促进基金业在 ETF 产品方面的大发展，未来我国也有可能出现如 iShare 或 Direxion 这种知名的 ETF 品牌。

市场认知程度较低，用户教育方兴未艾

当前我国证券市场仍然以散户为主，市场情绪波动巨大，很容易出现不理性的投资行为。这种非理性行为在某种程度上使上市公司有恃无恐，因为投资者的决策并不取决于长期价值，而是小道消息。智能投资顾问是一个很好的切入点，利用金融学中公认的科学投资方法，如组合投资、资产配置等概念，引导投资者理性配置自己的资产。不过，由于智能投资顾问还没有明确的行业标准，监管意见也未成型，市场鱼龙混杂，监管层难以识别系统性风险和企业自身的经营风险，而"缓创新"的传闻又使市场似乎陷入了"一放就乱、一收就死"的怪圈。这种市场规则不清的现状导致智能投资顾问的探路者们难以在市场培育方面进行长期投资。

中等收入家庭缺少对投资顾问的刚需

在美国，财富管理行业的重要需求来源是居民家庭的养老需求。美国的工薪阶层，按照法律必须把一定比例的收入放入退休金账户，以备养老之用。政府鼓励个人根据自身的风险和收益喜好灵活地配置账户资产，账户管理需求应运而生。大多数工薪阶层缺乏理财经验，而人工理财的服务费用又十分高昂，因此低门槛、低收费的智能投资

顾问很好地解决了他们的问题。而在国内，养老金很大程度上由政府管理和兜底，普通人对投资顾问没有强烈的需求。由于对新型投资渠道缺乏了解和信任，很多中老年人倾向于将钱存入银行。目前智能投资顾问的主要客户是年纪尚轻并处在财富积累阶段的新中等收入阶层。

智能投资顾问相对传统模式的优势

与传统投资顾问相比，智能投资顾问具有智能化、个性化、分散化的特点。同时，它能更好地解决传统模式下普通老百姓面临的投资问题：投资门槛、管理费、信息透明等。

财富管理不再是高净值人群的专属服务

传统投资顾问一般只欢迎高净值客户，普通的中等收入家庭接触这项服务的机会较为有限。而人工智能能够极大降低成本，可以将产品覆盖面显著扩大，将原有的高水平投资门槛压低至几百元甚至更低。而新中等收入阶层恰恰也是对互联网和数字化产品接纳度较高的群体，因此智能投资顾问将极大地释放大众群体的理财需求。

平民化的管理费

传统投资顾问的管理费率平均在 1% 以上，而智能投资顾问利用人工智能节省了大量人工成本，从而使得投资理财的服务费率降到 0.5% 以下，甚至不足 0.25%。这极大地减轻了投资者的负担，也极大地提高了扣除管理费用后的实际投资回报。

信息透明化

　　智能投资顾问旨在准确了解投资者的风险偏好和收益预期，并通过后台算法自动匹配合适的投资策略。高度自动化的流程使得透明度和流动性大大提高，在为中小投资者提供个性化的定制资产配置方案的同时提升了可信度。而大量的智能投资顾问平台提供各种金融产品的市场化信息，能够帮助投资者更清楚地了解市场变化。

如何做好智能投资顾问？

　　智能投资顾问，是智能和投资顾问的结合，它首先是一项投资顾问业务。所以，要想了解如何做好智能投资顾问，我们首先需要知道投资顾问要解决什么问题。

　　财富管理包括三个主要环节。第一个环节是资产管理，也就是通过组合市面上各种不同的单一证券投资品，形成一些可供大众投资者选择的基金组合。第二个环节是产品销售，由各种类型的销售机构把市面上的各种资产销售给投资者。第三个环节是把各种不同的资产加以适当的配置，形成有效的资产包，配置给财富家庭。

　　如果把财富管理的目标定位为帮助财富家庭赚钱的话，那么过去这个行业在中国做得并不成功。统计显示，以基金，尤其是公募基金为投资对象的投资者，70%—90% 是赔钱的。所以近几年基金，尤其是公募基金没有投资价值的言论很流行。

　　但是另一方面，作者在北京大学的同事们运用大量数据分析证明，自开放式基金诞生以来，所有公募基金，包括低收益的债券基金和货币基金在内，平均年收益是 19.2%。而同时期上证指数的年化收益率只有 7%，国债的平均收益率大约是 3%，而过去 20 年美国公募基金的平均年化收益率只有 2.29%。中国的公募基金经理取得了远超股票和债券市场指数的回报。所以，把投资者赔钱的原因统统归于基金经理的不努力显然是不对的。那么第二个环节，也就是产品销售环节做得怎么样？似乎也非常成功。在一个 70%—90% 的投资者都在赔钱的市场，基金销售人员把这个行业的规模从 0 做到了 16 万亿元（包括公募基金和私募基金在内）。所以，简单地说基金销售工作不给力也是不对的。

问题在于一般的财富家庭并没有充分享受到基金的较高收益率。收益，是收益率与投入资金的乘积。既然收益率不低，如果投资者收益为负，那很有可能是资金投入结构出了问题。投资者赔钱的根源，在于无论在哪个领域，不管是权益类产品还是固定收益类产品，不管是公募基金还是私募基金，普遍存在着"倒三角形的资金投入结构，和正三角形的资金退出结构"。在市场的顶部，资产价格触顶时，大量资金涌入基金公司；而在市场的底部，在资产价格即将摆脱长期熊市并且有望上涨时，大量资金逃离基金公司。这种结构导致投资者赚了收益率但不赚钱。

从以上的分析来看，财富管理顾问的核心工作是管理投资者的资金投入结构。换句话说，在市场的顶部，当投资者大量涌入市场时，财富管理顾问需要劝导他们，使他们更加清醒；在市场的底部，当投资者大量逃离市场时，财富管理顾问要劝导他们，使他们更加冷静。这样才能打破两个三角形的怪圈。

传统投资顾问也试图打破这个怪圈，但是这些尝试总体上都不成功。因为追涨杀跌是投资者在恐惧与贪婪之间的人性使然，所有试图打破这种行为的努力都是反人性的。投资者之所以追涨杀跌，归根到底是因为未来没有确定性。这种不确定，更多的是风险不确定，是风险屡屡打破投资者的心理底线之后，投资者积累下来的一种避险经验。

解决这个问题的关键有两点，一是了解投资者心理底线；二是拥有能够在这个底线之上运行的风险管理能力，或者叫风险定制能力。

在投资者分析方面，不管是传统投资顾问还是智能投资顾问，都试图简单地借助各种问卷工具了解投资者需要什么。这种思路和做法都有问题，因为首先投资者多半不知道自己需要什么；其次，就算他知道需要什么，投资者的需求和市场的需求往往都是相悖的。即便投资顾问知道投资者需要什么，再去满足这个需求，在做的也无非是传统销售机构的工作，而这并不能解决 70% 的投资者都在赔钱的问题。

真正能够有效解决大量投资者赔钱这一问题的投资顾问，不管是智能的还是传统的，都应该充分研究投资者的风险需求如何随着市场变化，并且设计出适当的、能够驾驭这种风险变化的模式。投资顾问与投资者的关系应该是"斗而不破"：一方面，投资顾问不能完全顺着投资者的心思，而是应该拉着投资者走向正确的方向；但是另一方面，投资顾问也要掌握技巧，好比钓鱼时，鱼上钩以后，钓鱼的人要拉着鱼线不让鱼跑掉，但是又不能拉断那根线，让投资者提前出局。所以，投资顾问借助智能投资顾问工具对投资者进行分析的终极目标，是找出足够多的线索，判断投资者的心理底线，并且在这一判断的基础上，尽量引导投资者做出长期来看最为理性的投资决策。投资顾问不应该把投资者当下的满意度或者舒适度作为衡量自己的投资顾问服务是否成功的标准，而应该把投资者是否感到"庆幸"或者"后怕"作为标准。

在将人工智能技术应用于投资顾问服务的过程中，有两个关键点：一是客户的动态识别，二是组合的动态管理。客户的心理状况和风险底线，既取决于先天性的因素，比如年龄、职业、财富状况等；又取决于内生性的因素，比如当时的情绪、市场和客户自身状况的变化。智能投资顾问可以通过投资者的交流与反馈数据、问卷调查数据、应用程序操作行为数据、交易行为数据和市场变动数据，动态地监控客户心理的变化情况，从而推断投资者的实时心理底线，同时实时地调整风险组合，真正做到控制风险和控制情绪。这实际上涉及数据分析和大量运算。计算机的超高反应速度和数据处理能力使得智能投资顾问可以实现人力远不能及的速度和精准程度。

智能投资顾问是否会取代人？

财富管理包括以下几个层面的工作。首先是客户信息的采集和分析，以此判断客户的风险流动性等偏好。其次是根据这些信息以及金融市场的大量数据，为客户做出适当的大类资产配置，确定股票、基金、信托、现金等资产的比例，从而形成最优的投资组合，也就是在既定风险下预期收益率最高的组合。再次是投资组合再平衡，即根据客户随时间变化的需求以及动态的金融市场变化，对投资组合进行多周期、多目标的动态配置和有效规划。在这一过程中，不仅要考虑到客户的基础风险流动性偏好组合，还要考虑这些偏好组合可能随市场情况而发生的变化，同时充分考虑交易成本，从而设计出能够取得最高净收益率的投资和交易策略。

在计算机全面介入财富管理工作之前，以上工作仅靠人工几乎不可能实现，或者即使实现，所需时间和其他成本也非常高，没有实际价值。智能投资顾问依托大量运算和海量数据，使得高运算量的量化财富管理策略变成可能。但是，机器是死的，很难单独给出最优的策略组合建议。机器和人的有机结合更有可能提升效率和灵活性，更好地应对不断变化的市场。从这个意义上看，即便在智能服务时代，机器和人仍然互相依存，谁也离不开谁。

首先，人工服务可以帮助开发更复杂、更高级的客户需求。尽管智能投资顾问是一股不可忽视的力量，但它在短时间内仍然无法取代人工服务。著名经济学家、麻省理工教授戴维·奥特尔曾指出，20世纪70年代自动取款机变得普及，而几十年后银行雇员反而增加了。自动取款机使银行职员避免进行重复性工作，进而有更多时间开发更多高附加值的服务，从而增大客户对银行服务的需求。也就是说，科技不但能解放生产力、增大供给，还能在其他方面挖掘出更大的需求。

其次，投资者的社会属性很难完全通过机器把握。人具有社会属性，其金融需求会随着时间和环境的变化而改变。许多事件都可能微妙地改变人的心理，从而导致客户的风险及流动性偏好发生改变，例如父母生病、结婚或离婚、孩子的出生、失业、市场崩溃等，而这都将会影响客户的投资决策。由于投资者行为数据不全面，线上系统短时间内无法达到理财师对客户需求的把握程度。机器确实摆脱了人的主观情绪，突破了人类大脑的限制，不过在灵活性上存在天然的滞后性，当投资者出现一些微妙的情绪改变时，机器往往很难准确把握。

此外，人类顾问还会提供两项智能投资顾问无法复制的、非常宝贵的服务——情绪的管理和信任感的建立。市场的高低起落和个人健康、家庭、财务状况的变化可能会使投资者的情绪大起大落，甚至会产生严重影响长期投资目标的短期负面情绪。只有人类顾问可以帮助投资人避免可能会破坏长期策略的冲动行为和认知偏见。好的财富管理顾问不会盲目地迎合客户的需求，而是会细心引导客户，从而帮助他们克服认知偏见和情绪化行为，实现客户真正的长期目标。另外，对于高净值客户来说，资产快速增值可能只是其所需要的服务中的一小部分。在选择财富管理机构时，收益率的偏差可能不是最重要的，更重要的是对用户全面需求的管理，包括情感和信任管理。情感维护的能力和信任感的建立始终是人对于人工智能的不可替代的优势。

行业研究也支持我们的观点。美国金融理财师行业协会和金融信息网站投资百科发现投资者希望得到人类顾问和智能投资顾问共同给出的、低成本的个人投资建议。40%的受访投资者透露，在极端市场波动期间，自动投资是非常不舒服的。据研究机制 My Privatebanking 估计，智能投资顾问与人类顾问的混合模型的资产管理规模在 2020 年之前将累计达到 3.7 万亿美元，到 2025 年将达到 16.3 万亿美元（略高于所有可投资财富的 10%），而纯粹的智能投资顾问所占的市场份额只有 1.6%。

智能投资顾问的未来

预计未来 10 年，全球智能投资顾问管理的资产规模有望达到 5 万亿美元甚至更高。随着相关监管细则的进一步明确，智能理财市场将进一步走向差异化、专业化。

国内外金融市场的成熟度、投资者属性和金融监管方式有较大区别，国内智能投资顾问的发展方向与国外并不完全相同。差异化投资顾问产品是发展重点，量化数据分析、客户行为分析、自动交易系统等将成为各家平台的核心竞争力。

总结起来，开展完整的智能投资顾问业务需要以下条件：第一，需要有足够多的客户愿意接受财富管理的理念并且愿意为所获得的服务支付费用；第二，市场上需要存在数量足够多的、可以用于设计投资组合的底层资产，比如 ETF；第三，行业和研究人员应该对市场的基础特征有相当的了解和信心，从而可以更好地判断各种资产的未来变化规律；第四，通过官方或者准官方的各种信息渠道，全面了解投资者个人的各方面信息参数；第五，开展投资者教育，使大多数投资者认识到资产配置的重要性；第六，为智能投资顾问的、发展提供可行的商业模式、业务平台和技术支持；第七，有足够多的、真正了解计算机、大数据和互联网的技术人才；第八，社会对行业的发展持鼓励态度，有保护行业知识产权的相关法律制度。这些条件缺一不可。

现在，很多机构都在布局智能投资顾问，这是一个被大家看好的投资模式或方向，而这些机构争夺这个市场的最终目的应该是实现一种综合而非单一的财富管理模式。

在世界范围内，尤其在中国，智能投资顾问还不是一个短期内可以盈利的业务。由于客户对资产配置和智能投资顾问的认知度和接受度不高，智能投资顾问的发展还有一段非常艰难的路要走。从海外成熟市场的经验来看，资产配置将成为个人客户的投资主流，相应的投资者教育非常重要，而要想改变目前国内投资者的交易行为还需要很长时间，因此，智能投资顾问在国内的发展任重而道远。

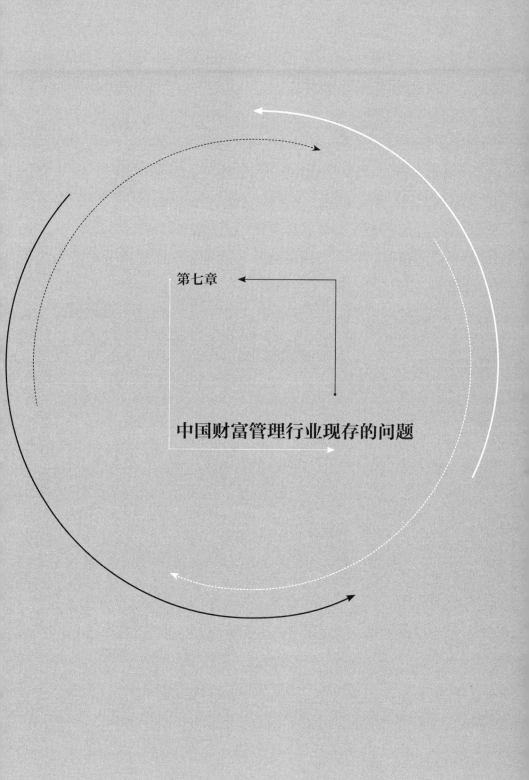

第七章

中国财富管理行业现存的问题

中国的财富管理行业尚处在幼年期，存在很多问题也是在所难免。我们应该包容审慎地看待这些问题，并且想办法解决这些问题。谁家的孩子在刚学走路的时候，不是步履蹒跚、屡跌跟头呢。

这些起步阶段的问题可以归纳为几个认识不清：对于财富管理的价值认识不清；对于财富管理和其他中介形式的区别和联系认识不清；对于不同商业模式的优劣区别认识不清；对于行业发展的可能的历史路径认识不清。

"买椟还珠，本末倒置"—— 社会各方包括从业人员本身对于财富管理的价值认识不清

社会各方包括从业人员本身对于财富管理的价值认识不清，对自己的定位也不清，这导致中国财富管理市场一直是在模糊和灰色的领域里运行和发展。大量的老百姓认为财富管理和自己没有任何关系，是社会上一小撮混得好的人该操心的事情。中国的资本市场实行的是分业监管，而在今天的大资产管理时代，不同的监管部门对于如何管

理财富管理市场以及它对国民经济的重要意义的认识也往往不一致，行动不同步。甚至很多从业人员也对自己的社会功能定位不清楚，很多人迷茫困惑，即便是那些能挣到很多钱的人，也不一定知道自己到底提供了什么社会价值。社会上对财富管理这个行业的议论很多，诟病也很多，以致很多从业者自己都觉得从事这个行业让人抬不起头，没有尊严。

"更有尊严的做财富管理！"

作者在网上看到一位网名为"加菲猫看世界"的网友写了一篇原创文章，《其实我只是想更有尊严地做财富管理》，觉得很有意思。与大家分享一下文章中的部分内容：

> 我自己这一路坚守财富管理的过程，其实仅仅只是想让自己做得更有尊严而已。
>
> 不知道是不是我的财富管理之路特别坎坷，一路被各种人"鄙视"。对公的哥们鄙视说你们就是卖理财（产品）的，我怼回去说等你遇到不良的时候有你好看。问题来了，人家出不良的时候，我们这边也会有投诉。客户曾经鄙视说：你们都不给我们推荐股票，只让我们买公募基金和私募基金，我觉得我比那些基金经理强多了。当年的我很无语。资产管理公司的人也鄙视过我们，当然鄙视之情只是在水面之下，毕竟我们还算甲方。某年春节某私募在几个群里发红包，出于客气大家纷纷回复"某某私募业绩长红，新年大卖"。私募市场负责人截图发到我们群里说，要红包的话这样就可以啦！我脑子里瞬间出现一幅猪圈的样子——要吃饭，就叫唤。后来想想，我们也确实就是出来卖（东西）的啊！代销渠道嘛。我还被基金经理老大哥鄙视

过，说你们的资产配置扯淡吧，全世界没人敢说自己能做最好资的产配置。最近的一次是想明白了资产配置的要务是把控风险，而在此前提下，尽量争取收益。周围的人问，你们的预期收益率是多少？我们说不确定。然后又被鄙视了：你看人家信托。

总之，我总结了一下，我的成长都来自于鄙视。越被鄙视，我越想搞明白什么是财富管理，自己到底能创造什么价值。所以，我努力半天，只是想更有尊严地做财富管理，仅此而已。

是啊，说得多好！"我努力半天，只是想更有尊严地做财富管理，仅此而已。"谁不想呢！

可能是他的情怀打动了无数的同行。大家纷纷给他留言，既有安慰，更多的是畅谈自己的理想：如何做到有尊严地做财富管理。问题的症结似乎在于，很多行业内的人很悲观，因为只要行业主流商业模式还是向产品发行方收取佣金，就不能真正解决好为谁服务的问题，也就没法理直气壮地对客户说："我是为你服务的！"

但是也有很多人鼓励他不忘初心。比如一位网名为托尼的网友回复说："赠君8个字，韬光养晦，坚守初心。如能做到，终能见到行业正本清源蓬勃发展的那一天。"

还有很多人看不到财富管理的真正价值。客户为什么需要我为他服务？真正的痛点在哪里？比如一位网名为 ferrilata 的网友回复说："可能是我穷，我感觉我不需要理财经理，现在不需要，将来也不需要。"而另一位网名为叶卓伟的网友说："一旦一个人的投资能力成为最强的长板（当然是绝对值），那他的财富管理就会简化成'投资＋传承'，因为别的需求他只要有钱就OK，根本不需要做财务上的规划，哪怕是隔离。举个不恰当的例子，只要他自己不死，不变白痴，或者市场不坍塌，他就有机会把钱赚回来。"言下之意，财富管理这个东西，中等收入阶层不需要，因为没那么多财富需要管理，而富人也不需要，人家一年能挣到 1 000 万，还管不好自己的钱？

按照"十三五"规划，预计到 2020 年左右，中国成年人口的一半将属于人均资产在 1 万—10 万美元之间的中等收入阶层，这标志着中国的小康社会已经基本建成。按照不同口径测算，这些人未来的财产性收入在总收入中的比重已经相当可观。同时，随着人工智能等财富管理辅助手段的不断引入，财富管理行业的客户服务成本也在快速下降，所以财富管理早就不再是少数人专享的服务了。当一个普通家庭，通过良好的财富管理服务，每年增加的财产性收入相当于它一个月甚至几个月的工资收入的时候，谁都无法否认财富管理的价值。另一方面，即便是那些富有的老板，仍然需要财富管理。虽然他们创造财富的能力很强，但是不代表他们能管理好自己的财富。世界上最富有的人，比如洛克菲勒、摩根、比尔·盖茨，大都选择了不同形式的财富管理机构帮助管理自己的财富。其中的原因至少有两个：一个是术业有专攻，一个企业家投资企业也许一年可以赚 20 个亿，但是不代表他能对这 20 个亿做好风险测评、大类资产配置和动态调仓，而后者显然对于财富的保有和传承意义重大；另一个是机会成本不同，即便一个非常优秀的企业家可以做到触类旁通，也能学会风险测评、大类资产配置和动态调仓等财富管理技巧，但是与其自己做这些事情，不如把它们交给一个优秀的财富管理专家，用更少的时间和更低的成本，享受更周到的服务。

我们希望将来财富管理行业的从业者都能够理直气壮地说：我们

从事的是非常有意义的工作，我们为此自豪！上到宏观层面对国家经济社会的影响，下到普通百姓一家一户的柴米油盐，财富管理行业将会影响社会经济生活的方方面面。中国古话说："有恒产者有恒心。"财富的建立，极大地提升了老百姓面对不确定未来时的安全感，减轻了焦虑感，从而大大提升普通民众对经济发展的获得感和归属感。经济发展和生活水平的提高，将不再只是"肉食者谋之"，而是全民参与。只有当所有老百姓都感觉自己在中国经济的快速崛起中有足够的获益、可以积累自己的财富、真正感觉自己成为主人翁的美好，社会制度的优越性才能最终充分体现出来。

另外，不管我们有没有意识到财富管理行业的重要性，这一市场始终存在原始需求，而且会以各种各样的形式表现出来。原始的财富管理早就存在，只不过大家没有意识到罢了。

中国正在逐步进入老龄化社会，总人口抚养比例逐渐上升。人口老龄化会使财富储存的需求剧增。而且，正像第一章所说，我们需要的是提升社会总产能的财富储存工具，而不是像投资性房地产那样的、无法带来太多其他使用价值的财富储存工具。根据预测，到 2025 年时，中国 60 岁以上的人口将突破 3 亿，2053 年将达到 4.87 亿的峰值，老龄化比例接近 35%，养老保障压力持续增加，赡养负担持续加重。如何应对人口老龄化带来的冲击呢？简单地说，无论从赡养老人的角度还是从上班族为自己提前储存养老基金的角度来看，我们都不仅要保有足够规模的财富，而且要妥善考虑这些财富的配置。但是为自己和家人准备足够的退休后财富显然不是一朝一夕之事，因而进行合理有效的财富管理就显得尤为重要。

中国的制造业需要从粗制滥造转变为品质制造，中国的财富管理也需要这样的转变。相信随着时间的推移，我们会看到这种变化。庞大的人群和巨大的需求，将会引领中国的财富管理行业逐渐从提供质次价廉的低端服务转向提供越来越符合客户需要的、精雕细琢的精品服务。

关于工匠精神的讨论

曾有网友写了一篇名为"财富管理行业的工匠初心"的文章，他在文章中写道：

市场上充斥着对于资产价格的比拼，对于费用的比拼。大家无不在追逐规模，比拼利润。而当我们习惯于一上来就抛出一个收益率的数字时，就意味着我们已经在逃避客户的需求而只是专注于这个单笔的销售中了。不是说这样做不行、不对，客户不可以接受，只是这种做法，距离我们这个行业所希望见到的工匠精神越来越远。

我们经常抱怨，自己生病去医院就诊时，跟大夫对话的时间甚至不到 3 分钟，然后就被开了各种检查单、处方，感受并不好。虽然疾病在最后得到了治疗或者自愈，但就医的体验并不理想。

虽然这一现象背后有着更多的社会原因和无奈，我也无意把这一现象都归咎于我们可爱的白衣天使，只是想说，当一个客户到银行寻找财富管理方面的帮助时，每个人的需求都是相对独立而复杂的，需要我们花费更多的时间去关注、去倾听，并最终给出相关的解决方案。

或许，这样做会导致营销效率的下降，抑或你会觉得客户的财务状况与己无关，何必增添烦恼？但其实，这关乎的不仅是一笔销售是否可以达成，而更多关乎我们对待客户是否有足够的理解和尊重。

当我们的建议、配置方案建立在这种相互的理解和尊重的基础上时，纸面上的文字将不再是所谓的"满满的套路"，而是帮助客户达成自己的财务目标、实现个人风险管理的一张门票。

在他看来，财富管理行业的工匠精神，应该是倾听了解客户的真实需求，动态调整资产配置方案，实现投资目标，以伙伴一生的态度做好财富管理。目前正逐步兴起的机器人投资顾问根本无法实现人与人之间的沟通与交流。而这，才是财富管理的核心：基于信任，基于专业，基于伙伴一生的理念。

"似是而非，模棱两可"—— 对于财富管理和资产管理、产品发行等其他中介形式的区别和联系认识不清

过去 10 年，财富管理行业随着中国资本市场的扩大而迅猛发展，特别受益于房地产市场和地方政府融资的需求，但是本质上还停留在卖产品的"推销员"阶段。大量业界人士对财富管理本身是什么，以及它与资产管理、产品发行等其他中介形式是什么关系并不是很清楚。我们对于财富管理的理解是，它既不同于简单的产品发行，也不同于资产管理。正如本书开头所说，产品发行机构在生成底层资产、资产管理机构在生成标准化资产组合方面具有专业性，而这些都是进行财富管理和资产配置的原料。财富管理在满足客户的生活理财目标方面具有专业性。财富管理机构的服务对象无论是大客户、高净值客户、超高净值客户，还是中等收入阶层甚至是初涉该领域的客户，要做的都是帮助客户构建资产组合，进行长期资产配置。

财富管理在国际上主要面向高净值和超高净值客户，并且主要是

由传统的财富管理机构通过人工理财师的方式提供。广义上的财富管理不仅包括物质财富本身的保值增值，还包括无形资产的管理，比如家族精神的传承、家庭成员和子女的持续学习以及公益慈善活动。中高净值人群和普通中等收入阶层过去很难受享到财富管理方面的服务，因为人工理财师的服务成本太高。近年来金融科技的创新，让智能投资顾问成为可能，极大地降低了服务的门槛。未来 10 年，在中国以及其他国家将会有大量普通百姓家庭能够通过智能投资顾问的方式接受财富管理服务，从而帮助更多家庭建立均衡稳健的资产组合，提升财富管理的效率。

早期的财富管理市场中，存在着大量的所谓的财富管理机构，它们实际上承担着推销员的角色或者说主营通道业务。它们的主要任务是帮助厂商或政府发行各种产品，从中取得一定的佣金收入。随着各种资产管理机构的不断兴起，例如各种形式的公募基金公司和私募基金公司，不少财富管理机构转而为这些资产管理机构提供更多的资产管理产品发行便利（例如合作发行某些基金产品）。无论是依托于底层资产还是依托于组合资产进行的产品发行业务，在早期的财富管理市场上都被认为是一种财富管理。我们把这种商业模式叫作产品导向型。从严格意义上说，这种模式无法真正为财富人群进行大类资产配置，成熟业态下已经不能称之为财富管理，因为它干的只是产品发行或者说是资产管理的事情。

"时过境迁，固步不前"—— 对于商业模式如何随市场环境演化认识不清

随着中国经济进入新常态，财富管理行业面临着快速变化的市场

环境，开始进入一段剧烈的调整时期。观察过去 10 来年中国财富管理市场的发展，我们可以看到虽然它尚处于幼年期，但是仍在不断变化、快速转型。

首先，大量民间财富尚未投入严格意义上的财富管理。居民资产配置不合理，错配的风险比较高。由于过去金融产品种类比较少，整个行业服务水准不高，大量没有接受过财富管理服务的中等收入居民的资产配置中银行存款和房地产的配比较高。如果房地产行业出现下行，居民家庭财富的流动性和贬值风险会很突出。另外，我国是一个高储蓄国家，居民家庭资产中银行存款和现金的占比高达 50% 以上，远远大于居民日常生活流动性支出所需要的现金水平。居民资产配置的合理性存在很大的改善空间。

即便是那些已经开始接受财富管理服务的客户，资产配置理念也并没有很好地落地。无论是大客户、中客户还是小客户，更多的还是关注单一的产品、单一的投资机会，而不是自上而下地考虑自己的资产组合应该如何配置。相应的，大部分财富管理机构为了迎合这种需求，仍然主要采用推销产品的产品导向型商业模式，而不是为客户的整体财富需求进行顶层设计和大类资产配置的客户导向型商业模式。

在中国财富管理行业的发展初期，对金融机构的政治性监管，以及央行的利率管制政策，在某种程度上创造了一个不完整的财富管理市场。一方面，市场上诞生了政策红利下的刚性兑付；另一方面，由于存在对于利率市场的管制，市场机制尚不能充分发挥作用。理财产品同质化严重，产品供求存在严重的不均衡。大多时候，好的资产一票难求，但同时也存在着优质产品鲜有问津的情况。"好资产找不着客户"和"好客户找不着资产"的现象并存。

同时，在财富管理行业的早期发展阶段，大多数财富家庭仍然不能适应"为服务买单"的理念。财富管理机构之间的竞争业态导致了销售佣金模式的盛行。在此业态下，惨烈的价格竞争使得财富管理机构无力向财富家庭直接收取任何的服务费用，不得不转头向产品发行端收取销售佣金以养活自己，而这种佣金模式会使财富管理机构的商业模式存在严重缺陷，使其很难真正服务于财富家庭的利益，我们随后会详细介绍。

目前业态下，大多数财富家庭和大多数财富管理机构还是只关注单一产品的收益率。同时，市场缺乏优质的产品。大多数机构只能为其客户提供有限的产品，不能完全满足财富家庭的风险管理需求，甚至不了解财富家庭真正的风险偏好。究其根本，是当前财富管理市场价格主导的经营模式所致，收益率成为财富管理机构的首要追求，而对于产品的把控和客户风险偏好的识别，则沦为次要考虑因素，甚至根本不在考虑之内。随着利率市场的完全放开，金融市场定价权最终放开，这将导致市场实际价格趋于合理。与此同时，财富管理行业的高增长会趋于平缓，刚性兑付也面临有序直至完全打破。行业环境的迅速变化，使得财富管理行业无法延续现有模式，亟须改变。同时，功能单一的财富管理机构与日益成熟的客户需求之间的裂隙越来越大。

新常态下，随着中国经济增长速度的逐渐滑落，以及实体经济投资资本收益率的下降，资本市场的资金回报率也逐渐下降。无风险年化收益率已从原先的轻轻松松 10% 以上，变成了 5% 甚至更低。与此同时，成熟的财富客户不再满足于单一维度的收益率，开始越来越重视风险波动性等其他维度的指标，以及财富的保值增值乃至传承。中国的富裕人群越来越庞大，需求和偏好的多元化，都要求财富管理机构更加贴心、专业，同时能够提供不代表产品发行方利益的独立判断。

独立第三方财富管理机构

独立第三方财富管理机构之所以被认为是独立机构，是因为它的商业模式区别于大型机构的财富管理部门，比如商业银行、基金公司和证券公司下属的财富管理部门。

迅速增多的财富人群和他们快速扩展的需求，促进了独立第三方财富管理机构的出现。传统大型机构的财富管理部门的从业人员面临诸多问题——产品销售任务化、获取资讯及培训的途径较少等，已经无法满足财富人群对于财务规划、资讯、专业意见等方面的需求。从业者无法留住高端客户，无法让其产生黏性，所有这些都在促使独立财富管理机构的出现。

传统大型机构的财富管理部门往往是整个大型机构的一个有机组成部分。其经营目标并不简单的只是本部门利益最大化，而是要考虑本部门的经营活动对整个机构可能产生的外部性。比如说，一家大型商业银行的私人银行部，可能需要用到其他兄弟部门提供的大量客户资源，而它所服务的客户的满意程度又有可能直接影响客户对整个商业银行的忠诚度。在这种情况下，传统大型机构的财富管理部门必须有"整个机构一盘棋"的概念，往往无法设定独立的关键绩效指标。机构理财师可能会感觉自己是"为了成交而成交"。而独立第三方财富管理机构是靠水平过日子，不靠牌子过日子。要想有业务，独立第三方财富管理机构的服务机制必须更适合财富人群的长期需求。只有帮客户赚到了钱，独立第三方财富管理机构自己才有钱赚。

独立第三方财富管理机构的大量涌现，会迫使金融机构对其现有的模式和机制进行改良。为什么会有这么多人愿意脱离金融机构干这样的事情？为什么会有那么多客户愿意接受这种独立第三方财富管理机构以及平台的服务？很显然，这是因为机构理财师们对现有的机构提供的教育、产品、经营方式有诸多的不满。

为何目前真正独立的第三方财富管理机构难以做下去？

虽然独立第三方财富管理机构大量涌现，但是随着市场环境的变化，越来越多的机构开始出现运营问题。其深层的原因，是解决不好向谁收钱的问题。

在以美国为代表的成熟资本市场上，理财的主流收费模式是向财富家庭收取一定的管理费，比如总管理资产规模的1%。很多优秀的财富管理机构甚至明确表示，这会是机构唯一的收入来源，除此以外，机构不会向其他方面，包括产品的发行机构收取费用。这样做的好处是，确保第三方财富管理机构和财富家族的利益高度一致，杜绝各种可能产生的利益冲突。

然而，大多数第一次接触财富管理的家庭仍然无法接受"为服务买单"的理念。我们可以假想一下，如果一家来自美国的第三方财富管理机构进入中国开展业务，最初它会对中国客户说："我帮你管理1亿元的资产，我会为你提供和在美国一模一样的服务。我会收取1%的管理费，除此之外不再收取其他任何费用，为你量身定制，打造符合你的需求的财富管理一揽子解决方案。"财富客户因为不了解机构所提供服务的真实价值，本着谨慎的原则，决定货比三家。这时，一家中国本土的第三方财富管理机构可能会提出，在提供与美国机构同样的服务的同时，只收取0.5%的管理费。而另一家中国本土的第三方财富管理机构可能会提出，提供和之前两家一样的服务，但是不收费（后面我们会说到，这家机构有别的办法保证自己不会饿死）。作为对行业并无太多了解、也无法有效判断各机构提供的服务价值的财富家庭，最终可能抱着试试看的心态，选择一家收费最低廉的机构。而这种价格战的结果，就是中国的第三方财富管理机构在互相竞价的过程中，最终形成一种稳定的业态：不向财富家庭收取任何管理费。

这样，那家最初起源于成熟财富市场、采用相对先进的主流业务模式的美国第三方财富管理机构，将被迫在中国市场残酷的价格战竞争环境下做出选择：或者入乡随俗，取消对于财富家庭的收费；或者离开这一市场。换句话说，那些在成熟市场被证明长期稳定且有效的"买方付费的财富管理经纪人"模式，在早期的中国财富管理市场无法生存，很容易发生"劣币驱逐良币"的现象。

那么那家打赢了惨烈的价格战、以零价格取得这份服务合同的机构该如何生存呢？它需要养活自己的团队，同时希望能够不断投入资金进行研发，不断提高业务水准，这些都需要钱。前面说到，这家机构有别的办法保证自己不会饿死。那么，为了生存，"独立的"第三方财富管理机构往往通过销售各个产品发行方的产品赚取销售佣金，从而为机构的生存和发展输入必要资金。

具体说来，中国市场同时存在"资产荒"和"资金荒"。即便是非常优秀的底层金融产品发行方和资产管理机构，也需要客户和资金的支持。为此，它们通常愿意支付一定的销售佣金给那些能够带来客户和资金的机构。"独立的"第三方财富管理机构可以通过成为销售通道挣钱。

这看上去似乎是一个没有任何问题的商业模式，但其实不然。佣金模式导致了资产管理产品层面上的"劣币驱逐良币"，也破坏了第三方财富管理机构的独立性。

判断是否有独立性，看盈利模式就可以了，国内几乎所有的第三方财富管理机构的收入都是来自发行方的销售佣金以及绩效提成，这种盈利模式可以推翻所有关于独立性的基础判断。一般来说，收谁的钱，自然就听谁的话，区别仅仅在于多听点还是少听点。

具体来说，市面上的资产管理机构和底层金融产品发行机构林林总总、千差万别、良莠不齐，不光有大量的非常优秀的金融机构，也不乏大量的有问题的金融产品。佣金是不固定的，根据产品和机构而异。那些在市面上非常抢手的金融产品，通常都不愿意支付太高的销售佣金，甚至根本不愿意支付任何佣金；而那些有瑕疵的、风险与收益不匹配的金融产品，甚至是有严重缺陷的产品，通过其他渠道往往难以快速推销，所以愿意支付更高的通道费进行销售。这样一来，就有可能造成一种问题局面：那些性能优良的产品，因为不愿支付高昂的通道费，往往不能通过第三方财富管理机构的渠道进行销售，很难到达财富家庭；而那些有问题的产品，甚至是假冒伪劣的产品，则不成比例地占据着大量通道资源。业界有一句俗语："只有付不起的通道费，没有卖不出去的产品。"言下之意，不管多烂的产品，只要出得起通道费，就会"重赏之下必有勇夫"，总有机构愿意尝试售卖。

但是这反过来会破坏财富家庭对于独立第三方财富管理机构的信任。这些机构名义上是独立的，并不代表卖方的利益，但事实上，因为佣金的利益驱动，它们不仅会代表卖方的利益，而且很可能会代表最差的那些机构和产品的利益。这会导致严重的利益冲突。

有些行业内比较优秀的独立第三方财富管理机构提出了一种改良版的佣金收费方式：它们也收取佣金，但是要求所有的机构和所有的产品提供统一的佣金标准，比如统一规定佣金是销售总额的1%。这是不是就能解决问题了呢？我们承认这是一种进步，但是显然并没有完全解决问题。市面上的金融产品成千上万，财富管理机构选择其中的几百种，甚至是数十种提供给自己的客户。从表面上看，选取这些产品的原因是这些产品的风险与收益等属性符合财富管理机构认定的客户的需求，是经过仔细的判断和严格的甄选之后决定的。但事实上，这些产品都向第三方财富管理机构支付了统一的1%的销售佣金，而其他没有通过这家机构销售的产品很多是不愿意付费的。这样一来，万一其中的某些产品将来出现严重的问题，第三方财富管理机构就可能面临指责：你收取了它的通道费，为它提供了背书，现在它出了问题，你需不需要负连带责任？最近在行业内出现的对于某些机构的一些指责，很多是出于这个原因。这些指责最终未必能在法理上站住脚，但是可能会对这些机构的声誉造成严重伤害，也会加剧市场上不少投资者对独立第三方财富管理机构商业模式的不信任。

财富管理机构的终极目标应该是与财富家庭建立高度信任。只有在这种信任的基础之上，第三方财富管理机构才能够推进更加成熟的商业模式，比如全权委托。以收取佣金为主的商业模式，实际上是在消耗财富家庭对财富机构的信任。随着这种信任的被消耗，财富家庭不仅不会认可财富管理机构提供的真正价值，而且在未来会更加不愿意为所受到的服务付费，而且还很可能怀疑机构能否真正为自己提供有意义的服务，甚至不愿意在零收费的基础上继续接受这家第三方财富管理机构的服务。从财富管理机构的角度来看，这会造成客户的流失。兴业银行和波士顿咨询公司进行的抽样调查表明，中国高净值客户有30%的可能平均每两年更换一次财富管理机构，这样算下来，平均每个财富管理机构服务于一个客户的时间半衰期是4年，也就是4年左右的时间财富管理机构的现有客户就会流失一半左右。[1]

---

[1]　这一计算的理论依据如下：一个客户每过两年有30%的可能性离开他现在签约的财富管理机构，那么他两年后留下的可能性为70%。再过两年，他又有30%的可能性会离开。那么经过两个两年，客户仍然没有离开的概率应该是70%×70%=49%，也就是说大约50%的客户会在4年内离开。

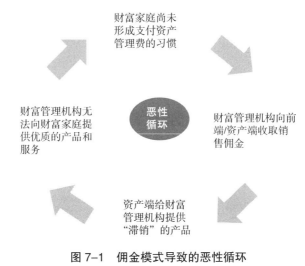

图 7-1　佣金模式导致的恶性循环

第三方财富管理机构的转型升级

在经历了早期狂飙突进的发展之后，随着财富管理市场的逐渐冷却，大量的第三方财富管理机构开始面临商业模式转型的巨大压力。如前所说，传统的佣金模式正在不断地消耗财富家庭对财富管理机构的信任。这种信任一旦消耗殆尽，财富家庭就会选择离开。中国的财富家庭在不断的选择和不断的失望中轮回着。这是一个看上去无法打破的怪圈。

但是事实上，一些有为的第三方财富管理机构和一些更加成熟的财富家庭，都在试图用各自的方式打破这一怪圈。这里，我们首先介绍第三方财富管理机构的努力。

第三方财富管理机构的转型努力可以分为两种：一种是向前端转变，即从财富管理进入资产管理；另一种是向后端转变，即成为真正为买方服务的经纪人。

所谓向前端的转型，就是向整个行业链条的前端发展。如前所说，财富管理作为一个中介环节建立在前端的产品发行和资产管理业务之上。财富管理机构在传统的商业模式下为产品发行机构和资产管理机构提供通道，并且收取佣金。只做纯粹的渠道业务，又不向财富客户收取管理费的话，财富机构将不得不采取佣金模式。为了避免佣金模式带来的严重的利益冲突问题，避免过度消耗财富管理机构和财富客户之间好不容易建立的信任。一些国内先进的财富管理机构，正在尝试发展自己的资产管理机构。具有代表性的是诺亚财富集团旗下的全资子公司歌菲资产。这种先有财富管理机构后有资产管理机构的模式，我们可以称其为"先店后厂"模式。"店"就是财富管理机构，而"厂"就是资产管理机构。

几乎与此同时，另一种模式也在建立之中。业界一些先进的资产管理机构，意识到财富管理机构在未来作为资本市场入口重要性，所以也开始布局进入财富管理市场。这种先有资产管理机构后有财富管理机构的模式，我们可以称其为"先厂后店"模式。具有代表性的是嘉实基金的全资子公司嘉实财富。

无论哪种模式，"厂店结合"都是一种商业模式的巨大进步和改良。这种模式使得整个产业链条中的两个重要环节结合在一起，形成比较完整的产业链条。"厂"和"店"可以互相促进、互相呼应。工厂里生产出的商品，也就是资产管理产品，比如某只公募基金，可以直接在店里进行销售，解决了工厂寻找客户源的问题。反过来，当客人来买东西（优质的资产管理产品）时，店家可以直接向他们推销工厂生产出的产品，免得客人因为买不到优质的产品而失望离开。在早期市场中，信息缺失、信息不对称是严重的问题。优质的客户需要优质的资产，优质的资产也需要优质的客户。通过把客户和资产有机地连接在一起，解决信息不对称的问题，这会使搜索成本大大下降，可以大大提升效率。另外，这种模式悄无声息地解决了财富管理机构的生存问题，使其不必依赖佣金。事实上，很多财富管理机构进入资产管理领域的初衷，就是希望通过资产管理的收入养活财富管理部门，从而在财富客户不愿支付或者很少支付管理费的情况下，仍然能够大力开展财富管理业务。

市场正在缓慢地向正确的方向变化。但是"厂店结合"模式仍然存在一定的利益冲突问题。其中最主要的问题，就是所有财富管理机构都宣称自己的使命是向财富客户提供最优秀的各种资产管理和底层金融产品，从而帮助客户搭建最有效的资产组合。但事实上，中国的公募基金公司超过百家，注册在案的私募基金公司超过万家，每一个细分的资产类别中的竞争都非常激烈，最好的资产"恰恰"是自己家的厂里的产品的可能性并不是很大。这时，负责运营财富管理机构的团队就会面临很严重的挑战：要不要把自家资产管理机构生产的这款不见得那么优秀的资产管理产品推销给自己的客户？如果不这样做，自家的"厂"肯定不高兴，而"店"还在部分地依靠"厂"供养；如果这样做，那怎么向客户说明，为什么市场上有那么多的厂家，偏偏我们"厂"生产的产品都恰好是它所在的那一门类中最好的产品？

FOF 会不会是一种好的财富管理的产品模式？

目前国内一些先进的财富管理机构开始使用 FOF 为客户进行资产配置。我们认为这是一种市场的进步，这样做有很多的优点，但仍然存在一些不足。

当客户资产量足够大时，他就需要进行更好的资产配置，以便把资金配置到不同的基金或产品里面。FOF 是一种把不同的基金放在组合中，从而形成的更大范围内的资产组合。单个的股权投资基金，特别是私募股权投资基金，可能风险比较大，流动性也比较差，交易成本比较高。如果把它们组合起来，在一定条件下可以降低整体的组合风险，增加流动性，减低交易成本。

但是另一方面，国外成熟市场对 FOF 的使用仍然比较谨慎。虽然它可能有众多的优点，可以更好地分散风险，可以改善流动性和降低成本，但是它实际上是在两个基金的层级上分别收取基金管理费。比如在第一层级上，最初把底层资产组合在一起形成资金资产组合的基金经理可能收取每年 2% 的管理费，外加整个组合净利润的 20% 提成。而在第二层级上，组成 FOF 时，通常还要收取第二层的管理费，比如每年 1%。这个管理费，实际上是用来酬劳第二层的基金经理，激励他们选择优秀的基金进行组合。但是从投资者的角度看，每年支付的管理费用即使不计算业绩激励的部分也已经高达整个资产组合的 3%。这种额外的成本增加，从长期来看，会大大影响整个资产组合的收益。另外，如果这样的 FOF 从长期看可以稳定地带来超额净收益（在成熟市场的有限研究中并未发现这一点），那么，在很多时候，从理论上讲，应该可以设计一个更加庞大的、只有一个层级的基金，把 FOF 的所有底层资产按照合适的比例配置在这个庞大的基金里面。这种层层嵌套的模式，增加了中介部分消耗的资金，从长期来看不利于资产组合的升值。

在第八章我们会谈到，目前一部分在国内市场领先的财富管理机构，实际上就是通过 FOF 的方式实现财富配置建议的出售。真正的原因在于，FOF 可以把产品配置和优质产品搜选涉及的所有费用，打包加入 FOF 的管理费，从而在当前财富人群仍然不习惯为好的点子付费的情况下，改进商业模式，完成从卖产品向卖点子的转化。

"因财而聚，力有未逮"—— 财富管理机构面临的两个黏性不足问题

由于商业模式不能适应快速增长和变化的财富客户的需求，中国的财富管理机构面临着两个黏性不足的问题。首先是机构和客户之间的黏性不足；其次是大量财富管理机构，特别是依托于大型机构的财富管理部门，存在着机构和理财师之间的黏性不足问题。以下分别论述。

首先是机构和客户之间黏性不足。机构和客户之间的黏性取决于财富管理机构的核心竞争力，而很多机构其实并没有真正找到自己的核心竞争力。随着中国资本市场的日渐成熟，财富管理机构原本认为自己具备的核心优势，比如找到优质客户和优质资产的能力，已经日渐消失。在早期市场信息严重不对称和信息缺失的情况下，优质客户或者优质资产确实能带来持久的盈利。但是随着市场的发展和客户的成熟，信息不对称的问题逐渐解决，只做"一手托两家"的通道越来越没有价值。市场上出现了越来越多的机制，可以帮助优质资产找到优质资金。所以信息优势不是一个可持续的核心竞争力。换句话说，传统财富管理机构注重开拓客户的能力，随着市场的发展，它们会越来越意识到，维持客户的能力将远远重于开发客户的能力。而想要维护客户、不丢失他们，就必须不断提升自己的实际业务能力，真正提供满足客户需求的产品和服务。要不断地问自己客户想要什么，目前得到的是什么，痛点在哪里。回答好这些问题，才能够增加机构和客户之间的黏性。

机构和客户之间的黏性不足带来的最直接伤害就是机构和客户的短期行为。从机构的角度看，平均起来，开发一个客户，4年后流失的概率是50%。所以大量机构会在这4年中拼命压榨客户，直到把客户对于机构的信任感榨干，客户终于流失。这样不断开发新客户，同

时不断流失老客户的模式，就是"狗熊掰棒子"。从理财师的角度来看，他们从事的业务是"天天打猎，年年归零"。同样道理，客户不断尝试各种不同的财富管理机构，试图找出最能满足自己需求的机构。但是这种尝试带来的往往是失望，所以只能放弃现有的财富管理机构，继续寻找其他的财富管理机构。因为不信任财富管理机构，中国的财富客户，特别是高端客户，往往同时和好几家财富管理机构保持联系，不愿意把所有的资产放在一家管理。站在客户的角度来看，这是一种谨慎的态度，是为了不把所有的鸡蛋放在一个篮子里面。但从财富管理机构的角度来看，这使得针对客户进行的大类资产配置实际上很难进行，因为任何一个财富管理机构所看到的，都只是客户的一部分资产。而客户的资产全貌，犹如雾里看花，很难看清。在这种状态下给出的大类资产配置建议，往往不得要领，也很难让客户受益。

这是一种双输的状态。财富管理机构和财富客户其实都非常希望建立更长期的关系。因为真正的财富管理是长跑，而不是短跑，是考虑整体的组合收益，而不是计较局部的收益。很多客户的大部分资产都可以用作 5 年或 10 年以上的真正长期投资。按照成熟市场的惯例，真正的长期投资，可以带来期限上的溢价，比如 10 年期债券的年化收益率通常会高于同风险等级的一年期债券的年化收益率。这是对于投资者自愿放弃一部分流动性的补偿（一次性承诺不会在 10 年内取回资金）。但是如果财富管理机构和财富家庭之间建立不起信任，同时，财富管理机构因为自己的利益频繁地建议客户进行短期交易，那么这种期限溢价就会消失。正如我们在之前所说，频繁的买入卖出，会极大地伤害长期回报。

接下来，我们来看机构和理财师之间黏性不足的问题，这个问题主要表现为员工，特别是优秀员工的流失，以及各种各样的飞单情况。由于种种原因，很多大型金融机构的财富管理部门，无力吸引最优秀的员工加入。优秀的理财师培养起来相对艰难。那些成功地磨炼了自己并且最终成为明星理财师的人，又有很大的概率会在合适的时间选择离开。原因就是我们前面所说的激励机制的问题。大型金融机构的财富管理部门，只是一棋盘上的一枚棋子，它开展的业务具有巨大的外部性，因此很难设定独立的激励机制。长此以往，那些明星理财师可能会发现自己在机构内的上升空间有限，待遇提升空间有限，因此选择跳槽。但事实上，很多理财师在跳槽以后发现，客户未必满意理财师的选择，很多客户不会跟着理财师离开这些金融机构。脱离大型财富管理机构单干的理财师们，由于缺少机构的品牌和资源支撑，往往也很难做大。另外，机构和理财师之间的黏性不足会导致机构忽视对投资理财师的教育培训，因为这些培训的成果机构很可能享受不到。

"形式不同，各有所短"—— 各种商业性财富管理机构的具体问题

私人银行

产品结构相对单一

尽管私人银行有大量优质的客户资源，但内部的理财产品非常单一，较少配比高净值客户需要的 PE、VC、海外资产，以及结构化的复杂产品等最主流的产品。由于银行不直接参与资产管理，目前国内私人银行业务大多停留在销售理财产品的阶段，未能真正实现资产的有效配置和保值增值。由于国内监管层对银行混业经营的限制，目

前私人银行能为客户提供的自主开发产品有限，影响了业务和产品方面的创新力度。国内部分私人银行希望通过与证券、基金、保险、信托、私募等公司合作改变现状，却往往变成产品代销平台。

证券管理团队缺乏专业性

国外成熟的私人银行经过多年发展已经培育了一批专业知识丰富的顾问团队，而国内的私人银行业务起步较晚，至今历史不足 10 年，管理团队中缺乏经验丰富且具备投资理财、法律、税务等方面知识的复合型人才，难以满足客户对于财富保值增值的需求。

独立财富管理机构

团队稳定性不足

目前国内财富管理市场上参与者众多，竞争日益激烈，获取客户的成本越来越高。理财师在掌握了一定的客户资源之后，便自立门户。对于独立第三方财富管理机构来说，理财师的服务质量决定着机构的品牌知名度，较高的员工流失率对机构的长远发展不利。

增值服务有限

目前独立第三方财富管理机构为客户提供的主要是综合财富管理规划服务，仅少数机构能为客户提供健康医疗、法律咨询、高端商旅、税务咨询等服务。在市场竞争日益加剧的情况下，增值服务的种类和质量也将成为客户选择独立第三方财富管理机构的重要标准之一。

互联网财富管理机构

监管缺失，乱象丛生

2015 年之前，我国尚未针对互联网金融制定相关法律法规，互联网金融行业长期处于立法和监管双双缺失的状态。2015 年 7 月，中国人民银行等 10 个部门联合发布了《关于促进互联网金融健康发展的指导意见》，正式确立了互联网金融行业监管的基本法律框架，由"一行三会"对互联网金融实施分类监管。但互联网生态系统较为复杂，在分业监管模式下，监管部门很容易陷入无法把握"度"的困境。另外，部分公司利用互联网平台擅自公开发行理财产品，企图规避相关限制。2016 年 4 月颁布的《互联网金融风险专项整治工作实施方案》，要求监管部门采取"穿透式"监管方法，这会在一定程度上限制不合规理财产品的发行，监管缺失问题将逐步得到解决。

征信缺失

互联网财富管理需要使用征信系统，互联网征信是一种高效、多维度、实时性的大数据风险控制模式，获取的是用户的在线行为数据，这些数据能够更多地反映用户性格、心理等信息。整合互联网征信及传统征信，能够促进交易成本的下降，提高社会经济效益。但无论在传统征信领域还是在互联网征信领域，与美国等发达国家相比，我国都还处在初级阶段，覆盖全社会的征信体系尚未形成，一定程度上存在信息环境不透明、公信力有限、专业化程度低、立法滞后、失信成本低等现象。

征信缺失给互联网财富管理带来的负面影响主要体现在两方面：一是部分互联网财富管理机构无法加入传统金融行业的征信体系，缺少合法的融资渠道和规范的融资模式，无法形成有效惩戒；二是部分互联网财富管理机构有意放弃成本较高的征信环节，使投资者承担额外的风险。

风险控制能力不足

互联网财富管理机构监管和征信的缺失，很容易导致平台风险控制能力不足。目前，在不依赖央行征信系统的情况下，互联网金融企业形成了自己的风险控制体系。以阿里巴巴为代表的互联网巨头通过大数据挖掘自建信用评级体系；而规模较小的企业通过向第三方征信机构贡献数据，获得信用评级咨询服务。互联网财富管理机构在追求用户体验和效率的同时，容易忽视金融安全与风险控制，与传统财富管理机构相比，风险控制能力普遍偏弱，这容易成为限制其发展的瓶颈。

"竞争激烈，频频受限"—— 资产管理端的主要问题

公正地说，中国资产管理市场发展速度很快，在过去十几年提供了大量优秀的投资产品。但是，随着资本市场改革的深化，随着中国经济的升级转型，随着市场竞争的日趋激烈，资产管理机构面临着越来越大的压力。过去那种轻易可以带来20%以上的年化收益率，并且不必承受太大风险的产品，已经越来越少。资产收益率的普遍下降，使得财富家庭不得不越来越依赖于股权类投资而不是固定收益类投资，试图维持相对较高的年化收益水平。但这会使整个资产组合的风险大幅度上升，需要在资产管理层面和财富管理层面进行更多的工作，从而更好地控制资产组合的风险。

另外，尽管中国的金融市场发展很快，但总的来说，因为底子较

薄，也因为许多政策上的限制还没有完全放开，金融创新受到一定的压力，这使国内市场能够提供的可投资产品的品种和质量有限，不能完全且有效地覆盖财富家庭的需求。

其次，虽然很多中国的资产管理机构在国内已经积累了丰富的市场经验，但是相对缺乏在国际市场进行资产配置的能力。这极大地限制了中国财富家庭，特别是高端财富人群在全球范围内配置资产的能力。

"群体变换，需求多样" —— 财富家庭的主要问题

财富家庭的主要问题

正如前面所说，中国绝大多数的财富家庭是在第一代创业者的主持下，这些人中的大多数都是白手起家，凭着自己的努力打拼积攒起大大小小多少不等的财富。我们还不习惯拥有这么多财富，也不清楚如何才能管理好这些财富。换句话说，中国的财富家庭善于"创造财富"，但是仍然不太善于"保有和积累财富"。一个重要的例证就是风险意识薄弱。很多财富家庭在做选择财富管理服务或产品时只关注收益率，并不清楚波动性会如何影响资产组合的价值。从长期来看，相当多的家庭财富在资本市场的剧烈波动中受到严重的影响。

另外，还有不少财富家庭对于资本市场和财富管理行业存在不理性的预期。很多朋友有时会向作者求教关于财富管理和投资的建议，我会问他们："你们有什么样的目标？"有些朋友会说："我们不希望有什么风险，每年能挣20%就行了。"我只能苦笑以对。如今，中国资本市场的竞争日趋激烈，"资产荒"问题严重，无风险利率普遍降到5%以内，哪里还有不承担风险、每年能挣20%的好机会！我有时会

半开玩笑地回答他们：我也在找这样的投资机会。如果你们找到了，不妨顺便告诉我一下！

另一方面，因为对财富管理行业的性质不了解，大部分财富家庭最初接触财富管理机构时，并不认为对方提供的咨询服务有什么价值。经常听到的评语是：你不就是出个点子吗？凭什么要我 1% 的服务费？他们没有想到的是，一个好的点子，有可能在保持风险不变的情况下，将每年的总投资收益率提高 2%—3%，甚至更多。

高净值客户群体的变化

我们也注意到，随着市场逐渐发育，高净值以及超高净值人群与中高收入人群的差距正在拉开，他们有着越来越有成熟的理财需求，也越来越愿意支付相应的费用。中国的高净值和超高净值人群在理财方面的需求正在发生一系列的变化，具体来说包括：从单独注重收益向注重风险收益平衡转变；从单纯注重国内向国内外综合配置转变；从统一的企业财产运用向企业与个人财产隔离操作转变；从单纯考虑自身财富安排向代际财富传承转变；从运用传统工具向部分运用创新性工具转变；从自我打理财富向委托专业机构操作转变；从集中的产品运用向多元资产配置转变；渐趋成熟，渐趋保守；定制化需求，个性化服务；要求更加整体化的解决方案；继续同时与多家财富管理机构保持关系；与机构之间的黏性不高。

2015 年招商银行和贝恩资本联合对高净值人群进行的问卷调查，反映了一些有意思的变化。首先，随着中国经济进入新常态，相当多的高净值家庭开始把一部分对实体经济企业的投资转入资本市场。其次，高净值与超高净值人群正在加速在海外进行资产配置。

谈到在海外进行资产配置的主要原因时，被频繁提及的有以下几

点：资产配置分散风险（61%）、捕捉境外市场机会和追求投资收益
（39%）、移民和资产转移到海外（37%），同时还有企业海外扩张、企
业股权海外架构安排等。

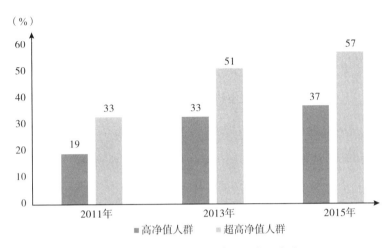

图 7-2　拥有境外投资的高净值人群占比

数据来源：贝恩资本，招商银行

另外，我们在报告中发现，超高净值人群的需求已经从单一的资
产投资升值向更加丰富多元的财富管理发展了。财富本身的快速增长
已经不再是最重要的、被频繁提及的目标，财富的保障、财富传承、
家庭子女的教育、高品质生活等目标已经被更多的高净值人群关注和
提及。

随着富裕人群对于财富管理的认知和需求的成熟，我们对市场的
长期自我净化能力抱有高度信心。我们现在在中国财富管理市场上看
到的所有问题，欧美市场也曾经历过。市场创新的力量，最终会推动
商业模式进步，使市场走出现在所处的困境。假以时日，中国的财富
管理市场会更加美好。但是从短期来看，市场的困境和混乱有可能会
带来一些严重问题，特别是财富管理"脱媒"的可能。

财富管理"脱媒"的可能

虽然目前中国财富管理市场的主要资源都集中在高净值人群身上，但是客观来说，这些人在国内所享受到的财富管理服务质量不高，产品选择有限。不成熟的资本市场所带来的各种问题，例如信息不对称、道德风险以及监管滞后导致的金融创新不足，都严重地限制了这一阶层的财富管理能力。虽然财富管理机构正在快速进步，努力满足高净值人群的需求，但是这一阶层需求的增长速度似乎更快，导致总体来看高净值人群对所享受理财服务的满意度较低，与机构之间的黏性不高，主要表现为同时和大量机构保持关系，以及经常改变签约机构。

高净值人群具有较高的流动性，他们拥有一定的向国外转移资产的能力。鉴于国内的资产管理和财富管理水平，加上对转型升级期国内经济社会形势的判断，一部分高端财富（高净值和超高净值人群持有的财富）正在悄悄出海。正如招商银行和贝恩资本的调查结果所表现的，部分高净值人群通过投资和移民的方式将资产转移到海外。未来，如果不能迅速改进商业模式，面向高净值人群的财富管理行业将可能面临比较激烈的国际竞争。

"形式变革，财富升华"—— 未来可能的趋势

在我们可以预见的将来，中国的财富管理市场将会继续向前推进，我们预计未来会有一些趋势性的发展，主要包括：从固定收益类产品向权益类产品转变；从短期投机向长期投资转变；从中国配置向全球配置转变；从单一产品投资向资产配置转变；从第一代创富人群

的财富管理向第二代守富人群的财富管理转变。

最后，我还想谈谈理想状态下的财富管理。当中国人已经习惯于更加富裕的生活，开始享受自己辛勤劳动的成果，用积攒的财富去创造更多的财富时，财富管理将会进入到更加高级的境界。那时的财富管理，将不仅仅是对钱的打理，也将是对一个财富家庭生活的跟踪与打理。身体健康、内心通达、家人和睦、资产充裕、人际融通都是广义上的财富的表现形式。理财师作为财富管家，将会服务于客户方方面面的需求。理想中的财富管理机构不仅懂投资、懂科技、懂价值取向，更懂感情生活、懂教育。出现在客户面前的应该是一个客户关系经理，他最大的专业技能是建立与维护与客户的关系，而专业的平台则在其身后提供强大的支持。

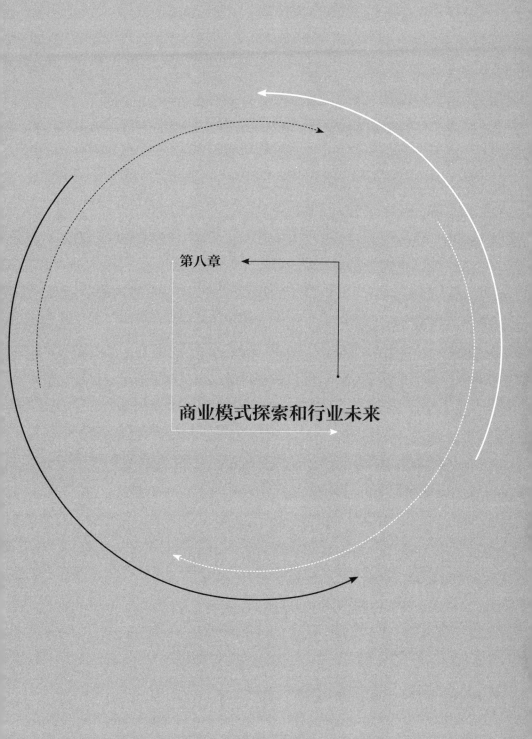

第八章

商业模式探索和行业未来

几种主要财富管理机构的中外对比

私人银行

国外的私人银行有着数百年的历史沉淀，市场颇为成熟。欧洲私人银行和美国私人银行体系，可以为我国私人银行的发展提供一些思路。

欧洲私人银行：财富家族的金融顾问

私人银行是典型的需求推动型服务，从起源至今，服务内容大体围绕财富管理、资产配置、遗产规划等展开。

欧洲私人银行的专业性和保密性很强。私人银行最初以私人独资或合伙投资经营的非股份制公司形式出现，属于个人所有并通过家族管理。欧洲最早的私人银行业务可以追溯到 16 世纪中期。传说，由于宗教信仰的原因，当时一些法国贵族被驱逐出境，擅长经商的他们来到了社会稳定、政治中立的瑞士，他们的贵族身份使得他们与原来的贵族朋友仍然保持着紧密的联系。后来，这批商业贵族发展成为国际财产的管理专家，成为瑞士的第一代银行家。[1]

经过 400 多年的发展，欧洲私人银行在经营管理、业务开发、市场布局等方面经验丰富。其中，在财富管理方面，瑞士私人银行一直是全球范围内的领先者，跨境投资私人总资产中有近三成在瑞士管理，为瑞士银行业贡献了接近一半的收入。同时，瑞士私人银行的个性化和高保密性，也吸引了世界各地的豪门富贾。据估算，瑞士境内银行管理的客户资产中，超过六成来自国外。

瑞士私人银行意在为客户在全球范围内配置和管理资产，而且重视客户细分，提供差异化的产品和服务。以私人银行巨头瑞银集团为例，该集团依照资产总值情况将客户分为关键客户、高净值客户和核心富裕客户，并按照客户层级分配不同的客户经理进行维护和设计差别化的理财方案。这有效解决了私人银行市场供需不对称的问题，为不同的客户提供不同的服务，而非标准化的理财产品。

通常来说，欧洲私人银行带有一定的私人性质，很多是以财富家族高级金融顾问的身份代代延续，以家族财富的保值和传承为首要目标，配置风险较低的金融产品。这些金融顾问服务的对象主要是企业主、企业高管和影视体育明星。这三类群体关注的领域并不相同，比如企业主通常对纳税、融资等方面最为关切；企业高管因持有公司股票，受股市波动的影响较大，往往对股票与期权管理、兑现和对冲手段感兴趣；而影视、体育明星经过 5—10 年左右的辉煌期后，收入可能下降，他们通过私人银行寻求能够保证生活质量的长远金融规划。

美国私人银行：全能型管家

美国的私人银行偏向于全能型的管家服务，追求"一切创新皆有可能"，只要客户需要，无论是金融类服务还是其他琐碎的生活服务都会涉及。美国私人银行习惯将银行、证券、保险、生活等各方面的创新结合起来，进行综合化管理和混业经营。

与传统的欧洲富豪通过代代相传被动积累财富不同，美国有很多白手起家的年轻富翁。这些人风险承受能力较强，更倾向于投资股票市场而非债券市场，投资企业而非不动产，看好新兴市场而不光是成熟资本市场。这带动了面向高端客户的私人银行创新金融产品的蓬勃发展，如私人股权基金、风险资本、对冲基金、结构性金融产品。花旗集团的私人银行业务中不仅包括集团自主开发的金融产品、其他衍生品，同时涵盖消费、信贷、保险和资产管理等多样化服务。花旗集团还利用自身在全球 100 多个国家布点的网络优势，搜集客户的各方信息与诉求，为他们提供诸如酒店机票预订、天气交通咨询、医疗、餐饮、健身等非金融服务。

目前，世界主流的私人银行模式有三种：独立型私人银行（家族管理，承担无限责任）、投资银行型私人银行和商业银行型私人银行。欧洲私人银行大多为独立型私人银行，完全独立于母体商业银行集团，是独立的法人银行；而美国的私人银行主要为投资银行型和商业银行型私人银行，后者一般是商业银行集团的一个具有高度独立性的组成部分。当然，无论是在欧洲还是美国，出色的私人银行巨头在掌管巨额资产的同时，都力求在全球范围内配置资源，借助那些跨国、跨区域的金融网点进行资源调配。

国际私人银行业发展模式与外部环境给我国的启示

首先，我国的私人银行大多属于商业银行型，采用地域式管理模式而不是事业部管理模式，各个分行独立经营、独立核算、独立管理风险。此种模式在私人银行业务起步阶段可以充分利用零售银行的资源和平台迅速占领市场份额，但发展潜力有限，不具备可持续性。而采用事业部管理模式，私人银行业务在产品开发、人才培养和考核、财务、业务拓展等方面将更多地依靠事业部统一协调，便于建设长期统一的风险管理及内部控制体系。

其次，目前国内私人银行创新能力有限，对高端客户的吸引力不足。从产品类别上看，基金、保险、证券产品较多，期货、信托等产品较少，很难满足资产规模庞大的客户分散风险的需求；从产品结构上看，金融衍生产品缺乏，很多投资组合只是单一产品的简单叠加。而且，我国私人银行目前只提供财富保值和增值服务，基本不涉及财富传承服务。

再次，与美国 1999 年《金融服务现代化法案》之后实行的金融混业经营状况不同，我国目前实行的是商业银行分业经营管理制度，隶属于商业银行的私人银行机构在境内无法直接进行资产管理和配置，需要增加代理委托环节以突破经营的瓶颈，这往往会导致资源配置效率的下降和风险的上升，这些问题在近期资本市场的波动中已经逐渐显现出来。

最后，我国对私人银行业务缺乏明确的监管政策，仅提出了基本的监管原则：规范与鼓励并重，培育与完善并举。因此，目前我国商业银行的私人银行部门都在按照理财业务的相关规定开展业务，境内私人银行业务难以与银行贵宾理财业务区分开来。

公募基金

公募基金，是公开募集证券投资基金的简称，在我国是指受证监会监管、允许向不特定投资者公开发行受益凭证的证券投资基金。这些基金在《公开募集证券投资基金运作管理办法》的严格监管下，遵循信息披露、利润分配、运行限制等行业规范。通俗地说，公募基金是汇集众多投资者的资金，交给银行保管，由专业的基金管理公司负责投资于股票和债券等证券，以实现保值增值目的的一种投资工具。

与美国的共同基金（习惯叫法）相比，我国的公募基金在绝对规模、相对规模和市场影响力等方面，都有较大的差距。同时，许多美国家庭通过退休计划间接投资共同基金，而我国的个人投资者大多直接购买公募基金。我国公募基金市场的价值远未被充分发掘。培育一个庞大的中等收入阶层，同时加强个人投资者对公募基金专业能力的认识，是我国公募基金发展壮大的前提。

具体来说，过去 20 年间，共同基金一直是美国金融市场上最大的机构投资者，是多种证券资产的最大持有者。截至 2015 年年底，美国共同基金市场规模达 16 万亿美元（折合人民币 107 万亿元），全球排名第一。相比而言，中国的公募基金对资本市场的影响力还有待提升。截至 2015 年年底，我国公募基金的总规模为 8.4 万亿元人民币，与美国共同基金相比还有较大差距。在美国，公共基金以股票型基金为主；而在中国，货币市场基金大行其道。

从需求上看，美国家庭对共同基金的依赖性越来越强，而中国家庭对公募基金的信任度仍然不高。共同基金在美国家庭金融资产配置中的占比持续增加，截至 2015 年年底，美国家庭的金融资产中有 22% 交给共同基金管理。相比而言，仅有 4% 的中国家庭资产配置在公募基金上，国内投资者对公募基金的信任度有待提高。

从供给上看，美国共同基金行业进入壁垒低，竞争充分；而我国公募基金行业进入门槛高，基金发行过度依赖牛市行情。美国拥有一个竞争非常充分的共同基金市场，几乎所有金融机构均可发起设立共同基金。我国公募基金管理公司的数量 10 年来增长了 1 倍，而公募基金发行规模在 A 股牛市行情时数倍增长，在 A 股熊市期间又持续低迷。

从行业集中度上看，美国的共同基金市场是一个既具有充分竞争特性又具有寡头垄断特性的市场，虽然市场进入壁垒低、竞争充分，但行业集中度极高，强者恒强的局面一直存在，中小基金公司想突围极不容易。中国的公募基金公司虽然也逐渐分出了第一、第二梯队，但是与美国不同的是，美国共同基金行业的集中度近 10 年一直呈现上升的态势，而我国公募基金行业的集中度持续下降。从规模和盈利水平来看，进入第一梯队的基金公司之间的差别并不是很大，任何一家机构想要脱颖而出都任重道远。

从投资者特征上看，中美两国的公募（共同）基金持有者都以散户为主。美国家庭是共同基金的主要投资者，自 2000 年以来，持有共同基金的美国家庭占比一直维持在 40% 左右。中国公募基金的持有人同样以散户为主，直至 2015 年，机构投资者占比才首次超过个人投资者。

从投资账户及其特征上看，美国家庭通过养老金计划间接投资共同基金。美国家庭重视退休养老投资，他们相信专业投资机构的投资能力，所以他们持有共同基金的主要方式是通过投资雇主发起的退休养老计划（比如 DC plans、IRAs）间接投资共同基金，80% 持有共同基金的美国家庭都会采用这种方式。中国投资者主要以直接购买方式投资公募基金。中美两国基金投资者持有基金的不同方式导致美国的共同基金市场是机构投资者主导的市场，而我国的公募基金市场则是散户主导的市场。

从持有基金目的上看，美国家庭出于养老目的持有共同基金，中国投资者则以获取收益为目的持有公募基金。

美国高收入家庭重视对共同基金的投资，而我国中高收入阶层对公募基金的认知度明显不足，我国投资公募基金的人群以低收入者为主。引导高收入群体积极配置公募基金，对我国公募基金的发展意义重大。

美国共同基金市场的最新变化对中国公募基金行业的启示

经历了半个世纪的强劲增长，美国共同基金行业总资产规模的增长似乎开始止步。根据美国投资公司协会的数据，自 1965 年以来，美国共同基金行业总资产规模以年均 13% 的速度飞快增长，而 2015 年下降了 1.4%，剩下 15.7 万亿美元。

在公共基金行业管理资产总规模基本不变甚至略有下降的前提下，行业内部也分出了输家和赢家。2015 年，在行业巨头中，最大的输家是太平洋投资管理公司，一年内被投资者赎回的管理资产高达460 亿美元，尚余 3 010 亿美元；其次是富兰克林邓普顿基金集团，管理资产被赎回 440 亿美元，剩下 3 870 亿美元。而最大的赢家当属先锋基金，2015 年一年的基金资产总规模增长了 7.2%，达到 3.1 万亿美元。没有任何一家机构能够像先锋基金这样，依靠低费用的传统共同基金和 ETF，一年获得 2 240 亿美元的增量资产，这保证了它在共同基金领域的统治地位。如今，全市场超过 1/5 的基金资产都在先锋基金麾下。另外一家大型基金公司贝莱德也取得了不错的进展，这家公司 2015 年时拥有 83 亿美元的新增管理资产，全部流入了 ETF 产品。贝莱德在零售端共有 1 万亿美元的基金资产，市场总份额排名第四。美国资本集团旗下的美国基金净流入 56 亿美元，基金资产规模为 1.2 万亿美元，居行业第二；而富达投资流出 14.5 亿美元，基金资产规模仍居第三位。美国基金和富达投资均占有全行业约 8% 的市场份额。

市场上的流行观念，习惯将共同基金行业的赢家和输家分为主动型和被动型两大阵营。所谓主动型投资，其核心信条是投资经理能够在市场组合之上产生超额收益率，所以客户应该付钱给他让他主动搜寻那些可能带来超额回报的资产。所谓被动型投资，其核心信条是很难有人能够在市场组合之上产生超额收益率，所以最优的投资组合应该是被动地模仿某一类型的指数组合。而这种工作很简单，无须支付更多的成本。被视作输家的太平洋投资管理公司和富兰克林邓普顿基金集团两家机构的产品以主动型为主，而被奉为赢家的先锋基金和贝莱德集团则以低费率的指数基金和 ETF 著称。2015 年 6 月—2016 年 6 月，投资者累计赎回了 3 080 亿美元的主动型管理基金，同时将 3 750 亿美元的资金投向了被动式共同基金和 ETF。业界专家认为，导致这种现象的可能是基金的业绩。主动管理型基金受到挑战，毫无疑问是因为大部分产品不敌业绩基准。可同时，也不乏一些顶尖管理机构仍然有能力守住阵地。看上去，先锋基金正在成为整个共同基金行业的拾遗者，但这并非仅靠被动投资趋势就足以解释，因为在先锋基金的增量资产中，有 280 亿美元的资产流向了主动管理型基金。这一数字要大于任何一家其他机构，排在其后的双线资本主动型产品的资产增量为 160 亿美元。显然，投资者并非刻意避开主动型基金，转而拥抱被动型基金。吸引他们的是低费率。根据先锋基金的研究数据，整个行业主动管理型基金中费率最低的那 1/4 产品，在过去 15 年中吸引了 6 110 亿美元的资金，而其他部分均遭遇了资金流出。即使对于那些巨头公司而言，费率问题也并非无足轻重。就在近期，富达投资将旗下被动式基金的平均费率调整到了 0.1%，使其低于先锋基金——后者数十年来一直是低费率产品的拥趸。

美国共同基金的金融科技

金融科技的迅速发展，正在改变美国的共同基金行业。对于规模庞大的中等收入阶层而言，共同基金、ETF 以及更多其他金融产品会越来越多地通过智能投资顾问渠道进行分发，Betterment 和 Wealthfront 的管理资产规模分别达到了 50 亿美元和 35 亿美元。但科技给金融业带来的变化，并不会像音乐、出版、电视行业那样具有颠覆性。

在很多资产管理领域的资深人士看来，智能化的投资顾问好比20世纪90年代的线上银行。线上银行并没有颠覆银行业，也没有让富国银行和摩根大通消失。相反，传统银行构建了自己的线上服务。线上银行对于客户而言是伟大的。同样，互联网化的趋势对于银行而言也是值得赞赏的，因为它们扩增了市场规模，并且真正降低了银行的成本。

线上银行究竟动了谁的蛋糕？在银行的案例中，线上银行的出现使银行柜员失去了客户。但是对于今天的资产管理机构而言，无论先锋基金、贝莱德、富达投资还是嘉信理财，它们都乐于见到智能投资顾问的发展，因为它们依靠智能投资顾问降低了服务成本。

在智能投资顾问项目启动一年之后，先锋基金的私人投资顾问服务平台收获了410亿美元的管理规模。这个项目将技术与人工服务结合，为投资者提供全方位的投资咨询服务。同样始于2015年的嘉信理财智能组合服务，迎来了70亿美元的管理规模。贝莱德集团则收购了智能投资顾问平台Future Advisor，建立了属于自己的在线资产管理平台。

多年来，富达投资一直致力于扩展其资产管理平台。截至2016年，这家公司直接管理基金资产达2万亿美元，协助管理资产5万亿美元，其中包括由富达投资协同管理、但不含富达投资基础产品的投资账户，例如401k计划，以及富达证券账户持有的资产。富达投资扩充了其被动式产品的可选列表，其中包括贝莱德集团旗下安硕基金的ETF，这些产品都在富达投资的官网上免管理费提供给投资者。在过去的20多年间，富达投资的协管资产规模增速超过了其基金资产的增速，这是一个目的明确的策略。富达投资的高管认为，富达投资向投资者提供的不仅仅是自己的产品，逻辑并不在于产品卖得多或少，真正的目的是从股东和客户的利益出发，做出最好的战略规划。富达投资从一家以权益资产为重心的基金公司，转向了一家提供多样化服务的综合金融机构。

无论是因为监管、科技，或者投资者行为习惯的变化，变局都是基金行业常提常新的事。几乎每 10 年，整个行业就会发生结构性的大变化。无论是 20 世纪七八十年代的货币基金，还是起飞于 20 世纪 80 年代的指数基金，或者是过去 10—15 年中颇为流行的 ETF 和目标日期基金，每个时代，市场都会经历种种演变。回顾这几十年，投资者的需求和投资方式发生了太多变化。

私募基金

我们对私募基金的讨论将分成两部分进行，一是私募证券投资基金，二是私募股权投资基金。关于私募基金市场，其他章节已有较多的论述，我们在这里再次做以介绍，只是为了对比公募基金和私募基金，保证内容的完整性。

私募证券投资基金

国内外的主要区别

国内所说的私募证券投资基金指的是接受证监会相关部门监管、针对特定合格投资者开放的、投资于二级市场股票和债券的证券投资基金。国外与之最相近的概念是对冲基金，两者在以下各方面有所区别。

（1）投资目标和策略

投资目标方面，中国和外国的私募证券的目标一致，都是为了获得较高的投资回报，帮助投资人获得长期稳定的投资收益，所以大部分基金希望通过积极主动的投资管理实现这个目标。此外，私募证券投资基金都很看重自己的排名，因此它们更关注相对收益，而非绝对收益。

投资策略方面，由于中国私募证券投资基金的具体投资范围和限制主要依据基金合同的约定，它们的投资策略和外国的私募证券投资基金一样，都是十分灵活和多元化的。

（2）基金类型

在中国，私募证券投资基金的类型大致可分为股票型、管理期货、市场中性、货币型、债券型、宏观策略等，看似十分多元化，但实际上中国大部分私募证券投资基金的类型和投资策略都相对单一。大部分私募证券投资基金为股票型，而且偏多头。中性策略、相对价值、绝对回报、事件驱动套利等投资策略的产品十分缺乏。当然部分原因在于中国资本市场本身缺乏多元化的衍生工具。相反，外国的私募证券投资基金的类型比较广泛。以美国为例，当地的私募证券投资基金行业经过几十年的发展后，其操作方式早已超越了早期的简单利用股市买卖进行对冲操作，它们可以大量地涉足期权、期货等各种金融衍生工具，运用各种投资策略，因此其私募证券投资基金的类型也较为多元化。

（3）投资市场

在投资市场方面，因法规所限，中国私募证券投资基金投资的金融资产主要分布在本地市场，例如管理期货型的基金，它主要投资于在上海期货交易所、大连商品交易所、郑州商品交易所和中国金融期货交易所上市的期货品种；而债券型的基金，则主要对银行间债券市场以及在上海证券交易所和深圳证券交易所公开挂牌交易的债券产品进行投资。

（4）基金经理

在中国，由于行业的收入较为可观，很多非常优秀的年轻人会从事基金行业的工作。由于竞争激烈，只有最优秀的人才有机会进入到好的基金公司担任基金经理和研究员。最杰出的私募证券投资经理往往拥有国内外最优秀的名牌大学的毕业文凭、长期的市场经历，以及良好的业内口碑。

国外及中国香港地区的私募证券投资基金经理则有不尽相同的选择方法。他们往往更加注重实战。另外，国外及中国香港地区有入行的最低门槛，相关人员往往需要拿到相应的牌照，才可以从事资产管理业务。

（5）主要投资者

国外的私募证券投资基金主要依靠大学捐赠基金和养老基金等机构投资者，而中国大部分参与私募证券投资基金的有限合伙人都是个人，其中既包括优秀的企业家和企业高管，也包括专业人士如医生、律师、演艺界知名人士，等等。相较于成熟市场中的机构投资者，中国的高净值个人往往较为重视短期利润，希望投资期限尽可能短，对收益率以外的其他维度，比如波动性关心不够。

（6）风险管理

中国的私募证券投资基金能够进行的风险管理有限，其重要原因是中国国内可以用来进行风险管理的投资产品和衍生金融工具相对缺乏。相反，国外市场经过长期发展，已经具有相当成熟的风险管理体系。国外的私募证券投资基金可以在全世界范围内不受限制地投资，也就是说可以在全世界范围内使用各种工具提升自己的风险管理水平。

美国私募证券投资基金的发展现状与监管

美国的私募证券投资基金是随着美国金融业的发展，特别是金融衍生工具（期货和期权）交易的出现而发展起来的。美国关于私募证券投资基金的相关法令主要包括《1933 年证券法》《1934 年证券交易法》《1940 年投资公司法》和《1940 年投资顾问法》，同时还受各州的《蓝天法》的规制。

　　美国对于私募证券投资基金实行的是一种政府型监管体制，即政府通过立法及设立全国性的证券管理机构对整个证券市场实施管理的制度，分为三个层次：第一层次是证券交易委员会，根据《1934年证券交易法》设立，证券交易委员会有一定的立法权和司法权，对投资基金的发行和交易活动进行管理；第二层次是行业自律组织全国证券商协会，设立于1934年，主要目的是进行自我监管，并且为投资基金的销售活动设立公平的交易规则；第三层次是投资基金组织的托管人。

　　美国对可以进行私募证券投资的合格投资者有一系列严格要求，以保证他们是成熟理性的投资者，能够承担风险，也有余力在风险较大的资本市场上进行运作。基于这样的考虑，合格的个人投资者被定义为拥有100万美元以上的证券资产的个人投资者，并且最近两年的年均收入高于20万美元，或包括配偶的收入高于30万美元。而合格的机构投资者的财产至少要在500万美元以上。

　　在美国，私募证券投资基金多为有限合伙制。合伙人分为两类，分别是普通合伙人和有限合伙人。普通合伙人一般是基金的管理人或创立人，可以是个人也可以是团体；有限合伙人一般是基金的出资人或投资人。基金设立时，普通合伙人通过与有限合伙人签订《合伙人协议》规定双方的权利和义务。一般说来，《合伙人协议》在基金投资目标方面对普通合伙人的限制不严，主要是为了让基金拥有足够的灵活性，保证投资活动能够顺利进行。

　　因为私募证券投资基金是面向合格投资者开放的一种投资工具，所以各国政府都不太担心在该领域发生的问题会影响到普通百姓的生计。合格投资者被认为有能力保护自己，所以只要他们和投资机构之间签订合同，遵循一定的市场经济原则，并且保证信息在双方之间充分流动，一般情况下，各国政府原则上不会对私募证券投资基金进行过多监管，而是主要依赖于基金和行业的自律性监管。

私募股权投资基金

中美私募股权投资市场发展现状比较

（1）组织形式

在美国，私募股权投资市场主要采取有限合伙制，大约有 80% 的私募股权投资机构采取了这种形式。在这种组织形式下，基金的管理人，也就是普通合伙人，提供专业技能，对投资运作进行全面管理。有限合伙人是资金的提供者，并不承担管理责任，其对基金公司的责任以其出资额为限。

传统上，中国的私募股权投资机构的组织形式分为信托制和公司制两种。中国在 1997 年颁布并执行的《中华人民共和国合伙企业法》（简称《合伙企业法》），2006 年经第十届人大第二十三次会议修订，修订后的《合伙企业法》于 2007 年 6 月 1 日开始实施。2007 年以来设立的私人股权投资机构，相当一部分采用有限合伙制。有限合伙制有利于避免公司制结构双重征税的问题和信托制机构投资管理人法律和债务责任相对较低的问题。

（2）退出方式

美国市场具有相对完备的退出渠道，因为随着资本市场的越发成熟，不同的机构，不同的行业，可能会有不同的退出渠道。美国的资本市场为这些不同的退出渠道设计了很多灵活机制。以 IPO 或者反向收购的方式退出到美国的公开股权市场是一种相对容易的选择，因为美国对于公开市场没有严格的上市标准核准过程。但是因为公开上市的公司在公司治理等方面有更加严格的要求，而且要为上市支付更高的合规成本，所以更多的美国私募股权投资公司选择被行业内其他公司收购作为退出方式。还有一部分会选择股份回购，选择在私募股权的二级交易市场交易退出的也不少。这些灵活多样的选择，为私募股权投资机构的退出提供了便利，极大地增加了私募股权基金的流动性。

相比之下，我国的私募股权投资机构最希望选择的退出方式就是IPO，因为这通常会带来较高的投资回报，但也只有最成功的被投项目才能通过IPO退出。其他退出方式包括并购、少量的反向收购（借壳上市）以及企业家回购。另外，虽然新三板作为一个中国新兴的公开股权交易市场已经接纳了上万家企业，但因其流动性较差，并没有被很多私募股权投资机构视作真正的退出方式。

关于未来中国财富管理商业模式的思考

财富管理的真正目的和意义

中国的财富管理行业在过去十多年获得了极大的发展，主要得益于房地产行业和地方政府极速增长的融资需求。大部分的从业人员习惯于在销售产品的同时收取佣金，对于财富管理真正应该解决的问题并没有进行过深入思考。

随着经济进入新常态，财富管理行业面临巨变。原先的商业模式已经越来越跟不上时代，需要从更深层思考财富管理的真正目的和意义。

让我们首先从客户的角度出发思考这一问题。对财富家庭来说，财富管理的真正目的并不只是赚钱。赚钱是实现财富家庭目标和梦想的手段，相信每个人都希望赚更多的钱满足生活中的各种需求。但是随着社会的进步，财富家庭追求的不再是简单的、代表更多金钱的数字，还想通过财富管理规避各种风险，建立安全感，然后追求富足生活。无论是居住品质的提升、为子女提供更好的教育，或是安享幸福无忧的晚年生活，这些目标都需要我们提前着手准备。

宏观来看，财富家庭的财富管理规划涉及客户生活中的各种目标，包括短期目标和中长期目标，例如买房规划、婚嫁金筹备、教育金规划、父母赡养金准备、创业金准备、养老规划、旅游基金规划、事业继承及遗产规划等。在进行所有这些规划时，财富管理机构可以运用的手段和工具，不仅仅包括传统的投资工具，也包括保险、家族信托、遗嘱、税务筹划等。投资规划是整个财富管理规划的重要组成部分，但不是全部。幸福人生意味着在不同生命阶段实现不同的人生目标。财富管理机构的任务是帮助客户更好地理解家庭的生命周期与财富周期的规律、生命周期中春夏秋冬四季的关键目标以及保险保障的重点，并针对每个阶段提出可行的资产配置建议。这样才能以科学的方法帮助财富客户实现与人生目标相匹配的财富管理目标，最终实现幸福人生。

目前的财富管理市场上存在一种乱象，各种财富管理机构竞相争取客户，使出百般手段，例如"以名惑人""以利诱人"或"以情动人"。事实上，这样的手段会使客户更加关注"名""利""情"等财富管理之外的东西。当名不再显扬、利不再巨大、情不再感人时，客户自然而然会产生审美疲劳，头也不回地离开。真正能够长久地抓住客户的心的财富管理服务，不是用各种噱头暂时吸引客户的注意力，也不是用某种营销手段先把客户忽悠进来再说，而是真正花力气了解客户，抓住他们的需求痛点，真正替他们着想，从他们的角度出发设计财富管理方案，从而搭建真正符合财富客户需求的、高度定制化的财富组合配置方案，并且做好风险管理和其他服务，然后按需筛选市面上所有的最佳投资产品进行组合配置，最终真正为客户做好财富管理。

合格的财富管理机构不应该代表任何产品发行方、资产管理机构和其他金融中介，而应该站在客户的立场上，严格按照客户的实际情况帮助客户分析自身财务状况和财富管理的需求，然后通过科学的方式为客户提供符合其最大化利益的财富管理方案，包括资产配置、保值增值、税务筹划、法律咨询、保险服务、财产传承等。只有这样才能真正与客户建立信任关系，使得他们愿意把自己的真实情况告知，从而使机构提出的大类资产配置建议变得有据可循。只有这样才能真正解决财富管理机构目前碰到的严重问题，也就是与客户之间的信任和归属感严重不足。

从另一个方面来说，中国的财富管理市场获客成本非常高。但在财富机构的"利诱"之下，客户无法建立正确的财富管理观，难以建立对机构的信任感。而且，如果放任行业内现行的"让利""返点"等竞争模式继续下去，将来的获客成本会继续提升，但客户的信任感是否会随之提升就不好说了。

与此同时，相当多的中国财富客户不断地在不同的财富管理机构之间游走，试图找到真正符合自己需求的机构。但在整个过程中客户总是不断地碰钉子，一直得不到自己想要的财富管理服务。一些客户最终会做出决定，到海外寻找财富管理产品和服务。

当然，我们也发现，在中国，已经有一部分有思想的财富管理机构逐渐认识到，与其花费大量的资源和力气暂时俘获新客户的注意力，不如拿出同样的资源和力气，服务好自己手中已有的客户，对于他们的需求进行深耕。客户深耕，不仅是将客户现有需求维护服务好，更重要的是建立一种长期合作的心态，真正花力气梳理客户的深度需求，做到比客户还要了解客户的需求，并且运用自己掌握的各种手段和工具，最大限度地满足客户的需求。只有这样，客户才会心甘情愿地与机构建立长期的合作关系，充分信任财富管理机构，财富管理的商业模式也才能够从最初的比较粗浅的产品导向型模式，一步一步走向更加成熟也更加稳定的客户导向型模式，并在客户信任感完全建立之后，进入全权委托的财富管理的高级模式。也只有这样，才能使财富管理行业的从业人员，在不断满足客户真正需求的过程中，不断提升自己的财富管理能力和水平，不断巩固对自己从事行业的尊严和自豪感，不再困惑于客户和其他金融机构轻飘飘的一句："你不就是个卖理财产品的吗？"

财富管理 2.0 时代 —— 买方经纪人模式

随着财富管理行业的增长速度放缓，行业功能定位越加明晰，财富管理行业将会过渡到一种由客户需求驱动进行资产配置乃至个性化定制、以全面满足客户需求为目的的财富管理模式。在这种模式下，财富管理机构真正服务的是财富客户的需求，实际上成了买方也就是财富家庭的经纪人。我们不妨将这种模式称为买方经纪人模式，而将我们即将进入的这个时代称为财富管理 2.0 时代。

以产品为导向的财富管理模式往往不能站在全局的角度把握总体财富的合理配置，这会使客户的实际资产配置与自己的风险和收益目标不符，也无法通过产品之间的低相关性合理对冲风险。未来的财富管理模式将会是以服务为导向，即以客户为中心，金融机构会根据客户所处的不同的人生阶段，设计相应的产品与服务，满足其不同时期的需要，最终成为客户长期的顾问。资本市场不仅能够帮助企业家实现产业资本与金融资本的融合，同时也是投资人通过投资优良企业实现财富增长的有效途径。

如果说财富管理 1.0 时代是行业的初创和扩张期的话，那么财富管理 2.0 时代则是行业的成熟和稳定期。对财富管理行业和财富管理理念有了一定的了解之后，客户开始发现自身的财富管理需求，开始根据自身偏好及风险承担能力选择资产并主动要求配置。而此时的财富管理机构面对传统推销模式的不可持续，将从原有的产品销售转向产品配置，继而转向全权委托。这三个阶段之间是相互融合、逐渐转化的关系。进入下一阶段时，上一阶段的功能将成为基本功能。

当财富组合与配置要求不再是个别客户的行为，而是主流客户的行为；当产品配置与全权委托不再是个别先进金融机构的行为，而是行业的整体行为，财富管理行业将与资本市场共同进步，带来一次财富管理的产业革命。

财富管理 2.0 时代的新特点

产品供应端去中心化

在财富管理 2.0 时代，客户需求的多样化使任何一个财富管理产品的供应端都不可能提供市场所需的全部优质产品，甚至难以满足个体客户的全部配置需求。同时，客户资源将越来越集中于财富管理师，而不受产品供应端的控制。因此不难理解，行业内各个领域的机构都在根据自身的业务局限进行补充，缺客户和资金的补充财富管理模块，缺项目和产品的补充资产管理模块，形成资产管理端、财富管理端的"反向迁徙"现象。

财富管理师决策独立化

在财富管理 2.0 时代，随着产品供应端去中心化，理财师将真正扮演财富的买方经纪人角色，从客户需求出发、为客户进行产品配置乃至全套财富管理方案设计。理财师需要深度发掘客户需求，并且为客户配置高度定制化的资产组合，这使其无法同时顾及产品由何种机构提供。同时，优秀的财富管理机构能够通过使客户的财富保值增值而获得足够收入，从而不再依赖产品发行方的通道费，这也使得财富管理机构可以更重视产品本身的属性，而不偏向甚至依赖任何特定机构，理财师的决策将完全独立。

财富管理产品供需均衡化

在财富管理 2.0 时代，风险与收益并存的观念和"卖者尽责、买者自负"的市场原则深入人心，各种财富管理产品的风险与收益日益匹配，财富管理产品的供需日趋均衡。

客户服务与维护团队化

进入财富管理 2.0 时代，财富管理服务涉及投资、保险、税务或法律等多个专业，要求理财师全都具有专业律师、会计师、税务师的水准并不现实，也有悖精细化分工的原则。因此，以理财师为代表提供团队服务的"1+N"模式将成为主流模式，即客户服务与维护趋于团队化，包括因客户的特定需求而组成的非固定虚拟团队。而客户在选择财富管理师时，除了要考虑财富管理师本人的能力，还将重点考虑财富管理机构的综合能力。

财富管理服务增值化

在财富管理 2.0 时代，客户的财富管理需求不再是单纯追求投资利益最大化，而是要求在财产增值的基础以上，对自身生活所涉及的事件进行管理和规划，即财富管理增值服务。届时，一个合格的理财师将在充分了解客户的基础上，帮助客户设计与其整个生命相关的事物，包括职业选择、教育、购房、保险、医疗、养老、遗产、事业继承及税收筹划等各方面。从现在的市场来看，成熟的财富管理机构已经能够提供多样化的增值服务，而其他服务将在财富管理 2.0 时代逐渐成为财富管理机构的外延职能。

如何准备和应对即将到来的财富管理模式大变革

财富管理 2.0 时代的服务以尽可能发掘并最大化满足客户的个性化需求为目标，然而，各个机构乃至整个行业都会囿于业务经验、人才储备、管理能力、客户接受度和技术问题等因素限制，不可能直接达到为客户定制人生财富管理方案的阶段。但财富管理机构应尽早围绕产品体系、营销和客服体系、信息化体系、团队建设与激励机制设计、培训与考核体系等几个方面布局，以便更好地为财富管理 2.0 时代做准备。

适度扩充产品种类和来源

财富管理机构不生产财富管理产品，而是产品的搬运工。在产品供应端去中心化的时代，财富管理机构必须在更大范围内搜寻适合财富客户需求的产品，以打造真正的大财富平台。即便是附属于大型金融集团的财富管理机构，其产品来源也不应限定于本集团的产品，而应该更加积极地对接外部市场乃至海外市场。归根结底，财富客户的需求将成为财富管理机构选择产品的核心标准。

打造全方位的营销和客服体系

在财富管理 2.0 时代，客户将是整个财富管理流程的中心。获取客户的第一步是用良好的服务带来良好的口碑。通过服务获取客户，并通过口碑扩大客户基数将成为财富管理机构的重要工作。由于信息科技和大数据技术的不断发展，财富管理机构可以服务的人群大大扩展：财富管理机构不再把客户的净值限定在某一范围内，而是整合各类资源和平台的特点，差异化服务大众客户、高端客户和超高端客户。需要注意的是，对于客户较为复杂的配置乃至定制需要，人工服务仍不可避免。良好的客服体系，不仅是维系现有客户的关键手段，还可以帮助财富管理机构深度挖掘和开发客户需求，同时通过口碑效应带来新的客户，实现营销和客服体系的有机结合。

信息技术系统建设

在财富管理 2.0 时代，信息技术对业务的支持将无处不在，获客渠道、销售渠道、品牌宣传等方面，都将极大依赖互联网与电商平台，并通过信息技术为客户带来便捷的财富管理服务体验。财富管理

2.0时代的新型人员管理、绩效管理、指标管理也将依赖强大的内部管理系统。在实现全方位的财富管理规划过程中，大数据库以及分析匹配系统将至关重要。一方面，为保存越来越多的有关客户及其财富管理方案的信息，需要建立强大的数据库和对账系统；另一方面，海量的历史数据将有助于人工智能和机器学习技术的应用，进一步提升财富管理的量化分析技术，使财富管理方案更加贴近财富客户的目标。

专业团队建设与激励体系

在财富管理2.0时代，通过财富管理师与其他专业人士（如注册会计师、律师、特许金融分析师、保险和税务专家等）为客户提供专业服务的广义财富管理模式将成为主流。对于财富管理机构来说，不同团队之间的整合自"1+N"模式开始，最后回归"1+N"效应，即客户由1个财富管理机构主导，在享受狭义的财富管理服务的同时，还享受由N个不同机构提供的综合服务，而财富管理机构的客户则由原先的1个拥有单一（或狭义）财富管理需求的客户，扩展为N个拥有不同广义财富管理需求的客户。因此财富管理机构必须拥有开放的眼光和宽广的心态，与其他机构密切合作，构建与客户需求匹配的财富增值体系。

同时，随着市场不断成熟，固定管理费模式已经被越来越多的客户和机构接受。而且，从避免与客户利益冲突的角度来说，向客户收取管理费有利于财富管理机构保持严格中立。财富管理机构收入结构的变化，必然会影响对于理财师的绩效考核，同时推进理财师的绩效和薪酬体系改革。

适时引入学徒式培训体系

一个成熟行业的重要特点之一，是它能够不断培养行业中的新鲜血液。虽然目前不少财富管理机构也很重视财富管理师培训，但培训总量仍然不足，难以跟上行业发展的需要。同时培训内容偏窄，多为基础业务、产品知识、财富管理规划原理等，与业务实践脱轨。新的行业业态要求财富管理师不仅要适应新的产品、新的信息系统、新的数量分析模型，而且要增加对于客户的广义财富管理需求的理解，并且提升与不同专业服务团队协作的能力，从而更好地完成财富规划方案的设计和执行。这类技能的实践性很强，必须通过学徒式的培训体系才能获得。

从后端收费的投资咨询模式到 FOF

财富管理的商业模式从最初的产品销售型进化到客户导向型，其过程并非一蹴而就。在快速变化的市场环境中，财富管理机构和从业人员的一个重要的担心是，目前中国的财富客户还没有对财富管理服务形成清醒成熟的认识，而在第一阶段的进化中，最重要的就是让财富客户能够为财富管理机构所提供的大类资产配置的咨询服务付费。如果这个关键环节不能有效地建立起来，那么，很多正在试图对于商业模式进行升级转型的财富管理机构，特别是独立的第三方财富管理机构，就会发现自己很可能进入前面所说的恶性循环之中。归根结底，在财富管理的早期市场，尚未成熟理性的财富家庭，很难为一个点子付费，而大类资产配置的建议就是这样的点子。

有进取心的财富管理机构不愿意看到自己的升级转型尝试因为这样的障碍而被搁置，试图通过创新突破这个障碍。其中一个非常有意义的创新就是 FOF。关于 FOF 的定义和功能，前面已经有了很多讨论。但是 FOF 的另一个不太为人关注的重要意义，是在财富管理商业模式的升级转型过程中，它会起到中间环节的作用。虽然财富家庭不会轻易为一个点子付费，哪怕是再好的点子，但是财富家庭有更大的意愿为一个产品付费。于是，聪明的财富管理机构就会把这些产品的咨询建议，注入具体的 FOF 产品之中，然后向财富家庭销售 FOF 产品，并且收取一定的管理费。这实际上就是间接地把产品设计咨询服务卖给了财富家庭。

但是，这是一种不完全的进化模式，只是商业模式进化的中间环节。因为无论怎样纷繁复杂的 FOF，都做不到在成熟市场终极业态下，根据财富家庭的具体情况为其定制差异化的资产配置建议。因为后者是千人千面的，而前者无法做到千人千面。当然，对于今天的中国财富市场来说，这仍然是一个非常有意义的尝试和进步。

通向财富管理 3.0 时代 —— 全权委托资产管理

全权委托资产管理是成熟市场终极业态下的一种非常有价值的模式。全权委托是指客户基于对财富管理机构的信任，将一笔资金委托给后者，由后者根据客户的风险偏好与投资目标为其进行个性化的资产配置或投资运作。全权委托资产管理模式适应的是位于财富管理机构金字塔尖的客户的需求，这些客户的个性化和多样化需求将真正考验各家财富管理机构的能力。在欧美国家，全权委托是主流的财富管理模式，已广为高净值客户接受和认可。超过半数的高净值客户都会选择全权委托资产管理模式。

财富管理服务从低到高可以分为三个层次：财富管理产品销售、投资组合顾问和全权委托资产管理。全权委托资产管理是最具有个性化投资价值的业务，它将资产配置、保值增值、税务筹划、法律咨询、保险服务、财产传承等服务融为一体，是为超高净值人士打财富管理富的最常用方式。

全权委托资产管理在操作上大致可分三步：第一步，财富管理机构直接接受客户的委托，与客户签订受托资产管理协议，约定好投资策略；第二步，为每个客户开设独立的受托资产管理账户，按事先约定好的投资策略进行资产组合配置和投资管理，投资者不参与投资决策；第三步，按季度向投资者披露投资运作报告、持仓明细、账户净值等。

对客户来说，全权委托模式的优势是不言而喻的。

个性定制，因"客"而变

普通银行客户，甚至入门级的高净值客户，所能接触到的大多是标准化的财富管理产品，难以实现个性化的投资目标。一般是先有产品，再找客户。而全权委托资产管理服务则是先一对一了解客户的投资需求，如风险承受能力、目标收益、投资期限、流动性安排，然后定制个性化的投资策略和产品结构，最后依据该投资策略实施资产配置，是"看客做菜、量体裁衣"。

一次委托，省时省心

在通常的财富管理服务模式下，客户往往需要购买不同的财富管理产品，每个产品的期限、到期日不尽相同，到期后仍需滚动购买，比较麻烦。同时各个财富管理产品之间容易存在空档期，这会拉低整体投资收益。再者，各个产品的后续信息披露也是分散进行的，客户很难对其有一个整体的掌握。全权委托服务会让客户省却反复购买产品、分散管理的困扰，让客户专注于自己的主营业务，并有效减少闲置资金，提高资金利用率。此外，财富管理机构还可借助国际上先进的全球资产托管理念，为客户提供全权委托资产的整体投资运行报告，帮助客户掌握委托资产的全景图。

正向激励，超额分配

全权委托实现了从预期收益型向净值管理型的转变。一般来说，财富管理机构在制定全权委托资产管理计划时，会和客户商定一个基准收益，该基准收益会体现客户的风险偏好、投资范围和流动性需求，如实际投资业绩超过基准收益，超出部分还将按约定比例分配给客户。这和大多数私募基金的收费结构比较类似，在这样的费率模式下，资产管理人、投资顾问和客户的利益更趋一致，最终有利于在约定的投资策略下，为客户创造最大化的投资回报。

组合管理，平滑风险

在现有的财富管理模式下，客户购买的各种财富管理产品通常处于随机、分散的状态，各产品之间的风险、底层资产、流动性等难以有效分散或互补，甚至有可能出现集中持有某一特定底层资产的现象，造成风险集中。而将一笔资金全权委托给私人银行，客户购买的就不再是某个单一产品，而是一揽子组合，私人银行会根据约定对各大类资产进行精心配置，综合考虑各资产之间的相关性、期限、流动性等要素，形成一个适合客户投资需求的有机资产组合，从而更好地降低非系统性风险，更好地匹配客户的个性化投资目标。

从 2013 年开始，国内一些商业银行的私人银行部开始提供全权委托资产管理服务，如工商银行、农业银行、招商银行、光大银行、浦发银行等。每家银行的全权委托模式虽然有所区别，但都受到了私人银行客户的认可，发展势头迅猛。尤其是江浙、广东一带财富管理意识较为先进的客户，很快便接受了这种个性化的定制服务。

全权委托模式在国内的初期发展也面临一些困难。监管政策和法律并未完全清晰界定全权委托业务的内容和属性，同时亚洲客户亲自掌控财富的意识较强，在委托管理过程中可能参与较多。此外，国内商业银行的投资范围、投研力量、信息技术系统等还存在一些局限。但是，从前期开展全权委托资产管理业务的各家银行来看，私人银行客户对此表现出了极大的热情，全权委托资产管理业务普遍取得了较快发展。

　　总体来看，全权委托模式对应的是位于财富管理机构金字塔尖的客户的需求，其定位是为客户及其家族的事业发展、资产管理、财产传承，甚至是日常生活提供对应的高端金融和非金融服务。无论采用何种具体服务方式，个性化、定制化、专业化、长期化的服务理念将主导全权委托业务的发展。全权委托目标的多样化、全面化将真正考验各家财富管理机构的资产管理能力、投资研究能力、资源整合能力及业务创新能力。

其他引人注目的未来趋势

　　除了以上谈到的各种大趋势之外，在财富管理的细分市场上，还有很多其他引人注目的未来趋势。首先，家族办公室作为顶级财富人群的管理机构正在快速兴起，与之相对应的家族信托保险产品也将在未来陆续推出，从而使中国的超高净值家族将可以在中国大陆满足他们大多数的财富管理需求。同时，针对中等收入阶层以上人群的全球资产配置，也将获得比今天更加广泛和深入的普及，使得中国的富裕人群可以获得和欧美的同等收入人群相似的全球投资机会。第三，针对新兴财富人群的入门级财富管理服务，将通过智能投资顾问等各种手段，以越来越低的成本投放市场，从而使中国的入门级财富人群可以享受到传统上只为高端人群保留的较高品质的财富管理服务，使中国加速进入全面小康社会。

家族办公室的兴起

　　家族办公室可以通俗地解释为顶级的私人银行服务。家族办公室在欧美国家已经成为超高净值人群重要的财富管理手段。现在所谓的家族办公室，是由业内顶级水平的财富管理专业人士组成的团队，专门服务于一个或几个富人家族，为其提供全面的家族资产管理综合服务，包括全球资产的配置、技术咨询、报表整合以及家庭慈善事业等，已经远远超出了传统的财富管理概念。

　　从国外的状况来看，面向超高净值客户的家族办公室，为顶级财富家庭提供全面和量身定做的财富管理服务，旨在满足财富家族在资产配置、财富传承、企业金融、家族后代培养等各方面的综合需求。传统的单一家族办公室进入门槛非常高，为了降低成本，很多家族办公室利用现代科技技术，不断降低进入门槛。比如针对拥有资产3 000万—1亿美元的富豪们，一些私人银行开始搭建"虚拟服务网络"，将原来在物理上办公的家族办公室移植到以信息技术系统为基础的虚拟工作平台之上，这也属于向下开放的家族办公室服务的一种。

　　在我国，截至2016年，根据不同口径测算，拥有1亿元人民币以上可投资资产的超高净值家庭大约有7万个。针对这个庞大的群体，国内市场上的家族办公室已经开始出现，并且正在快速成长中。作者接触到的年轻有为的财富家族二代中，不少人都有志从事这方面的事业。虽然目前家族办公室在我国还处于早期启蒙发展阶段，但这些超级富豪的存在，以及资本市场的迅猛发展，终将为家族办公室的快速发展提供广阔的生存土壤。而这些家族办公室的新建和成熟，将会系统地提升中国高端财富人群的财富管理水平。

全球资产配置

中国财富管理行业在过去十多年经历了快速发展。时至今日，随着国情和国内消费习惯的迅速变化，财富人群的需求不断多元化。随着中国企业不断走向海外，以及中国富裕人群不断通过旅游留学等活动将自己的经济活动范围扩大到国境之外，离岸投资和财富管理需求也相应增加，这为中资机构发展离岸业务提供了良好的契机。同时，受全球经济形势的影响，外资财富管理机构在中国以及周边国家的布局正发生着微妙的变化。

从短期来看，中国对资本项下的外汇进行严格管制，这使得富裕人士几乎难以大量投资境外资产。中国富裕人士目前90%的投资都在国内，这与欧美发达国家形成鲜明的对比。但是从更长期来看，中国富裕人群的财富在全球范围内的配置将是一个大的趋势。中国的财富管理机构以及中国的资产管理机构必须提升自己在这方面的能力，如此才能更好地应对未来的巨大机会。中资机构应把握好时机，深入挖掘客户的潜在需求，加强自身对市场的理解，提升管理与服务能力，打造品牌优势，充分利用客户存量优势，在海外市场布局建设分销渠道、投资渠道、运营中心以及资产全球配置网络，为离岸财富管理和其他金融业务的大发展做好充分的准备。

从路径选择上看，中国香港拥有较为发达的金融市场以及较为完备的监管环境，与中国大陆的经济关系非常紧密，同时由于经济文化差异较小、环境较为熟悉，中国香港一直是中国高端财富人群出海的重要通道。中国的财富管理机构可以在香港首先试水，选择香港作为海外扩张的首要区域。另外，相对成熟的金融环境、相对公开透明的监管措施，以及开放的市场氛围，使新加坡成为私人银行等财富管理业务的离岸中心，中资财富管理机构也可以考虑在此布局。

智能投资顾问

中国经济社会的变化，使得很多第一代白手起家的财富人群迅速崛起。这一点与北美的市场环境很类似。相对来说，与欧洲的私人银行服务于传统家族相比，北美私人银行更加注重在潜在客户身上"下功夫"，即关注处在事业初创阶段的客户，并适当地提供借贷、保险、养老金规划等方面的建议或服务。在很多私人银行家们看来，这样培养起来的目标客户对私人银行的信任度和黏性普遍较高。这样一种思路，对于中国未来的财富管理机构在客户方面的开拓是有借鉴意义的。

但是问题在于，入门级的财富人群可能最需要花费大量资源进行教育，他们也可能是最不愿意为现行的财富管理服务直接付费的人群。这类人群需要较为长期的培养和大量资金的投入，回报期较长。这使得很多财富管理机构即使明知这是一块未来利益丰厚的市场，也会因为需要投入的巨大成本而对这个人群望而却步。

智能投资顾问的产生和快速推广，有可能极大地降低入门级财富人群的教育成本，并且帮助他们在早期尽快适应财富管理的基本服务，为未来向他们提供更高端的服务做好准备。

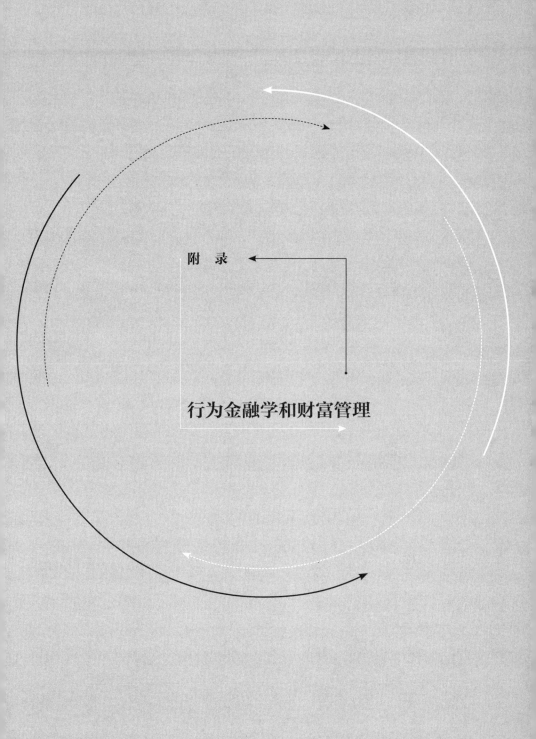

附　录

行为金融学和财富管理

"以人为本，研究市场" —— 行为金融学框架

传统的金融学理论假设投资者都是理性的，市场是有效的。基于对市场有效性的认同，许多人认为股票的价格符合一种随机游走过程，因此是不可预测的。然而，市场真的是有效的吗？行为金融学家可不这样认为。随着资本市场不断进化，人们逐渐认识到，投资者首先是人，具备应有的人性，也就是说他们会受到喜怒哀乐等情绪和认知偏差①的影响。行为金融学作为描述资本市场实践中人的行为的科学应运而生，是金融学、心理学、行为学、社会学等学科相交叉的边缘学科，力图揭示金融市场决策者的非理性行为和决策规律。行为金融学理论认为，投资者心理与行为对证券市场的价格具有重大影响。[1]它和传统的金融学理论，特别是有效市场假说是相对立的。2013 年度的诺贝尔经济学奖被同时授给了有效市场假说的提出者、芝加哥大学教授尤金·法玛和著名的行为金融学家、耶鲁大学教授罗伯特·席勒（还有第三位得主，芝加哥大学计量经济学家拉尔斯·汉森），可见这

---

① 认知偏差是指在某些特定场景下，受到一些心理或精神因素的影响，人们的决断会偏离理性模式。

两种学说对于金融理论都具有非常深远的影响。读者们看了可千万别笑，这并不是自相矛盾，而是因为他俩说的都有道理，这是对于真理的表彰！

行为金融学是对于传统金融学的校正和补充。传统金融学理论首先提出理想化的假设，然后逐步走近现实，其关注点是在理想状况下应该发生什么。而行为金融学则是以经验的态度关注实际上发生了什么，从而倒推出其背后的逻辑和理论，这是一种现实的逻辑、发现的逻辑。

在行为金融学出现之前，经过几十年的努力，传统金融理论学者们已经建立起了一套基本完整的理论体系。20 世纪 50 年代，冯·纽曼和摩根斯坦在公理化假设的基础上建立了不确定条件下对理性人选择进行分析的框架，即预期效用函数理论。阿罗和德布鲁在此基础上提出了一般均衡分析理论，奠定了现代经济学数量分析的基础，以及现代金融学理性人决策分析的基础。1952 年，马柯维茨在这一体系的基础上通过建立风险和收益二维分析理论，提出了现代资产组合理论，标志着现代金融学的诞生。此后莫迪戈里安尼和米勒提出了以他们名字命名的定理，开创了现代金融学的一个重要分支——公司财务学。20 世纪 60 年代，夏普和林特纳建立并扩展了资本资产定价模型，用来解释一般资产的收益率和系统性风险波动之间的关系。20 世纪 60 年代末至 70 年代初，布莱克、斯科尔斯和莫顿建立了期权定价模型。20 世纪 70 年代，罗斯基于无套利原理建立了比资本资产定价模型更具一般性的套利定价理论。在这一系列研究的基础上，20 世纪六七十年代，法玛对有效市场假说进行了严谨表述。至此，现代金融学已经建立并且成为一门逻辑严密的、具有统一分析框架的学科。[2]

但是 20 世纪 80 年代以来，针对金融市场进行的大量实证研究发现了许多现代金融学无法解释的异象。为了解释这些异象，一些金融学家将认知心理学的研究成果应用于对投资者行为的分析。到 20 世纪 90 年代，这个领域涌现了大量优秀的研究，形成了颇具活力的行为金融学派。以 2001 年克拉克奖得主马修·拉宾和 2002 年诺贝尔经济学奖得主丹尼尔·卡尼曼和弗农·史密斯为代表的大量学者，对这个领域的基础理论做出了重要贡献，奠定了坚实的基础，开创了行为金融学派，并且带来了这个领域在过去十来年的蓬勃发展。[3]

因为行为金融学是在传统金融理论基础之上的突破，所以，在阐述具体的行为金融学原理之前，有必要简单回顾以有效市场假说为代表的传统金融理论。

有效市场假说

有效市场假说认为金融市场的价格能够及时反映各方信息。该假说由法玛在 20 世纪 60 年代正式提出，并于 20 世纪 70 年代完善。按照假说中的市场有效程度，有效市场假说可以分为三个层次。

1. 弱有效市场假说。认为当前证券价格能够反映历史上所有公开可得的价格信息。因此，诸如技术分析这种完全依仗过去价格表现的方法是不会产生任何超额收益的。

2. 半强有效市场假说。认为当前证券价格不但能够反映历史价格信息，还能及时反映最新的公开可得信息。所以，诸如基本面分析这种专注于分析公开信息的方法也不能产生任何超额收益。

3. 强有效市场假说。认为当前证券价格不但能够反映所有公开可得的信息，还能反映未公开信息。所以，任何的主动管理都不会产生超额收益。换句话说，如果市场是强有效的，那么主动投资管理就没什么价值。

有效市场假说假设所有投资者都是理性的，他们用相同的方式处理信息，而且股票价格能够及时准确地反映市场上的全部信息。对于像中国这样的处于快速发展中的不成熟市场来说，有效市场假说的某些前提假设可能是可笑的，比如认为市场价格能够充分反映所有的公开和未公开信息，所以主动投资管理不可能产生任何超额收益。但是，从历史角度看，金融市场的不断进化、计算能力和大数据技术的不断发展、互联网的普及，都使得信息流动更加迅速。市场中像对冲基金这样的聪明参与者越来越多，很多市场的有效性和几十年前相比大大增强了。许多从业人员反映随着市场有效性的迅速提升，很多原来非常赚钱的交易策略现在逐渐失效，主动投资管理也变得越来越困难，对冲基金的生意也越来越不好做。从长期来看，市场正在变得越来越有效。

作为对传统金融理论的突破，行为金融学认为市场是无效的，因为市场是由行为不理性、认知有偏差的投资者组成的。经验研究表明，比如市盈率这种指标属于公开可得信息，而且能够预测股票未来的长期表现；此外，在对冲基金以及私募股票等领域，投资经理的能力以及主动管理行为是能够持续产生超额回报的。行为金融学为主动管理打开了另一扇大门。

在传统金融学家看来，理性的投资者追求投资收益的最大化，而那些非理性的行为即便偶然出现，最终也会自取灭亡。首先，市场上大量存在的理性投资者会利用那些非理性投资者的愚蠢进行套利交易，这种套利行为会使价格立刻平复至均衡状态中的理性价格。其次，非理性的投资者在绝大多数时候做出的选择不会带来收益最大化，甚至最终将耗尽他的财富，从而使他对均衡价格无关紧要，最终留在市场上的都是理性投资者，最终的均衡价格由他们决定。而均衡的市场价格将反映所有最新信息，套利交易无法进行。以上假设所带来的一个推论是，未来的价格变化将服从随机游走，主动管理没有价值。

　　行为金融学的主要理论贡献在于，它发现存在某些限制条件，使得理性投资者的套利行为不能充分进行。另外，即使在长期的市场均衡中，非理性投资者仍然可能没有被充分消耗殆尽，他们的行为仍然可能影响市场的长期均衡价格。在此基础上，行为金融学的研究人员通过多种实证研究方法，将心理学和认知科学的成果引入金融市场演变的微观过程之中，从而更好地理解经济行为人的行为特征及其形成原因。这些理解可以更好地解释为什么我们可以观察到真实金融市场中存在着股价的非随机波动、套利机会、股息、泡沫、过度交易和过度波动、外来歧视、非理性偏见以及认知误差等传统金融模型很难解释的现象。

资本市场中常见的心理偏差

　　接下来我们会为大家介绍资本市场中常见的几大类行为偏差，这些偏差能够帮助解释投资者的行为以及他们如何应对不同经历、机会、风险以及市场环境。

心理账户

　　在传统、完全理性的经济学框架中，经济学家认为人们对各种收入和支出是等同视之的：工作的工资、股票的红利以及买彩票中的奖金，甚至包括赌钱得来的赌金，人们在心理上认为它们是完全相同的；而在支出上，无论是买衣服、食品还是买车买房，不管使用现金还是信用卡，人们的消费行为也是基本一致的。行为经济学家则认为，人们在获得收入或进行消费时，总是会把各种不同的收入和支出列入不同的"心理账户"，而不是像现实的会计学那样将所有的收入和支出统筹管理；相应的，不同账户内收入的价值是不同的，不同账户的支出策略也是不同的。这与传统经济学中的"金钱观"是完全背离的。所以，心理账户理论一经提出，就受到了来自主流经济学家的质疑。为了证实心理账户的存在，行为经济学家进行了相应的实证研究，其中比较具有代表性的是下面的实验。

> 2017 年暑期，国产动作电影《战狼 II》获得了巨额的票房收入。作为"战狼铁粉"的你自然不会错过。你准备去电影院一饱眼福，可就在看电影的那天，出了个不大不小的意外：
>
> • 意外一：你刚到电影院门口准备买票时，发现你之前放在上衣口袋里的 90 元钱不见了，你还会再花 90 元钱买票看电影吗？
> • 意外二：你刚到电影院门口，发现自己几天前花 90 元钱买的电影票不见了，你还会再花 90 元钱买票看电影吗？
>
> 这两种情况其实是一样的：不管丢的是 90 元现金还是价值 90 元钱的电影票，损失的都是 90 元钱的价值。按照传统经济学的观点，人们在这两种情况下的决策应该是一致的。但是，实验结果让很多人大感意外：在意外一的情景下，大部分人选择了买票看电影；而在意外二的情景下，大部分人选择了打道回府。

传统经济学的理论无法解释这一现象，但心理账户理论可以给出一个看上去合理的解释：在第一种情况下，丢失的 90 元钱和要买电影票的 90 元钱分属于不同的心理账户，因此，90 元钱的丢失并不会对看电影的决策造成影响；但是，在第二种情况下，丢的电影票和要买电影票的 90 元钱属于同一心理账户，人们会想，"我为了看这场电影花了 180 元钱，太不值得了"，所以大部分人选择了放弃。实验结果说明，人们把丢的钱和买电影票的钱归到了不同的心理账户，丢失了的钱不会影响电影票账户的预算和支出，但丢了的电影票和后来需要再买的票则被归入了同一心理账户。

心理账户是指人们往往会无意识地把财富在心里进行划分，划分出不同的账户，这些账户有着不同的记账方式和心理运算规则。心理记账的方式往往与经济学和数学运算方式的逻辑不同，因此常常以非理性的形式影响着决策，使个体的决策违背最简单的理性经济法则。

与之相关的，特沃斯基和卡尼曼在他们的研究中发现，在投资者的投资行为中，不同种类的财产与货币并不完全可以互相替代，人们习惯于将不同来源和用途的财富视为不同财富，并在心目中按照不同的账户将其分类安置。心理账户是人们在心理上对结果（主要是经济结果）的编码、分类和评估的过程。它揭示了人们在进行投资（消费）决策时的真实的心理认知过程。

心理账户对财务规划有很大的影响，人们在实际生活中发现，无论是在消费领域还是投资领域，财富的获取方式在很大程度上影响了人们对财富增加值的消费倾向。比如在日本有过一个针对日本工薪一族的实验研究。结果显示，对于一次性获得的大额奖金，人们会有比较强烈的储蓄倾向；而如果将大额奖金分成几个小部分，人们的储蓄倾向就会立刻降低。

另一个很有影响力的研究，研究对象是美国的出租车司机。作者曾在中国验证过这一研究的结果。出租车司机的工作性质和特点，决定了他们可以较为灵活地安排自己的工作时间。绝大多数出租车司机会每天给自己定一个目标额度，比如交完份钱以后再赚300元钱。大多数司机一旦完成当天的额度就会收车。天气不好时，比如刮风下雨，出租车生意很好，很多司机往往晚上五六点或者更早时候就已经完成了当天的目标，往往就收车不干了。这样的结果是，下雨天的晚上，大家很难打到出租车，而还在运行的为数不多的出租车生意火爆。如果是理性的选择，出租司机似乎可以在天气不好时多工作几个小时，而在其他时间少工作几个小时，这样可以减少总的工作时间。但事实上很少有司机这么做。

人们还会针对数量不同的资金选择不同的消费方式。这里所说的因资金数量而使人们产生不同的消费选择，指的是人们对于属于同种收入的大笔整钱和小笔零钱也会区别看待、分类消费。研究发现，人们普遍倾向于把大笔整钱放入长期储蓄账户中，非常谨慎地处理；而把小笔零钱放入短期消费账户中，随随便便地用掉。

中国的很多子女，因为工作的原因，不能和父母生活在一起。逢年过节时，孩子们往往会给父母一笔不算少的整钱，希望逐渐衰老的父母能够吃点更好的，穿点更好的，永葆身体健康。可是，不少年迈的父母往往把这笔钱存入储蓄账户中不舍得花。如果我们换一种方式体现自己的孝心，将原本打算一次性给父母的整钱分若干次、以小额的形式给他们，比如把原来准备半年一次性给父母的5 000元钱分成每个月给800，再加上一些零星的礼物比如食品、衣物和保健品等，这些小钱小物会被父母归入零花钱的心理账户，花费起来也更加心安理得。

同时，卡尼曼与特沃斯基两位教授曾提出过所谓的"赌场的钱效应"，认为当人们面对通过赌博或者抽奖等"不劳而获"的方式赚来的钱与通过工作赚来的钱时，会在消费倾向、风险偏好等方面存在巨大差异。对于通过前一种方式获得的钱财，人们往往敢于冒大风险，花费起来也很"大手大脚"。我们在现实生活或者电影中有时也会看到，某人会将在赌场上赢来的钱随随便便地打赏给赌场的工作人员。而在另一方面，面对自己辛辛苦苦挣来的钱，人们会患得患失，一分钱恨不能掰成两半来花。

心理账户的合账与分账

从理论上说，投资者在对不同的心理账户进行综合评判时，总会在潜意识里希望自己能够取得最大的主观价值感受，也就是能够碰到最好的状况。"享乐主义编辑假说"据此得出论点，人们会根据各自的爱好，"编辑"一个给予他们自身以最大限度满足的架构。

在此基础上，卡尼曼教授在他的前景理论中提出了经典的 S 形价值函数，以此更加深入地探讨心理账户的价值运算规则如何影响投资者的行为决策过程。该理论强调，每个心理账户都有各自的、用 S 形价值函数描述的决策参照点，而该参照点才是人们根据自身所处的位置判断效用大小的依据。

S 形价值函数

首先，S 形价值函数强调的是一个相对的概念，即人们在进行具体的投资决策时对于某个决策参照点相对得失的说明。投资者对于某一决策结果的主观判断是基于某个参照点而言的，并不是根据绝对财富的多少或收益损失的具体数值。因此，当参照点发生变化时，人们的主观估价会一起发生变化。事实上人们更关心的是这个参照点引起的改变，而不是单纯数量上的绝对水平。

其次，无论是盈利还是亏损，"得失"都表现出一种"敏感性递减"的规律。距离坐标原点(参照点)越近,人们就会对差额越敏感;反之,离得越远人们就越不敏感。这就是 S 形价值函数曲线的边际递减特征。

最后,收益与损失虽然同为 S 形,但是损失曲线的斜率比收益曲线的斜率更大,这就是所谓的"损失规避"。卡尼曼教授曾指出:研究发现,同等数量的损失比获益对人们的影响会更大一些,因此在做投资决策时,人们会尽量回避损失。

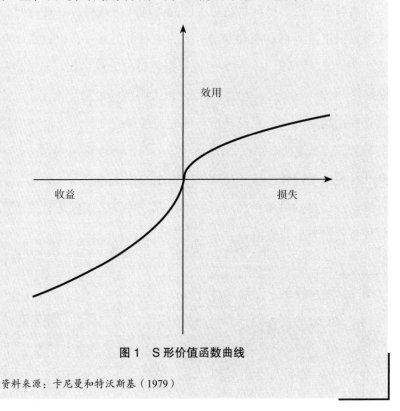

图 1　S 形价值函数曲线

资料来源:卡尼曼和特沃斯基(1979)

我们来看两个实验。

实验一:假设有两个得到零花钱的机会,一个是一次性获得 100 元钱;另一个是先获得 50 元钱,之后再获得 50 元钱。你会如何选择?

实验二：假设你不小心丢了 100 元钱，现在有两种丢钱的情况，一种是你忽然发现自己丢了 100 元钱；另一种是你发现自己丢了 50 元钱，不久发现自己又丢了 50 元钱。你会如何选择？

在这两个实验中，人们的收益或损失是一样的，没有什么差异。但实际情况是，在实验一中，人们更希望分两次获得零花钱；而在实验二中，人们倾向于一次性把钱丢掉。

根据人们的这种行为特点，行为金融学家认为，对于最简单的两个事件的分析 (两个以上事件的分析依此类推)，如果合并起来进行判断所产生的价值高于分开判断的价值，人们就会合并这两个事件；如果分开判断带来的价值更高，人们就会选择对不同事件分别进行判断。基于这个前提，行为金融学家推导出了投资者在选择"合账"还是"分账"时的规律，具体有以下 4 点。

盈利事件应该分账

例如，过年遇到小朋友，如果你打算既送红包又送玩具，不妨分成两次来送，这样的话，小朋友能高兴两次，每送一份礼物所带来的心理体验也要比一次性把礼物全部送出的心理体验高不少。[4]

损失事件最好能进行合账处理

例如，每到新学期开学，学校就会收取各类费用，如学杂费、书籍费等，学生家长最喜欢将费用一次算清，而不喜欢每次只交一种费用，交很多次。因为即使每次只交几十块钱，多次收费也会让人感觉交了很多钱。相反，一次性交完让人感觉干干脆脆，一般也不会有不好的反馈。

大赢小输最好能合账处理

例如，李先生在股票 A 上遭受了 10 000 元的损失，不过在股票 B 上盈利了 20 000 元。接下来，他有两种选择。

一种选择是继续保持两个独立的账户，接受一个盈利但另一个亏损的现状。在这种情况下，由于敏感性递减的存在，盈利账户再得到10 000 元带来的愉悦感远小于亏损账户损失 10 000 元带来的痛苦。

李先生也可以选择合账，即把两个账户合并，亏损将会抵消部分的盈利，但最后实际感受到的却是盈利了 10 000 元，快感要远远大于损失带来的痛苦。所以，我们知道，受到 S 形价值函数的影响，李先生最终一定会选择第二种思路，也就是大赢小输取合并，这样不快就会被快乐冲淡，投资者也会获得更大的满足感。

小赢大输需要具体分析

例如，盈利 50 元、亏损 7 500 元，人们会更加愿意分开体验，因为 50 元的获利与 7 500 元的损失相比，不会减少损失带来的不快，因此，还不如分开体验，人们至少还能得到 50 元收益带来的快感。如果是"杯水车薪"，那么这水还不如用来给自己解渴。

另外，如果小赢大输但绝对值相差并不大，就应该合并体验，即合账。例如，盈利 50 元、亏损 75 元，这样可以直接把损失降低到 25 元，这种小损失会让人们感觉更好。

总之，行为金融学家把以上 4 条规则高度概括为：分离收益；整合损失；把小损失与大收益整合在一起；把小收益从大损失中分离出来。这种心理账户的运算规则，对于理解和解释现实经济决策行为，有着重要的指导意义。

对心理账户的评价

日常生活中，我们常常会给不同的心理账户贴上不同的标签，比如"赌博的钱""信用卡中的钱""买房的钱""养老的钱"等。不同标签下账户中的钱在人们心中的价值是不一样的：人们会无视"赌博的钱"的价值，轻视"信用卡中的钱"的价值，而过分重视"买房的钱"和"养老的钱"的价值。这种偏差一方面会使我们在一些消费上大手大脚，挥霍自己的财富；另一方面会使我们在一些投资问题上过分保守，浪费实现财富增值的大好机会。也就是说，这种心理账户造成的偏差会严重阻碍财富的积累和增长。

从财富管理的角度来看，心理账户的开支可分为 4 个部分：生活必需开支、家庭建设和个人发展开支、情感维系开支和享乐休闲开支。我们对这 4 个不同的心理账户的态度也会很不一样。对于"勤劳致富"账户里的钱，一般人会比较珍惜，因为深知挣钱不易，所以谨慎支出。然而对于"奖励"账户里的钱，人们会相对轻松地花掉，比如购买一个渴望已久但不舍得买的汽车模型以生日礼物的名义送给自己等。而"天上掉馅饼"账户里的钱，通常来得很突然，去得也很突然。[5] 绝大多数人都会受到心理账户的影响，因此总是以不同的态度对待等值的钱财，并做出不同的决策行为。所以知晓心理账户的存在，是精明财富管理的第一步，它会帮助你理性消费。

锚定效应

锚定效应是一种重要的心理现象，指当人们需要对某个事件做定量估测时，会将某些特定数值作为起始值，起始值像锚一样制约着估计值。在做决策时，人们会不自觉地过度重视最初获得的信息。心理学研究显示，我们具有一种很强烈的倾向：经常运用最近取得的信息或者根据先前熟悉的信息解释事物。行为金融学将这种倾向定义为锚定。我们先来看几个锚定效应的例子。

一条街上开着两家经营早餐的小店，两家店的生意都很好，每天都是顾客盈门。可奇怪的是，左边的早餐店总是比右边的早餐店每天多赚两三百元钱。

原来是这样：走进右边的早餐店，服务员微笑着把你迎进去，给你盛好一碗粥，然后热情地问你"您要不要加不加鸡蛋？"一般情况下，喜欢吃鸡蛋的人，会说加一个；不喜欢吃鸡蛋的人，会说不加。而走进左边的早餐店，服务员也会微笑着把你迎进去，给你盛好一碗粥，然后热情地问你"您是加一个鸡蛋还是加两个鸡蛋？"一般情况下，喜欢吃鸡蛋的人，会说加两个；不喜欢吃鸡蛋的人，会说加一个，也有要求不加的，但是很少。就这样，一天下来左边的早餐店会比右边的早餐店多卖出很多个鸡蛋，这就是它每天多赚两三百元钱的奥秘。

左边的早餐店的服务员把顾客"锚定"在"加几个鸡蛋"上，而右边的早餐店的服务员则把顾客"锚定"在"要不要加鸡蛋"上。在前一种情况下，顾客是在"加一个鸡蛋还是加两个鸡蛋"上进行选择或调整；而后一种情况下，顾客是在"加不加鸡蛋"上进行选择或调整。有限的理性使很多顾客没有进行充分的调整，最终使两个早餐店的收入拉开了差距。

再举一个拉赞助的例子。

"老板，这个项目需要 50 万。"

"不行，顶多给你 5 万。"

重来！

"老板，这个项目需要 500 万。"

"不行，顶多给你 50 万。"

真管用！

再来一次！

"老板，这个项目需要 5 个亿。"

"我给你 50 个亿！"

"老板，您没开玩笑吧？"

"是你先和我开的玩笑呀！"

轮盘实验

特沃斯基和卡尼曼曾做过一个实验，他们找到一批学生，要求他们估计非洲国家在联合国成员国总数中的占比。他们为此做了一个可以旋转的轮盘，把它平均分成 100 格，分别填上 1 到 100 的数字，并当着这些人的面转动轮盘，选出了一个号码。

轮盘指针定在数字 65 所在的那格。接下来卡尼曼提出了这样一个问题：非洲国家的数量在联合国成员国总数中所占的百分比是大于65% 还是小于 65%？这是一个常识问题，略加思考就知道，非洲国家在联合国成员国总数中所占的比例肯定小于 65%。但是，这个数字应该是多少呢？被试者给出的答案平均是 45%。

接着，卡尼曼又找到另一群学生问了同样的问题。这一次，轮盘指针停在了数字 10 所在的那格，问题也变成了你认为非洲国家在联合国成员国总数中所占的百分比是大于 10% 还是小于 10%？这也是一个常识问题，略加思考就知道，非洲国家在联合国成员国中所占的比例肯定大于 10%。但是，这个数字应该是多少呢？被试者给出的答案平均是 25%。

为什么同样的问题，两种情况下得出的答案差距如此之大？当轮盘指针停在数字 65 处时，受试者估计的百分比大约是 45%；而当轮盘指针停在数字 10 处时，受试者估计的百分比变成了 25%。这些人如果知道这个所谓的"锚定点"对他们的答案有这么大的影响，绝对会感到惊讶。

轮盘指针不论停在哪个数字处，这个答案都会卡在受试者的潜意识里。虽然他们明知这个数字是随机出现的，是毫无意义的，却仍然据此做出结论。换句话说，人们的答案"锚定"在先前获知的无关数字上。

不同情景下的锚定效应

商品销售领域的锚定效应

商场在做促销时，会在商品上标明：原价 1 200 元，现价 800 元，直降 33%。大多数消费者会把注意力集中在直降 33% 上，而把合理价格直接"锚定"为 1 200 元，这样他会认为 800 元的现价确实非常便宜。但他并不会去考虑 1 200 元的原价到底是不是真实的或者值得的。

再比如一种新上市的饮料，如果把它摆放在货架上较为显眼的位置，与可口可乐和百事可乐并列，那么，多数消费者会认为它是与知名饮料同类的产品，对它的价格可能不会很敏感。但是如果把它放在一个极为不起眼的位置，与价格低廉的饮料同列，纵然它营养丰富、口感极佳，在消费者的第一印象中它也很难是瓶好饮料。[6]

过度自信

过度自信指人们会过高估计自身的能力和私人信息的准确性。心理学研究表明，人们在判断自身能力时存在着自我崇拜的偏见与误区。成功时，人们往往相信这是因为自己的能力；失败时，人们往往把失败归咎于运气、环境或者他人。这种偏见与误区会导致人们对自己的能力与知识过于自信，从而影响决策。你会从心底承认自己只是一个泛泛之辈吗？无数事例和实验证明，绝大部分人都不会这么做。我们总是带着过分良好的感觉生活在这个世界上，过度自信，总觉得自己比别人能干一点、聪明一点、眼光看得远一些、分析得比别人精准一些，尽管事实一再证明这只是我们的幻觉而已。

几乎所有的成功者都把成功归因于自己的努力，而否认很大程度上其实是运气使然。成功者成功之后会写自传、做演讲，用尽一切办法告诉人们，自己的成功是有正当依据的。他们会把类似的经历讲述一番，最后鼓励年轻人说："努力就有收获"，"我的成功可以复制"。我们可以从以下两个例子中看到过度自信对人的影响。

开车显然是一项有风险的活动，驾驶技术在其中起着重要的作用。作者的一位好友在美国担任教授期间，每年都会在他的研究生班上做一个测试：问问学生们认为自己的驾驶技术与平均水平相比如何，绝大多数的学生认为自己的驾驶技术高于均匀水平。有一次，他在超过 100 人的班上只发现三位同学认为自己的驾驶技术低于平均水平。经过询问之后，他发现这三位同学在半年之内都因为驾驶技术问题出过车祸或者吃过罚单！显然对大多数人来说，除非有明显的证据证明自己不是合格的司机，否则都会认为自己的驾驶技术高于平均水平。

创业的风险也很大，事实上大多数的创业公司会以失败收场。有一个针对 2 994 家创业公司进行的调查，主题是公司创始人自认为创业成功的概率有多大。平均而言，他们认为自己的创业成功率为 70%，只有 39% 的受访者认为，其他创业公司也会成功。平均来看，创业者认为自己的成功概率是别人的两倍。这显然不合理，因为他们都过分自信。

过度自信的现象广泛出现在各个领域，投资领域也不例外。卡尼曼指出，过度自信的倾向在投资者身上表现得尤为强烈。与其他大多数人相比，投资者往往更能夸大自己的技能技巧，更会否认机会、运气的作用。他们会高估自己的知识水平，低估有关风险，夸大自己控制事态的能力。

很多股民的言论也表明投资领域存在过度自信。我们这里举几个例子：

> 我一直认为炒股就那么回事儿，即使赚不到钱，也不大可能

赔钱，我的头脑不比别人差嘛。

我刚开始做的几笔交易都成功了，赚了十几万。我那时的满足与兴奋就不用说了，我心想，炒股也不过如此嘛。

我要炒股，目的是赚更多的钱，让儿子放心读书，让我家的经济状况宽松一点。我不信我不能炒股，那些什么也不懂的工人不是照样成天把股票挂在嘴边吗？"

我一直把炒股看作一种智力游戏。你不知道，读书时老师经常要我们做智力游戏，或者出个脑筋急转弯之类的题目，我几乎都是胜出者。所以我相信我会赢。

我大学里学的是金融专业，按道理来讲我应该比别人更有把握、更有耐心。

那段时间我对股票的热情很高，就像运动会上期待爆冷门的人一样，我对自己有100%的信心。

过度自信的成因

过度自信有心理层面的成因，包括规律情结和控制错觉。

规律情结

人类喜欢从无序中判断规律，尤其是从一大堆随机的经济数据中推出所谓的规律，从而展现自己的逻辑思考能力。特沃斯基提供了大量的实证证据，说明许多事件的发生即便完全是因为运气和其他偶然因素，人们仍然会试图从中找出规律。人类有一种表征直觉推理的习惯，即从一些数据的表面特征，凭直觉推断内在的规律性，从而产生认知和判断上的偏差。[7]

寻求原因，是人的生物本能。人需要一个合理化的逻辑支撑。如果对世界感到茫然，哪怕虚构一个原因也可以。人类渴望解释，这也是所有迷信、伪科学、国学曲解大行其道的原因。

控制错觉

控制错觉也是产生过度自信的一个重要原因。导致控制错觉的最主要原因是主动选择。做出主动的选择，会让人们错误地认为自己对事情有控制能力。某些掷骰子的赌客希望掷出大点时，会用力地摇色盅；希望掷出小点时，用力则相对轻柔。到彩票售卖点观察，你会发现大多数彩民都是自己选号。尽管主动选择与机器随机选择的中奖概率完全一样，但在买家看来，自己主动选择的号码有更多的胜算。彩票发行机构正是利用了人们对自选号码的非理性偏好，卖出了更多的彩票。今天，大多数投资者已经在网上投资，不用经纪人，自己直接落盘，买卖结果瞬间就在显示在电脑屏幕上，给人一种可操控的幻觉，自以为对于不可控制的事情具有相当的影响力。这种操控的幻觉也是过度自信的成因之一，也是导致周转率上升的原因。

过度自信也是所有交易员面临的最大心理问题。主要原因在于交易员从多年的摸爬滚打中，逐渐找到了自己的盈利模式，很有可能过度肯定自己拥有的知识、高估自己对时间的控制能力、相信自己是不可战胜和独一无二的。这类人普遍的心理特征就是大自我。这种交易心理会让许多人转向更加频繁的交易，并把这种情绪传递给身边的人，例如帮人分析股票、指挥别人操作等；也会使自己的交易变得更加主观化、情绪化，更容易把自己的意愿强加给市场，甚至放任一笔亏损的交易继续。

过度自信还与专业知识有关。面对同样难度的任务，人们的专业知识水平高低会影响其自信程度。当任务难度小、可预测性非常高时，专家会比普通人更能控制自信程度。但当任务难度增大、可预测性降低时，专家比新手更容易过度自信。

2006 年股市上扬时，很多证券公司都把它们的研究和分析报告披露在网上，和讯网有一个频道专门收集各证券公司的研究报告。这些研究报告通过比较详细的报表预测未来三年各大股票的盈利情况，而且各家证券公司的预测结果非常接近，这会让人产生一种不得不信赖的错觉。而 2008 年的股市暴跌则把大量的所谓专家打回了原形。

过度自信与性别也有关系。2001 年 2 月，加州大学的布拉德·巴伯和特伦斯·欧迪恩发表了《男人终究是男人：性别、过度自信和普通股票投资》一文。这可能是有史以来对投资行为中的性别差异最为著名、也是最有突破的研究。

巴伯和欧迪恩对 35 000 个折扣经纪人账户进行了为期近 6 年的调查研究。他们发现在所谓具有"男子气概的追求"（金融依然可以计入其中）上，男性比女性更容易出现过度自信的情况。简单来说，就是男性往往眼高于顶，女性则更愿意承认自己所知不多，更愿意爽快承认自己并不是全知全能的。

还有观点认为过度自信源于"资讯幻觉"——资讯越多，把握越大。

近年来，互联网的普遍使用使投资的生态和方式发生了重大变化。事实上，网上投资也助长了过度自信的情况。除了报纸、杂志和电视广播外，互联网也提供了不少有关投资的信息，包括投资顾问分析、市场实时消息、个别股票技术分析和图表。但是，过量的信息只会助长过度自信，投资者会过度相信自己的判断。

卡尼曼认为投资领域的过度自信来源于投资者对概率事件的错误估计。人们会对小概率事件发生的可能性产生过高的估计，以为其总是可能发生，这也是各种博彩行为的心理学依据；而对于发生概率中等偏高的事件，人们容易产生过低的估计；但对于发生概率为 90% 以上的事件，人们会认为它肯定会发生。有些人一方面回避风险，另一方面追逐风险。传统经济学难以解释这个现象。比如说，很多人都会购买保险，虽然发生不幸是小概率事件，但大家还是想回避这个风险。而另一方面，这些人也会购买彩票，虽然赢钱也是小概率事件，但是大家就是愿意冒这个风险。

过度自信的利与弊

过度自信会带来频繁交易，而这会伤害到投资者的长期回报。投资者过度自信的表现之一就是经常地买卖股票。换手率是一定时期内股市总成交金额与总流通市值的比率。这是一个描述股票交易频繁程度、衡量股市流动性的重要指标。在以美国为代表的成熟市场，股市每年的换手率为100%左右，如果换手率远远超过这一水平，通常意味着股市中投机气氛较浓。中国股市相比国外股市的一个显著特点就是换手率很高，从1991年起步到现在，中国股市的换手率是国外的2倍。近年来，随着中国股市的低迷，换手率有所下降，但整体上仍比成熟市场高出很多。

频繁交易还会导致收益率受损。某交易经纪公司几年里的平均账户年回报率是17.7%，但交易最频繁的20%账户的年回报率只有10%。

但另一方面，过度自信也有好处。巴菲特的名言"在别人贪婪时我们恐惧，在别人恐惧时我们贪婪"众人皆知。正如心理学家的解释："心理健康的人似乎总能通过曲解现实来增强自尊。"其实，只要我们能够用对地方，过度自信会成为我们自尊心的守护神。

框定偏差

一个有关框定偏差的笑话

有个吝啬鬼不小心掉进河里，好心人趴在岸边喊道："快把手给我，我把你拉上来！"但是吝啬鬼就是不肯伸出自己的手。好心人开始很纳闷，后来突然醒悟，冲着快要沉下去的吝啬鬼大喊："我把手给你，你快抓住我！"吝啬鬼一下就抓住了好心人的手。

由于人的认知能力有限，人们在决策过程中可能受到各种因素的影响。当人们用特定的框定看问题时，他们的判断与决定将在很大程度上取决于问题所表现出来的特殊的框定，这被称为"框定依赖"。[8]而由框定依赖导致的认知偏差就称为"框定偏差"。

以下是卡尼曼和特沃斯基针对框定偏差所做的经典实验。主试者首先对受试者讲述了一个故事，然后要求他们就故事中将军的决策进行选择：在敌强我弱的形势下，一位将军面临难题——情报员说，将军必须带着士兵们撤离，否则，他们会遭到伏击，1 200 名士兵可能全部被歼灭。现在有两条路线可供选择：路线 A，400 名士兵可以获救；路线 B，整个队伍生还的可能是 35%，65% 的可能全军覆没。假设受试者就是这位将军，他应该选择哪条路线呢？[9]

绝大多数受试者选择了路线 A，理由是：保全能保全的生命，比冒险造成更大损失要好。

但是，如果面临下面的情形，又该如何选择呢？情报官告诉将军，如果走路线 A，将有 800 名士兵遇难；如果走路线 B，有 35% 的可能全员获救，65% 的可能全军覆没。在这种情况下，将军应该选择哪条路线呢？

绝大多数人会选择路线 B，原因是路线 A 肯定会导致 800 名士兵遇难，而走路线 B，至少有 35% 的可能全员获救。

这两个问题的实质是一样的，唯一的差别是：第一个问题是从保全士兵生命的角度给出选项，第二个问题是从牺牲士兵生命的角度给出选项。卡尼曼和特沃斯基发现，人们对于理性认识的偏离是经常出现并且可以预见的，是大脑在衡量各种复杂的可能性时走捷径的结果。因对同一事物的不同理解产生的框定干扰了人们的决策，从而产生了框定偏差。

框定偏差有一些具体的行为表现，我们逐一看一下。

首因效应

首因效应也叫首次效应、优先效应或第一印象效应。首因，是指首次认知客体而在头脑中留下的第一印象。首因效应是指最初接触到的信息所形成的印象对我们以后的行为活动和评价的影响，实际上就是第一印象的影响。

美国社会心理学家阿希设计了一个实验，要求受试者依据所得信息给出对某个人的评价。其中一半的受试者依次得到的信息是：嫉妒、顽固、挑剔、冲动、勤勉、聪明。阿希发现，对每一组受试者来说，排名靠前的品质都比排名靠后的品质更严重地影响评价。这种现象就被称为首因效应。首因效应会给判断带来重要的影响。

实验表明，随着人们注意力的转移，列表上排位靠后的项目会受到较少的关注，因此这些项目对受试者判断的影响较小，也就是说，注意力递减理论影响人们印象的形成。首因效应反映了人脑工作的一种逻辑顺序，可以把它理解为我们的大脑在处理信息时遵循的优先顺序。当不同的信息到达大脑需要进行处理时，人们会首先处理前面的信息。如果后面的信息和前面的不一致，人们会下意识地认为后面的信息是一种例外，并不能说明什么。所以即使前后信息不一致，人们也会倾向于相信第一印象。

因此，虽然有时第一印象并不完全准确，但它总会在决策和人的情感中起主导作用。在交友、招聘、求职等社交活动中，我们可以利用这种效应，向人们展示一种良好的个人形象，为以后的交流打下良好的基础。

研究人员为了研究信息呈现顺序将如何影响人的判断，设计了这样一个实验：给受试者们看两个学生的答题结果。第一位学生做对了30道题中的前15道，但是后面错误很多；第二个学生做对了30道题中的后15道，但是前面错误很多。研究人员让受试者们判断哪个学生更聪明。大多数人认为第一位学生更聪明。

研究人员由此得出结论，信息呈现的顺序会对认知产生影响，先呈现的信息比后呈现的信息有更大的影响作用，也就是说首因效应的效果非常显著。

投资者多是通过公司年报了解上市公司的经营状况。在制作年报时，上市公司常将正面的信息放前面，而把负面的信息放中间，利用首因效应在一定程度上影响投资者的行为。从投资者的角度来说，为了谨慎投资，投资者应尽可能避免由于心理因素而产生的认知偏差。例如投资者可以有侧重地阅读报表，避免首因效应。

近因效应

所谓"近因"，是指个体最近获得的信息。近因效应指在总体印象的形成过程中，新近获得的信息比原来获得的信息影响更大。在生活中，这种现象很常见。比如回忆一个多年未见的朋友，这时人们的脑海中首先浮现的很可能是临别时的情景。[10]

根据双重记忆理论，人的记忆分为短时记忆和长时记忆两种。[11]前者用来储存尚未从记忆中消失的内容，而后者储存的是虽然当前未被意识到，但是一有需要就可能被想起来的内容。根据这样的区分，有些研究人员认为，首因效应反映的是长时记忆，而近因效应反映的是短时记忆。

那么近因效应是否和首因效应互相矛盾呢？其实，它们并不矛盾，而是各自有着适用范围。心理学家告诉我们：在与陌生人（或陌生情况）交往时，首因效应的影响较大；而在与熟人（或熟悉情况）交往时，近因效应的影响较大。

对比效应

对比效应也称"感觉对比"，即同一刺激因背景不同而产生感觉上的差异。普劳斯曾做过一个简单的实验：准备三个大碗，第一碗盛热水，第二碗盛温水，第三碗盛冰水。然后，把一只手浸入热水中，另一只手浸入冰水中，持续 30 秒。等到手已经适应了水温，把浸在热水中的手浸入温水中，5 秒后，再把浸在冰水中的手也浸入温水中。这时，他产生了一种奇怪的感觉，先前浸在热水中的手会感觉这碗温水是凉的，而先前浸在冰水中的手会感觉这碗温水是热的。两只手的不同感觉体现出了对比效应。

对比效应的研究告诉我们，对比的选择会产生截然不同的效果。人们在对事物进行判断时，总会在无意中进行比较。有些时候为了让别人接受一件事（温水），可以试着拿另一件更加困难的事（冷水）作为反衬，出于趋利避害、两害相权取其轻的本能，对方会特别痛快地接受你希望他接受的事（温水）。

人们拒绝了某个非常高的要求后，对于相对较低的要求的接受性会增加。这就是"留面子效应"。由于人际关系的作用，如果人们拒绝了别人的某个要求，会自愿地做出一点让步，为别人留个面子，让别人得到满足。

在某项实验中，研究者首先对参与实验的大学生提出了一个有些过分的请求——到青少年培训中心担任两年的义务咨询员。结果，受试者都礼貌地拒绝了这一要求。之后，研究者又提出了一个比较小的要求——陪同孩子们去一次动物园，50% 受试者都高兴地答应了。作为对比，研究者直接向另外一组大学生提出了陪同孩子们去动物园的要求，可这次只有 16.7% 的受试者同意。还有一组受试者被要求在两个要求中做出选择，受试者主动选择较小要求的比例是 25%。

再举一个借钱的例子。首先请求对方借给你 100 万元，因为这是一个大家都公认的庞大数字，所以对方不太可能借给你。这时候别勉强对方，只需要说："这样啊！那算了吧。"对方会因为没有借钱给你而担心影响与你之间的关系，所以形成某种等待妥协的心理状态。也就是说，尽管他没有借给你 100 万，可借给你 20 万或者 30 万却是不成问题的，这时候他会等着你开口。当然，一定得考虑对方的性格，以及相互之间的关系再采取行动。

晕轮效应

晕轮效应最早由美国著名心理学家爱德华·桑戴克于 20 世纪 20 年代提出。桑戴克试图解释为什么人常常会以偏概全。在他看来，人们往往会首先根据自己已经认识和得出判断的局部试图类推出整体的形象。[12] 这样一来，一个人或者一件事如果在局部范围被判断成好的，这种判断就会进一步扩散，仿佛被一种积极的、正面的光环所笼罩，人或事的其他方面也会得到正面评价。反过来，如果最初认识的局部范围使得我们对一个人或一件事形成了坏的判断，那么这种判断也会进一步扩散，仿佛被一种消极的、负面的光环所笼罩，人或事的其他方面也会得到负面判断。桑戴克把人的这种心理现象起名为晕轮效应，或者光环作用，因为它看起来就好像起风前的夜晚月亮周围出现的圆环（月晕）。但那只不过是月光的扩大化而已。

现状偏见

现状偏见也是框定偏差的一个表现。

美国的新泽西州和宾夕法尼亚州曾经提供两种不同类型的汽车保险：新泽西州的汽车保险保护面比较广，但是价格也比较高；宾夕法尼亚州的保险费则相对便宜，但是保险的范围也较窄。某一年，两州的州政府宣布同时实行两种不同的保险制度，居民可以自由挑选。但是结果显示两个州的居民不为所动，大部分居民依然购买本州原有的那种保险。人们为什么不考虑换换口味呢？难道天生安于现状？

为了证明大多数人天生安于现状，研究人员任意发给学生一些小东西作为礼物，比如糖果。然后每个学生被告知，他们有机会将自己拿到的礼物换成其他的礼物。尽管每个人的礼物都是等量的，交换也没有什么成本，但是90%的学生没有选择交换。

行为学家由此得出结论，与那些不属于现状的东西相比，人们更愿意对自己认为属于现状的东西给予更高的评价，这种选择上的差异被称作"现状偏见"。所谓"江山易改，本性难移"，人们宁愿安于现状也不愿改变，这也是对现状的一种框定。

熟识性偏差

根据特沃斯基和卡尼曼的观点，熟识性思维是一种经验法则，决策者在评判事件发生的可能性时依据的是相关情形或事件涌上心头的容易程度，越熟悉的越容易被想起。当其他条件一定时，这是一个相当不错的经验法则——通用的基础性事件比偶然性事件更易从记忆中跳出。

科学家在美国做了一个心理实验，对受试者提出了这样一个问题：请问哪一种情况更容易造成人们意外死亡？选项 A 是被失事飞机掉下来的零件砸中，选项 B 是被鲨鱼咬死。在美国，很多人都看过类似《大白鲨》这样的电影，对于被鲨鱼咬死的恐怖景象记忆犹新，而很少有人听说某人被天上掉下来的飞机零件砸死。所以他们毫不犹豫地选择了选项 B。但事实上前者发生的概率大得多，在美国，被天上掉下来的飞机零件砸死的个案数量是被鲨鱼咬死的个案数量的 30 倍。在这个例子中，熟识性思维就是误导人们进行判断的一个因素。人们对不同信息的关注程度并不相同，虽然人们每天都会接触大量信息，但在一定时间内，人们往往只会注意到少数信息，并依此进行决策。人们在决策过程中可能会过于看重自己知道的或容易得到的信息，并对熟悉的事件赋予较高的发生概率，忽视对其他信息的关注和深度发掘。

人们喜欢熟悉的事物。球迷们支持本地球队，雇员们喜欢持有本公司的股票，投资者倾向于投资总部设在本地区的公司，这是因为本地球队、本公司和总部设在本地区的公司是他们熟悉的。这种熟识性思维是人脑利用捷径简化信息的分析处理过程时常用到的一种思维方式。当人们面临两种风险选择时，他们将选择他们熟悉的那一种，即使其成功的概率可能较低。

行为金融学的理论核心：前景理论

如前面所说，现代金融学基于完全理性的假定建立了不确定条件下对理性人选择进行分析的理论框架，即期望效用理论。传统的资产组合和资产定价理论均建基于期望效用理论。但是现实中存在的各种异象使得研究者们对于期望效用理论产生了怀疑，进而对现代金融理论形成了巨大冲击。在此前提下，部分学者试图从经验观察倒推，寻找能够合理解释各种异象的理论，从而代替期望效用理论。其中具有代表性的是 1979 年卡尼曼和特沃斯基创立的前景理论。

前景理论的理论基础 [13]

行为心理学家研究发现，人们在决策过程中不仅仅存在各种认知上的偏差，而且其对于风险的态度和行为模式也很难用传统经济理论中的理性经济人模型解释。卡尼曼和特沃斯基把一系列违反传统理性经济人理论的行为概括为三个效应。

确定性效应，即人们会高度重视那些极为可能出现的结果，而相对不重视那些极不可能出现的结果。大多数人会下意识地倾向于接受那些出现概率较大的盈利，而不选择那些出现概率较小的盈利，即便后者可能带来稍高的预期盈利（即概率和盈利规模之乘积）。

反射效应，即人们对于在一个不确定事件中获利和损失的态度刚好相反。具体说来，人在面对损失时有赌一把的倾向，而对于获利则不愿意冒险，这也与预期效用理论不一致。

分离效应，即人们会因为一个问题的描述方式不同或者看待问题的角度不同，而选择用不同的顺序去分解事件发生的可能性，而这种不同的顺序，有可能会对人们的偏好和选择产生影响（预期效用理论认为这种顺序无关紧要）。进一步的分析显示，这是因为人们为了简化在两个不同选择之间进行的权衡取舍，往往会暂时剔除掉两种选择中的共性部分。而剔除的不同顺序，往往会带来不同的结果。

前景理论的特点

决策者关心的是相对于某一参考水平的财富变化，而不是财富的绝对水平：卡尼曼和特沃斯基观察到，人们为了帮助自己对不确定事件进行评估，往往会在自己的头脑里设定一个初值作为参考水平。人们在决策时会以自己的参考水平判断不确定事件带来的收益和损失，然后做出各种取舍。参考水平可能是决策者当前的状态，也可能是他们渴望达到的某一状态。另外，根据反馈信息，人们还会对这个初值进行修正，但这种修正往往很粗糙，其观念似乎锚定于初值。

与绝对结果相比，人们常常对一个结果与某一参考水平（诸如当前财富水平）的差异更敏感，也就是说，人们更看重的是偏离参考水平的变化量而不是绝对水平（"我比昨天多了 5 元钱"而不是"我一共有 15 000 元钱"）。这似乎与心理学家总结出的人类的认知规律有关。当人们对像光的强度、声音大小和温度高低等做出反应时，过去的经验会确定一个心理上可接受的参考水平，与此参考水平相对照，目前所处环境中的差异也就很容易被察觉出来。同样的原理也适合于对健康、声誉和财富等方面的分析。

前景理论的函数以财富变化为自变量，形如英文字母"S"，反映了敏感性递减和回避损失的特征。期望效用理论中，函数曲线通常在各处都是平滑和下凹的，显示理性投资者总体是风险厌恶型。但前景理论不同，其函数曲线在参考水平之上的收益区域是下凹的，在参考水平之下的损失区域则是上凸的，从而整体呈现"S"形。对于这一形状的进一步解释是，人在面临损失时反而会愿意赌一把（变成了风险喜好型），而不是采取保守态度（风险厌恶型）。

卡尼曼和特沃斯基还发现，不论是在收益上，还是在损失上，当数值逐渐远离参考点时，人们的敏感性变化越来越弱。1979 年，卡尼曼和特沃斯基指出，这种敏感性随着与参照点距离的拉大而消减是人类认识的重要特征之一。比如说，当人们的货币收入不确定时，财富变化量的效用函数的斜率将随着财富变化量的增大而变得越来越小。

另外，研究表明人类具有局部回避损失的特征，这种特征被称为回避损失。回避损失意味着人们有一种倾向——为避免确定的损失而愿意冒更大风险。这可以解释为什么人在面临损失时有时会愿意赌一把。在面对可能出现的损失时，回避损失的冲动可能会抵消对于风险的厌恶，使人们变得敢于冒险。回避损失意味着人们对单位损失的估价比对单位盈利的估价更高。特沃斯基和卡尼曼估计，人们对中等程度损失的估价大约是对同样大小盈利的估价的两倍。

现代金融理论中，理性的期望效用理论以客观可证实的概率为权重。而在前景理论中，决策权重是客观概率的某种函数。决策权重函数是单调递增的、非线性的，并且在 0 和 1 处不连续。因为人的心理认知存在偏差，人们会习惯性地放大小概率事件的发生概率，缩小大概率事件的发生概率。当一件事情发生的概率较小时，一定程度的概率增加会被人们忽略不计，但是人们会对这件事情发生以后的报酬很敏感。反过来，当一件事情的发生概率较大时，人们对这一概率的变化会非常敏感，并且影响人的最终偏好选择。这些都是金融市场上存在错误定价的原因。

"有限套利，心态分析"—— 行为金融学的理论前提

行为金融学有两个理论前提，一是有限套利，二是投资者心态分析。

传统金融学认为，套利在实现市场有效性方面发挥着关键作用。也就是说即便存在非理性的投资者使证券的价格偏离其长期的基本价值，一旦价格偏离基本价值过大，理性的套利者就会出现，并且会消除过大的价格偏离。但是行为金融学认为，由于各种因素的限制，表面上看近乎完美的套利，实际上其在实现市场有效性方面发挥的作用相当有限。

为什么套利是有限的？

套利的人可能找不到完全吻合的替代品

套利，也就是同时以有利价格买进或卖出两件性质几乎一样、但是价格不同的商品。无限制套利的结果是性质几乎一样的商品，价格也几乎一样（否则套利会继续）。在资本市场上，套利机制发挥作用的关键是要找到能够完成套利的证券替代品，也就是两张性质几乎一样、但价格不同的证券。在绝大多数情况下，大量的证券都没有几乎一模一样的替代组合，所以即便由于某种原因，一种证券的价格偏离了其长期基本价值，套利者也无法通过买低卖高进行无风险的对冲交易，有时只能眼睁睁地看着这种价格偏差持续下去。

套利受噪音交易者风险的限制

所谓的噪音交易者可以理解为出于某种流动性需求必须在某个时点上买进或卖出证券的投资者。大量的噪音交易者有可能冲击证券价格，造成证券价格偏差。套利者能否消除这种偏差，要看他们有无能力击败噪音交易者。由于噪音交易者心态的变化（或者流动性的变化）不可预期，所以存在一种风险：如果套利者判断证券的价格已经被压低至低于基本价值，并且因此做出买入的选择，那么在未来，证券价格有可能因为噪声交易者更悲观（或者更大的流动性需求，必须通过卖出来满足）而进一步走低，从而使得套利者被严重套牢。这种对于严重套牢的担心，可能会使套利者从选择套利头寸的大小时就受到限制。这样一来，套利者的套利行为可能就是不足够的。

套利者的资本量限制

在现实市场上，那些试图找到证券间微小差价并以套利为生的职业人士，其所用的资本金并不一定完全是自有资金。通常情况下，少数技术高超的职业套利人会依赖外部资本和自己的专业知识进行套利活动。套利活动的出资方和套利者不是同一个人。前者并不完全了解套利者的具体操作思路与过程，只是根据套利者的事后收益判断其决策是否正确。我们假想一下，如果市场暂时出现了较大的偏差，套利者认定这是一个进行套利的好机会，但是在他进行交易的过程中，价格继续背离长期基本价值，也就是短期的市场偏差变大。这时候套利者的经营业绩表现会很差，因为前期投入的钱都亏损了。如果出资方不清楚亏损是因为套利者自身的能力有限，还是因为市场本身发生了较大的变化，为了保护自己的利益，出资方很可能会在这种情况下选择撤出资金。这种套利者和出资方之间的博弈，很可能从最初就在影响套利者的交易力度。如果套利者预见到未来有可能被出资方要求在市场价格偏差暂时扩大时清盘，那么他可能在一开始就会减小对于存在这种套利机会的证券的攻击力度。

投资者心态分析：反应过度和反应不足模型

套利有限性理论能够有效地解释为什么市场上可能存在价格偏差（即价格的非有效性），但是如果我们想知道这种非有效性到底表现为价格过高还是过低，以及未来如何变化，还需要依靠另一个行为金融学的理论前提——投资者心态分析。

大量的实证研究已经确认了两类普遍存在的现象：反应不足和反应过度。反应不足是指在 3—12 个月内，证券价格往往对于公司盈利公告之类的消息反应迟钝：如果是利好消息，最初股价上涨之后，股价还会继续逐渐上涨；如果是利空消息，最初股价下跌之后，股价还会继续逐渐下跌。而反应过度是指在更长的时间周期内，一般是3—5年，市场价格可能会对一直指向同一方向的信息有过度的反应。这会表现为长期放出利好消息的证券的价格往往会被抬得过高，而长期放出利空消息的证券的价格会被压得过低，但其最终价格将趋于平均价值。[14]

针对上述现象，学者们做了大量研究，提出了许多不同的解释，至今仍然很有争议。其中一种解释认为投资者心理会影响投资者行为。学者们在认知心理学的基础上，提出了一些投资者行为模型，对反应过度和反应不足现象进行了解释。

"打破局限，考虑预期" —— 行为资产组合理论

斯塔曼和谢弗林借鉴马科维茨的现代资产组合理论于2000年提出了行为资产组合理论，该理论打破了现代投资组合理论存在的局限——理性人局限、投资者均为风险厌恶者的局限以及风险度量的局限，更加接近投资者的实际投资行为，引起了金融界的广泛关注。

行为资产组合理论与现代资产组合理论的相似之处在于，两个模型都假定投资者在收益和风险之间进行权衡取舍，都在寻求一定风险下的最大收益，或者说一定收益下的最小风险。根据这样的分析，投资者会在风险和收益的二维空间中构建有效边界。行为资产组合理论与现代资产组合理论的不同在于，两种模型对于投资者心理和行为的理解不同。现代资产组合理论假定投资者完全客观理性，对未来出现的各种可能性及其概率能够进行充分客观公正的估计，同时市场上所

有人对其他人的估计也都完全理解，而且所有人的估计都是一样的，由此建立起一条适用于所有投资者的有效边界。而行为资产组合理论假定投资者是正常的心理状态，存在对资本市场的恐惧和贪婪的心理，而且不同的投资者受这些心理因素的影响可能不同，从而可能对未来的期望收益存在不同的判断。这样一来，每一位投资者都会有对应个人偏好的独立的有效边界。

"过渡假设，桥梁纽带" —— 适应性市场假设

近 10 年来，新的金融理论不断被提出，其中尤其值得一提的是介于传统金融理论和行为金融学之间的适应性市场假说。

由于存在认知偏差，以及损失痛苦和盈利喜悦之间的不对称，投资者的行为会变得不理性和情绪化。根据行为金融学，金融市场是非理性、非有效的。标准现代金融理论中对于投资者理性、市场有效的假设在现实生活中是站不住脚的。

2004 年，著名华裔金融学家罗闻全提出了适应性市场假说，以期桥接有效市场假说和行为金融学之间的断层。适应性市场假说的基本概念来自进化论，比如竞争、适应以及自然选择等。适应性市场假说认为，那些造成投资者非理性的行为偏差实际上都是投资者通过直觉性经验适应新经济环境的中间过程。

投资者要适应不断变化的市场，那些没有经历过熊市的投资者要比经历过熊市的投资者显得更能承担风险。如同动物适应环境一样，投资者使用他们最根本的直觉适应市场。一只一直被善待的猫是不会怕人的，一只被打过的猫才会怕人。动物基于过往经验适应环境，人也一样。一旦在某条路上因为开车超速被抓，下次再走这条路就不大

可能超速了。我们都在错误中学习。

有效市场假说强调投资者会最大化预期效用，预期也很理性。而适应性市场假说强调最优化的成本过高，限于计算能力，投资者一般会做出让自己感觉舒服的选择，而不是最优化选择。通过一次又一次的尝试和自然选择，人类能够找到舒适点在哪里。投资者通过直觉性经验做出投资决策，只要经济环境保持不变，这些直觉性经验最终就能演化成最优化决策。如果经济环境发生变化，旧环境下的直觉性经验就不再适用了，这时市场中就会出现非理性的行为偏差，而实际上这些偏差在旧经济环境中是理性行为。投资者适应新经济环境是需要过程的。

适应性市场假说认为证券价格实际上反映了两股力量的综合效果，一股力量是经济环境，另一股力量是市场中投资者种群的数量和性质。投资者所处的生态系统是经常变化的，而投资者就是在这种系统中竞相追逐有限资源，即经济利润。适应性市场假说框架下，投资策略遍历经济周期的不同阶段，遍历不同数量、不同性质的投资者种群，遍历不同的投资机会。投资者的恐惧或者贪婪都是对不同市场环境的自然反应。情绪是动物在进化过程中衍生出的生存本能。

适应性市场假说的意义在于，它指出风险和收益的关系是不稳定的，这种关系会随着经济环境、投资者种群的数量和类型、监管环景的改变而改变，并进一步影响投资者的风险预期和股票的风险溢价。套利机会确实会时不时出现，投资策略也有失效的时候，只有创新才能生存，而生存是唯一重要的目标，就像巴菲特所说："要成功，首先要活下来。"

"辩证看待，优劣相倚"——行为金融学的贡献和局限

行为金融学作为一门交叉前沿学科，近年来取得了突飞猛进的发展，渐渐为世人认识和关注。综合前面各部分的介绍，我们尝试对现阶段行为金融学研究的成就、局限及相关理论争辩做个小结。

行为金融学的主要贡献

行为金融学的最大贡献在于提供了现代（传统）金融学之外的一个相对完整而又能自圆其说的理论体系。行为金融学以人为本、以人的行为为出发点的研究方式，对于财富管理市场的研究具有重要的借鉴指导意义。作为对现代金融学的改造，行为金融学借鉴了财务分析、心理学、行为科学、社会学、人类学等学科，拓宽了金融科学发展的空间。

对于财富管理来说，行为金融学让我们了解到人们在进行投资和财富管理时经常可能会进入的心理误区，从而能够提前做好针对性措施。巴菲特经常说："别人恐惧的时候我贪婪，别人贪婪的时候我恐惧。"对投资行为学的更多研究，将揭示什么时候人们可能过度恐惧或者过度贪婪，从而用自己更加理性的行为战胜市场上的不理性。这样才不至于在市场欣欣向荣时志得意满、趾高气扬，罔顾风险控制和投资纪律，而又不会在市场低迷时垂头丧气、成为羊群、互相踩踏。对传统投资顾问来说，了解客户可能存在的心理误区，帮助他们设计投资策略、克服人性中的一些弱点，是自己能够提供的重要服务内容。同时，我们也应该看到，只要是人，都有可能存在认知和行为偏差。即便是优秀的财富管理从业人员，也有可能存在心理误区。投资最大的敌人是人性，而资产配置的核心逻辑是对抗人性中的弱点。只

有经过深入研究，提前预估可能出现的人性弱点，并且适当使用上一章中提到的人工智能化的投资工具，才能最有效地对抗这些人性弱点，提升财富管理的水平。

行为金融学的局限

行为金融学目前仍在发展当中。就其代表性理论来说，往往是在现实生活中发现了一些现代金融学无法解释的问题，然后才有新的行为金融学模型被提出来解释这些异象。但是行为金融学目前尚未形成统一、成熟的理论体系，各个模型之间内在的逻辑联系不强，往往一个模型只能解释少数异象而不能解释整体。如何用一套兼容的理论更好地描述人们在不同情况下的心理偏差，是行为金融学急待解决的一个重要问题。

行为金融学在模型的构建上不是过于简单，就是过于复杂。相当一部分研究人员还停留在讲故事阶段。而这方面的实证研究也往往只是在心理学上推进，如何将其与数学结合，从而提升刻画、解释复杂客观世界的能力，仍有待未来的进一步研究。

不同的行为金融学模型所支持的异象，虽然本身似乎都很显著，但其分布基本是以原点为中心的对称分布。很多现代金融学的支持者认为，这些异象的长期存在，与其说是现代金融学失败的反映，倒不如说是些偶然事件。偶然事件使得异象会朝正反两个方向发展，而事实上所有异象的平均值接近于零这一事实，未必不是一种偶然性的结果。

致

谢

从两年多以前和张峥教授一起在北京大学开设"中国财富管理的理论与实践"课程以及和刘玉珍教授一起开设"财富管理"高端培训课程开始，许许多多的北京大学的本科和研究生学生，以及参与高端培训项目的学员，在课上课下对于本书中的相关内容进行了无数次的讨论，激发出了新的观点，形成了我在本书中很多理论体系的重要支撑。我的两位关系亲密的同事，张峥教授以及刘玉珍教授，在和我备课的过程中，多次深入交流有关观点。光华管理学院的很多其他同事，特别是光华管理学院的刘俏院长和前任院长，现任香港大学经济与工商管理学院院长蔡洪滨教授，以及光华管理学院金融系前任系主任刘力教授，对于本书的写作给予了非常大的鼓励。程奕然做出了杰出的研究助理工作。中信出版社的蒋蕾副总编辑和蒋永军副总编辑亲自关注，确保本书能及时出版。

本书的写作也直接得益于我与无数监管部门以及业界资深人士长期反复的探讨。尤其是嘉实基金管理公司总经理赵学军。他可以说是作者中国式财富管理理念的重要思想合伙人。书中提到的很多系统的方法，已经在嘉实基金管理公司的财富管理实践工作中得以推行。

　　最后，还要特别感谢我的导师，麻省理工学院和哈佛大学资深金融教授，诺贝尔经济学奖得主罗伯特·莫顿。近 20 年来，我一直在不断地践行他所教授的金融知识，并且有幸能够把它运用到对中国财富管理市场的分析，希望能借此提升中国家庭的财富管理水平，而这也是莫顿教授的初衷。

金李

2017 年 9 月 30 日

注
释

第一章

1. 李满华 . 财富与财富效应相关问题研究 [J]. 现代商贸工业，2010(11): 191-192.

2. 同上 .

3. http://www.standardandpoors.com.

4. 李微 . 合理稳健的家庭资产分配方式 [J]. 农家之友，2014 (1): 29-29.

5. 同上 .

第二章

1. 孙建波 . 家族财富管理的 4 个关键理念 [J]. 大众理财顾问，2016 (10): 22-23.

2. 兴业银行，胡润研究院 . 2014 年中国高净值人群另类投资白皮书 [R].2014.

3. 林华 . 中国家族信托呼之欲出 [J]. 华人时刊，2014 (3): 44-46.

4. 梁宏旭 . 中国优秀传统文化在现代民营企业管理中的应用研究——以京冀民营企业为例 [D]. 北京：北京交通大学，2014.

第三章

1. https://baike.baidu.com/item/%E5%AE%B6%E6%97%8F%E5%8A%9E%E5%85%AC%E5%AE%A4/10048259?fr=Aladdin.

2. 搜狐. 家族办公室介绍之贝西默信托（全球最大 MFO）[EB/OL]. http://www.sohu.com/a/124772700_481658.

3. 宫旭东. 家族办公室与财富传承（下篇）：未来家族办公室的发展方向 [J]. 证券市场周刊，2016 (39).

4. 陈玲，等. 多重视角下中外信托业比较研究及启示 [J]. 时代金融，2015(6).

5. 同上.

6. 北京银行，北京信托，中国社会科学院金融研究所财富管理研究中心，中央财经大学中国银行业研究中心. 中国家族信托行业发展报告 2016[R]. 2016.

7. 洛克菲勒家族"六代帝国"的财富秘密 [J]. 中国民商，2015 (2).

8. 南方财富网. 家族信托经典案例及分析汇总 [EB/OL].http://trust.jrj.com.cn/2016/04/07150420796652.shtml.

9. 张运才. 中国特色的家族财产信托 [J]. 银行家，2016 (11): 130-132.

第四章

1. 沐华，等. 财富管理——未来商业银行转型的重点 [J]. 银行家，2017 (1): 40-43.

2. 牛锡明. 突出财富管理银行特色大力推进私人银行业务 [J]. 银行家，2016 (12): 20-23.

3. 波士顿咨询，兴业银行. 中国私人银行 2017：十年蝶变、十年展望 [R]. 2017.

4. 曾璘. 证券市场中机构投资的发展与对策研究 [D]. 长沙：湖南大学，2001.

5. 陈赤. 中国信托创新研究——基于信托功能视角的分析 [D]. 成都：西南财经大学，2008.

第五章

1. 邢媛. 基于移动互联网时代财富管理新动向 [D]. 上海：上海交通大学，2015.

2. 江向阳. 大资管背景下公募基金行业发展探析 [J]. 清华金融评论，2016 (9): 23-25.

3. 汤晶. 我国保险业税制研究 [D]. 武汉：中南大学，2010.

4. 郝身永. 面对 P2P，政府走怎样的平衡木 [J]. 决策，2016 (9): 70-72.

5. 盈灿咨询. 一文告诉你网贷行业为何只会越来越好 [EB/OL]. http://www. yingcanzixun.com/news/yanjiu/594.html.

6. 同上.

第六章

1. 36 氪研究院. 投资交给机器，数字化投顾进场金融投资——FinTech 细分领域研究报告 [R]. 2016.

第八章

1. 杜春雁. Q 银行私人银行业务发展对策研究 [D]. 大连：大连海事大学，2015.

附　录

1. 李苏军. 基于行为金融学的个人投资心理行为研究 [D]. 北京：中国社会科学院研究生院，2012.

2. 吴玉桐. 基于有限理性的中国个体投资者行为与投资策略研究 [D]. 黑龙江：哈尔滨工程大学，2008.

3. 于倩倩. 开放式证券投资基金羊群行为与投资绩效研究 [D]. 天津：南开大学，2008.

4. 李晓洁. IASB 与 FASB 列报改革可能效应探讨——基于心理账户理论视角的思考 [J]. 财会通讯，2010 (19): 121-122.

5. 马志国. 管好心理账户 [J]. 生活与健康，2012 (3): 34-36.

6. 蒋源源. 基于行为决策理论的幸福感认知问题研究 [D]. 成都：西南交通大学，2013.

7. 翁学东. 美国投资心理学理论的进展 [J]. 心理科学进展，2003，11 (3): 262-266.

8. 吴玉桐. 基于有限理性的中国个体投资者行为与投资策略研究 [D]. 黑龙江：哈尔滨工程大学，2008.

9. 黄景文. 基金经理投资行为与基金经理特征的相关性——基于行为金融学

的实证研究，[D]. 北京：对外经济贸易大学，2011.

10. 刘慧磊 . 品牌的有效心理重现 [D]. 南京：南京师范大学，2008.

11. 李建华 . 中国股市共振效应的传导机制及实证研究 [D]. 上海：华东师范大学，2010.

12. 黄景文 . 基金经理投资行为与基金经理特征的相关性——基于行为金融学的实证研究，[D]. 北京：对外经济贸易大学，2011.

13. 翟学光 . 基于前景理论的投资止损策略：来自巴林银行及中航油事件的启示 [D]. 广州：中山大学，2009.

14. 苟宇 . 行为资产定价理论与实证研究 [D]. 成都：西南财经大学，2005.

第一章

1. 李满华 . 股市财富效应相关问题研究 [J]. 商场现代化，2010 (12): 159-160.

2. 经济日报社中国经济趋势研究院 . 中国家庭财富调查报告 (2016)[R]. 2016.

3. 腾讯财经 . 美国富人如何配置资产 [EB/OL].(2012–4–16).http:// finance. qq.com/a/20120416/006372_1.htm.

4. 贝恩公司，招商银行 . 2015 年中国私人财富报告 [R]. 2016.

5. 波士顿咨询，兴业银行 . 中国私人银行 2016：逆势增长、全球配置 [R]. 2017.

6. Research institute Credit Suisse. Global wealth databook 2016[R].2016.

7.William G. Huitt. Maslow's Hierarchy of Needs[EB/OL].http://www. edpsycinteractive.org/topics/conation/maslow.html.

8.Brain D. Singer ,Gilbert L Beebower.Determinates of Portfolio performance Ⅱ : An update[J].Financial Analysts Journal，1991，47 (3): 40-48.

9.Merrill Lynch .The Investment clock Special Report#1:Making Money from Marco[R]. 2004.

第二章

1. 托马斯·皮凯蒂 . 21 世纪资本论 [M]. 巴曙松等，译 . 北京：中信出版社，

2014.

2. 贝恩公司，招商银行. 2015 年中国私人财富报告 [R]. 2016.

3. 郑强. "富二代"与家族企业代际传承问题探析 [J]. 安徽电气工程职业技术学院学报，2011，16 (2) :23-27.

第三章

1. 惠裕全球家族智库. 中国本土家族办公室服务竞争力报告 [R]. 2017.

第四章

1. 曾璘. 证券市场中机构投资的发展与对策研究 [D]. 长沙：湖南大学，2001.

2. http://www.amac.org.cn/tjsj/xysj/.

3. 陈赤. 信托业的转型与变革 [J]. 金融博览，2015 (3): 66-68.

4. 周颖琦. 论中国私募基金的规范化发展 [D]. 上海：上海财经大学，2001.

第五章

1. 原艳. 浅析第三方理财公司市场准入制度的构建 [J]. 时代金融 ，2016 (12)：301-302.

2. 王丹彤. 论美国第三方理财发展经验及其对我国的启示 [J]. 现代经济信息，2014 (5) :299.

3. 刘思敏. 我国商业银行私人银行业务研究 [D]. 昆明：云南财经大学，2012.

4. 徐静. 开放式基金对股票市场波动性的影响分析 [D]. 昆明：云南财经大学，2008.

5. 侯柏芳. 机构投资者对股票市场稳定性作用的探讨 [D]. 北京：中国人民大学，2009.

6. 赵新江. 富人的"安全带" [J]. 理财，2014 (8): 23-24.

7. 江向阳. 大资管背景下公募基金行业发展探析 [J]. 清华金融评论，2016 (9): 23-25.

8. Wind 数据

9. 丁毅. 我国证券公司经营效率的实证研究 [D]. 北京：北京工业大学，2012.

10. 王国刚. 资本市场的内涵、功能及在中国的发展历程 [J]. 债券，2015 (5)：

6-14.

11. 张凯 . 境内券商财富管理业务的现状、模式及趋势 [J]. 银行家，2015 (7).

12. 喻晴，等 . 我国互联网金融发展格局及其影响研究 [J]. 商情，2016 (23).

13. 姜凯，等 . 互联网＋时代的金融变革研究 [J]. 现代商业，2015 (21): 172-173.

14. 南方都市报 . 银监会向银行下发 P2P 资金存管指引 [EB/OL].(2016-8-14). http://www.wdzj.com/news/hangye/31801.html.

15. 王丽丽，等 . 互联网金融视角下苏州中小企业融资困境对策 [J]. 北方经贸，2016 (12) :116-118.

16. 邢媛 . 基于移动互联网时代财富管理新动向 [D]. 上海：上海交通大学，2015.

17. 原艳 . 浅析第三方理财公司市场准入制度的构建 [J]. 时代金融，2016 (12): 301-302.

第六章

1. 王雅娟 . 智能理财的发展及商业银行应对策略 [J]. 清华金融评论，2016 (10): 98-100.

2. 许亚岚 . 智能投顾 : 新金融的下一战场 [J]. 经济，2016 (32): 44-48.

3. https://www.statista.com/.

4. 36 氪研究院 . 科技炼金，融汇未来——FinTech 行研报告之 Tech 拆解 [R]. 2016.

第七章

1. 贝恩公司，招商银行 . 2015 年中国私人财富报告 [R]. 2016.

第八章

1. 和讯 . 私人银行在欧美 [EB/OL]. http://bank.hexun.com/2013-07-28/156558421.html.

2. 中国私募基金与外国模式的比较和发展方向 [J]. 财经界，2015 (31): 82-84.

3. 刘懿 . 国外私募基金的发展情况和经验借鉴 [J]. 吉林画报·新视界，2012 (7).

4. 陈璐 . 我国私募基金的规范化发展研究 [D]. 成都：西南财经大学，2007.

5. 刘懿 . 国外私募基金的发展情况和经验借鉴 [J]. 吉林画报·新视界，2012 (7).

6. 黄贞 . 私募股权投资国际经验借鉴 [J]. 合作经济与科技，2015 (14): 46-47.

7. 贾旭 . 私人银行的全权委托资产管理业务 [J]. 中国信用卡，2014 (8): 70-71.